中共国家税务总局党校
国家税务总局税务干部学院

系列教材·税收理论与实务类

税收治理案例评鉴

（第二辑）

王伟域　主编

中国税务出版社

图书在版编目（CIP）数据

税收治理案例评鉴. 第二辑 / 王伟域主编. -- 北京：中国税务出版社，2024.6
ISBN 978-7-5678-1433-2

Ⅰ.①税… Ⅱ.①王… Ⅲ.①税收管理－案例－中国 Ⅳ.① F812.423

中国国家版本馆 CIP 数据核字（2023）第 239013 号

版权所有·侵权必究

书　　名：**税收治理案例评鉴（第二辑）**
　　　　　SHUISHOU ZHILI ANLI PINGJIAN（DI-ER JI）
作　　者：王伟域　主编
责任编辑：范竹青
责任校对：姚浩晴
技术设计：林立志
出版发行：中国税务出版社
　　　　　北京市丰台区广安路 9 号国投财富广场 1 号楼 11 层
　　　　　邮政编码：100055
　　　　　网址：https://www.taxation.cn
　　　　　投稿：https://www.taxation.cn/qt/zztg
　　　　　发行中心电话：（010）83362083 / 85 / 86
　　　　　传真：（010）83362047 / 48 / 49
经　　销：各地新华书店
印　　刷：天津嘉恒印务有限公司
规　　格：787 毫米 ×1092 毫米 1/16
印　　张：19.25
字　　数：293000 字
版　　次：2024 年 6 月第 1 版　2024 年 6 月第 1 次印刷
书　　号：ISBN 978-7-5678-1433-2
定　　价：65.00 元

如有印装错误　本社负责调换

中共国家税务总局党校
国家税务总局税务干部学院

系列教材编审委员会

主　任：李文涛

副主任：朱诗柱　段雨澜　王锦锋　朱　洁

　　　　任国保　伊　专　岳　颂　王　军

委　员：周开君　丁正智　尹　磊　赵子建

　　　　王建华　张文珍　潘雷驰　钱　扬

编写说明

2022年,面对复杂严峻的经济形势和不确定的国际环境,我国实施了包括大规模增值税留抵退税政策在内的新的组合式税费支持政策。这一政策涵盖范围广、优惠力度大、社会期待高。全国税务部门坚持以习近平新时代中国特色社会主义思想为指导,坚决扛牢政策落实主责部门的政治重任,以高度的政治自觉和强烈的税务担当,攻坚克难,勇于探索,创造性地实施了"快退税款、狠打骗退、严查内错、欢迎外督、持续宣传"五措并举的工作策略,为确保减税降费政策高效直达落地提供了重要支撑,有力地助推了我国经济高质量发展,谱写了新时代税务铁军服务"国之大者"的壮丽篇章,也为我们做好《税收治理案例评鉴》丛书编辑工作提供了新思路、明确了新要求、增添了新动力。

《税收治理案例评鉴》丛书以进一步深化税收征管改革的背景为依托,以年度税收重点工作为主题,力图通过案例形式来呈现年度税收治理的生动实践,展现税务部门助力高质量推进中国式现代化的税务之治、税务之制、税务之智。同时,作为国家税务总局税务干部学院培训教材,其编写是为促进税收治理而积累案例资源和加强智库基础建设;通过探寻和发现各级税务机关在深化税收征管改革实践中先进的税收治理措施和成功经验,不断总结税收治理发展中的动力、障碍、路径、特征、规律和趋势，逐步提炼出新时代税收治理新理念，构建高质量税收治理理论体系，为奋力推进中国式现代化税务实践贡献微薄之力。

《税收治理案例评鉴（第一辑）》自2022年出版以来，得到了税务系统的广泛重视和关注。此后，各地税务机关踊跃投稿，结合本地区本单位工作特色，就税收治理实践中的重点、热点、难点和焦点等问题进行了认真的探究和研讨，提供了一些富有特色、具有典型性和影响力的真实案例。这些案例尽管还存在着理论分析不够深入、综合思考不够全面、多学科融合不够紧密等问题，但为我们加强税收治理案例研究打开了"窗户"、铺开了"路子"、拨开了"迷雾"。更为可喜的是，由于得到了包括税务干部在内的广大热心读者的大力支持和帮助，本丛书正成为立足税收治理实际，分享税收治理案例，交流治税经验，真实反映税收治理历史进程和税收学科发展的重要平台。

《税收治理案例评鉴（第二辑）》收录的28篇案例，主要来源于各级税务机关官方网站和主流媒体的权威报道，按照丛书的编写风格和目标定位，归集为党建引领、政策落实、风险防控、监督执纪、宣传服务五方面的主题，并本着真实性、实用性、启发性、可复制、可推广的原则进行了加工和处理。这些案例既符合税收重点工作实际，又突出了税收治理的实践特点；既客观地描述了案例的实践做法，又引导式地提出了评析和思考。本书旨在为各级税务机关、广大税务干部和税收科研工作者丰富税收治理实践提供有益的参考。

本书在编写过程中，得到了国家税务总局税务干部学院（中共国家税务总局党校）教材编审委员会的有力指导和积极支持。中共国家税务总局党校主持日常工作的副校长，国家税务总局税务干部学院党委书记、院长李文涛十分重视并指导编写工作，学院分管科研工作的副院长岳颂指导并审阅定稿。国家税务总局税务干部学院（中共国家税务总局党校）公共教研部梁军峰教授、税收征管教研部朱长胜教授、税收征管教研部梁富山副教授、公共教研部肖泳冰教授，以及科研所李新副编审分别参与了本书第一篇至第五篇的讨论、修改和内容概要的撰写，有关案例单位和撰稿同志为本书的编写付出了大量而艰辛的努力，中国税务出版社的编辑也为本书出版做了细心的整理和修订等。在此，谨向所有支持、参与本书编写、讨论、修改、审阅和出版的有关单位和同志致以诚挚的谢意。

囿于编者水平、时间等，书中的疏漏在所难免，敬请读者批评指正。

编 者

2023 年 11 月

目　录

第一篇　党建引领

让党建成为助企纾困的原动力
　——天津静海区以党建引领留抵退税政策精准"滴灌" ………… 4

党旗领航　打好惠企利民"组合拳"
　——浙江兰溪推进"党建+政策落实"双向融合提升机制 ………… 16

"党旗红"引领"税务蓝"　多措并举助力企业发展
　——新疆巴州推进大规模留抵退税政策落实 ………………………… 25

党建引领为推进税收治理现代化赋能增效
　——陕西宝鸡以党建推动减税降费高质量落地 ……………………… 38

党业融合　"青"尽全力　打通退税减税降费"最后一公里"
　——广东佛山顺德区首创"青税融创"中心打造党建引领税收新样板 … 50

党建筑基　夯实政策　落实"红色堤坝"
　——甘肃秦安创推"主题党日+纳税人说税"品牌助力新政落准落稳 … 60

第二篇　政策落实

推动新的组合式税费支持政策落地生根
　　——江苏扬州开展"三个专项行动",确保"快稳准好"地落实新政… 75

创新"4S退税"模式　确保缓缴政策直达快享
　　——广东佛山顺德区"四管齐下"推出缓缴"e退宝"退税工具……… 85

给新时代税收治理插上"智慧"翅膀
　　——山西阳泉"一账清"工作法保障税收政策落实落细…………… 95

聚"五气"打好惠企"组合拳"
　　——宁夏落实落细组合式税费支持政策………………………………… 106

让税收红利以最快速度激发市场活力
　　——辽宁沈抚改革创新示范区"快"字当头落实减税降费………… 117

数据赋能税费政策红利精准释放
　　——南京建邺区依托"以数治税"推动税费政策落地……………… 126

第三篇　风险防控

留抵退税资金精准直达市场主体
　　——湖南"三图作战　三表推进　三网联防"切实防范退税风险……… 140

发挥稽查利剑作用　护航留抵退税政策落实落地
　　——北京严查快打骗取留抵退税行为 ……………………………… 149

用税收大数据筑牢留抵退税风险"防火墙"
　　——广州创新推出"123"战法护航留抵退税政策落地……………… 158

"快稳准好"落实留抵退税政策
　　——深圳福田区打造全链条风险防控体系………………………… 166

留抵退税"一分不能差"
　　——山东威海"3+2+3+2"织密留抵退税风险防控网 …………… 176
狠打骗退　护航发展　彰显税务担当
　　——湖南为落实退税减税政策保驾护航 …………………………… 186

第四篇　监督执纪

监督执纪深度融入税收治理
　　——云南昆明"履带式"监督护航税费支持政策落地见效 ……… 198
以有力监督为税费优惠直达快享提供保障
　　——广东东莞"四抓"机制护航留抵退税政策落实落细 ………… 207
以全周期清单监管全方位优化亲清营商环境
　　——浙江舟山定海区创新监督方式落实减税降费政策 …………… 216
为退税减税降费政策落实保驾护航
　　——安徽宣城强化政治监督，保障组合式税费支持政策落地 …… 225
税惠速达背后的监督力量
　　——浙江临海加强监督执纪，保障税惠红利精准释放 …………… 235

第五篇　宣传服务

掌握舆论引导"话语权"　抢占税收宣传"新高地"
　　——福建建立减税降费长效宣传新机制 …………………………… 248
精细精准服务　助力税惠红利直达快享
　　——湖北黄冈多点发力唱响税费优惠政策宣传"好声音" ……… 258
从"人找政策"到"政策找人"
　　——四川内江创新开展精准推送政策服务 ………………………… 267

为纳税人快速享受税惠政策"搭把手"
　　——广东河源创新打造"三员"服务机制 ………………………… 276
持续宣传助力税费政策红利释放
　　——黑龙江大庆经济技术开发区构建系统性税收宣传新机制 ………… 285

第一篇　党建引领

习近平总书记指出："各级各部门党委（党组）必须树立正确政绩观，坚持从巩固党的执政地位的大局看问题，把抓好党建作为最大的政绩。如果我们党弱了、散了、垮了，其他政绩又有什么意义呢？各级党委要把从严治党责任承担好、落实好，坚持党建工作和中心工作一起谋划、一起部署、一起考核，把每条战线、每个领域、每个环节的党建工作抓具体、抓深入，坚决防止'一手硬、一手软'。"[1]国家税务总局党委坚持以习近平新时代中国特色社会主义思想为指导，围绕"抓好党务、干好税务、带好队伍"的总目标，着力构建强党治税带队的制度机制体系，不断完善"六位一体"[2]全面从严治党新格局和新"纵合横通强党建"工作机制，强调切实发挥党建引领作用，努力推动税收事业高质量发展，更好发挥税收在国家治理中的基础性、支柱性、保障性作用，高质量推进中国式现代化税务实践。

在税收工作中切实发挥党建引领作用，就是要把坚持和加强党的全面领导贯穿税收改革发展全过程、各方面，聚焦党建工作围绕中心、建设队伍、服务群众的根本职责和核心任务，促进党建工作与税收业务深度融合，以高质量党建工作引领高质量推进中国式现代化税务实践。一是要强化政治引领，确保税收改革发展的正确方向。对党中央重大决策部署，特别是习近平总书记重要讲话和重要指示批示精神，要及时召开党委会议传达学习，切实增强贯彻落实的政治自觉、思想自觉、行动自觉。凡涉及全局性的税收业务工作重要部署和重大事项，均要提交党委会议研究决定，充分发挥党委把方向、管大局、保落实的重要作用。二是要强化思想引领，凝聚税收改革发展的强大合力。党委理论学习中心组要建立健全习近平新时代中国特色社会主义思

---

[1]　习近平. 在党的群众路线教育实践活动总结大会上的讲话[N]. 人民日报, 2014-10-09（01）.
[2]　"六位一体"：政治建设一体深化，两个责任一体发力，综合监督一体集成，党建业务一体融合，约束激励一体抓实，组织体系一体贯通。

想学习教育长效机制，将学习成果转化为指导税收实践、破解发展难题的具体思路举措。以坚定信仰、增强党性、提高素质为重点，有针对性地开展党员教育培训，引导党员干部始终保持奋斗精神和革命精神，立足本职岗位建功立业。三是要强化组织引领，夯实税收改革发展战斗力基础。坚持税收工作推进到哪里，党建工作就跟进到哪里，广泛开展"主题党日+"活动，将税收改革发展任务融入主题党日，促进党员服务管理能力提升、重点工作推进加速、纳税人缴费人受益。开展党建和业务联动评价，领导班子和领导干部年度考核、业务考核一并开展。四是要强化作风引领，营造税收改革发展的良好氛围。把纪律教育纳入支部"三会一课"学习内容，促进税务干部依法履职、廉洁从税。在落实减税降费政策、优化税收营商环境等重大任务、重点工作中，采取成立党员突击队、青年先锋队等方式，搭建党员干部干事创业平台，引导党员干部在急难险重任务中走在前、作表率。五是要强化制度引领，把党建优势转化为税收治理效能。按照"固根基、扬优势、补短板、强弱项"的要求，坚持和巩固税务系统党建工作制度，不断提高制度科学化水平，着力推动顶层设计和基层探索良性互动，促进税务系统党建工作制度更加精准对接发展所需、基层所盼，促进基层创造性执行好落实好制度。广大税务党员干部特别是领导干部要切实增强制度意识，自觉尊崇制度、严格执行制度、坚决维护制度，始终做到在制度的轨道上履行职责、行使权力、开展工作。

本篇汇集的6个案例，是各地税务机关在落实退税减税降费政策中以"党建红"引领"税务蓝"，切实发挥党建引领作用，把党建工作与税收业务深度融合，以党建促业务、以业务强党建的生动实践，且各有特色。天津市静海区税务局在落实退税减税降费政策过程中，充分发挥党建在推动税收事业发展中凝心聚力、培根铸魂作用，以"三学""三讲""三聚""三促""三追"强化党建引领，推动思想同心、知行同悟、聚力同向，让党建工作与税收业务工作相映生辉、相得益彰。浙江省兰溪市税务局坚持"税费优惠政策落实到哪里，党的旗帜就飘扬在哪里"，聚焦税费优惠政策落实的各项重点工作和关键领域，建立健全"党建+政策落实"双向融合提升机制，切实提高政治站位，持续创新服务模式，扎实推进风险防控，全力以赴确保惠企利民政策措施落地生根。新疆巴州税务局将落实留抵退税政策作为党建工作的主战场,打造党委示范引领、党支部战斗堡垒、党员先锋模范、党建引领团建"四位一体"工作格局,推动机关党建工作与税收工作深度融合发展,全力打好打赢落实大规模留抵退税政策的攻坚战。陕西省宝鸡市税务局紧紧围绕政治机关建设和干部队伍建设,积极探索"党建引领强队伍"工作机制,组织开展各项活动丰富干部职工生活,激发干部活力,把党的政治优势转化为发展优势,把党的组织活力释放为发展活力,为减税降费政策高质量落实提供了强有力的组织保障和人才保障。广东省佛山市顺德区税务局注重发挥青年党员力量,全力构建惠民服务新体系,首创"青税融创"中心,通过"党建领航、党业融创、服务运营"三大维度,创推"四个一"工作模式,帮助青年党员解决党业融合问题,切实强化党建引领中心工作,推动退税减税降费工作质效持续提升。甘肃省秦安县税务局结合县域税收营商环境和本单位党建业务工作特色创推"主题党日+纳税人说税"党建品牌,让纳税人反映问题有渠道、组织解决难题有抓手、党员发挥作用有载体,有效实现了党建与退税减税工作同频共振、互融互促,确保了退税减税政策落准落稳。

上述案例启示我们:思想是行动的先导,各级税务机关必须牢固树立政治机关意识,坚持党建和业务两手抓,两手都要硬。党建和业务如同"车之双轮""鸟之双翼",彼此相互影响、相互促进,把党建和业务割裂开来、搞成"两张皮"的思想和行为是完全错误的。推动党建工作和业务工作深度融合,关键是找准结合点。要围绕中心工作抓党建,坚持党建工作和业务工作一起谋划、一起部署、一起落实、一起检查,使各项举措在部署上相互配合、在实施中相互促进。无论是党建工作还是业务工作都要靠人来完成,要注重选拔政治强、业务精、作风好的干部从事党建工作,推进党务干部和业务干部的交流。要有计划地安排优秀业务干部到党建岗位接受锻炼,安排党建工作的行家里手到业务岗位施展才华,推动税务干部党建和业务能力双提升。

让党建成为助企纾困的原动力
——天津静海区以党建引领留抵退税政策精准"滴灌"

● 案例背景

党的十八大以来,国家税务总局党委坚持以习近平新时代中国特色社会主义思想为指导,牢固树立政治机关意识,围绕"抓好党务、干好税务、带好队伍",着力构建强党治税带队的制度机制体系,不断完善"六位一体"全面从严治党新格局和新"纵合横通强党建"工作机制,以高质量党建引领高质量发展,更好地发挥税收在国家治理中的基础性、支柱性、保障性作用。国家税务总局天津市税务局深刻认识"没有高质量党的建设,就没有高质量的税收现代化",主动适应高质量发展新要求,突出党建引领保障作用,在提高党的建设质量、推动党建工作与税收业务深度融合方面做出了积极探索。

国家税务总局天津市静海区税务局(以下简称静海区税务局)在国家税务总局和天津市税务局的坚强领导下,坚持把党建工作作为助力改革发展的"倍增器"、克服困难挑战的"金钥匙"、做好税收工作的"原动力",在党建引领税收实践中持续探索。特别是将党建与业务融合互促作为重要课题,既以党建引领业务,又以业务检验党建,在推动党建和业务工作目标同向、部署同步、工作同力中实现改革未动、党建先行、改革推进、党建强化、改革落地、党建升华。2022年,党中央、国务院为应对经济下行压力、稳住宏观经济大盘、提振市场主体信心,实施了以大规模增值税留抵退税为"重头戏"的新的组合式税费支持政策。静海区税务局闻令即动,用好党建凝心聚力"传家宝",将"快准稳好"落实税费支持政策作为建强政治机关、服务"国之大者"的实际行动,作为一场基层税收治理的硬仗、一次税收职能发挥的"大考"、一次党建引领税收工作的检验,在正确处理党建和业务关系中推动深融互促共进,保证了退税减税降费政策的高效落实。

主要做法

在落实退税减税降费政策过程中,静海区税务局深刻认识和准确把握党建在推动税收事业发展中凝心聚力、培根铸魂的作用,坚持围绕中心抓党建、抓好党建促业务,以"三学""三讲""三聚""三促""三追"强化党建引领,推动思想同心、知行同悟、聚力同向,让党建工作与税收业务工作相映生辉、相得益彰。

一、从"入脑入心"开始,用"三学"统一思想

没有思想统一、就没有行动一致。落实好税费支持政策,最重要的是要激发党员干部主观能动性。静海区税务局立足把必须要干、应该干好的道理讲深讲透讲活,将党员干部思想行动及时统一到党中央、国务院决策部署上来。学习近平总书记重要讲话精神明大势,就是坚持把学习习近平新时代中国特色社会主义思想作为党委会议"第一议题"、党委理论学习中心组和支部"三会一课""第一主题"、青年理论学习"第一任务"、基层税收治理"第一要事",切实用习近平新时代中国特色社会主义思想武装头脑、指导实践、推动工作,实现目标同向;学党中央、国务院部署要求知大局,就是结合税务总局工作部署和专题培训"一竿子到底"工作机制,将政策落实要求及时传达到每名干部,让全局干部深刻理解退税减税降费政策出台的时代背景、重大意义,在税务总局部署推动第一时间就明白为什么、干什么、怎么干,既架天线、又接地气,实现部署同步;学《中国共产党章程》担大任,就是固定每年党支部的第一个主题党日为党章学习日,改革攻坚前先开主题党日活动,把学党章、重温入党誓词作为决战"动员令"、冲锋"集结号",让党员在深刻体悟入党初心、回顾"税月"情怀中思考"我要怎么干",其他干部在感受光荣使命、紧跟引领示范中主动赶上来,深化情感认同,激发

活力干劲,实现工作同力。

二、从"知责尽责"发力,用"三讲"提高认识

静海区税务局以税务机关首先是政治机关的站位把握退税减税降费工作,深刻认识"两个确立"决定性意义,增强"四个意识"、坚定"四个自信"、做到"两个维护",不断提高"政治三力"。在"讲形势任务、讲职责使命、讲纪律规矩"中,心往一处想、智往一处谋。

讲形势任务。通过税务总局、天津市税务局减税退税降费动员会、部署会、培训会准确把握形势任务,立足全局谋一域、以一域服务全局。科室要以全局的视角来审视区局工作,基层税务所要以区局的视角站位把握所里具体工作落实,科所联动、同频共振,在"多想一步、提升一级"中谋划工作、抓好落实。

讲职责使命。强化党员身份意识,坚持干事担事是干部职责所在、价值所在,在深刻认识税收助企纾困、支持发展的重要意义的基础上,激发党员干事创业的自觉性。注重时时处处发挥党员的先锋模范作用,大事难事党员先扛、加班加点党员先上,以党员的示范性影响带动干部的积极性,增强高效落实税费政策、积极服务企业的主动性。

讲纪律规矩。把纪律规矩挺在前面,坚持严管厚爱相结合,高度关注退税减税降费政策落实中的廉政风险,先后印发《关于在新的组合式税费政策落实过程中进一步严明纪律、压实责任的通知》《关于对新的组合式税费支持政策落实情况开展监督的工作方案》,完善留抵退税重大事项集体审议制度,法制与纪检部门协同联动抓监督检查,以清风正气推动留抵退税工作高效开展。

三、用"同心齐心"打底,用"三聚"整合力量

路线决定方向,组织凝聚力量。静海区税务局把党委班子和支部凝聚力建设摆在打赢落实留抵退税等税费支持政策攻坚战的突出位置,在思想引领和组织保障中营造同心同德、同向同行的工作氛围。

党委班子率先垂范，凝聚"向心力"。 党委班子及时成立留抵退税工作领导小组统筹抓总，对外给地方党政领导讲税课争取支持；对内班子成员直联包抓基层税务所一线办公。抽调业务骨干组建工作专班，建立周调度、月例会、季总结协调机制，以"一揽子统筹"的指挥体系集中力量打攻坚战，让工作推动有"主心骨"。

支部筑强战斗堡垒，积聚"战斗力"。 发挥支部建在科所的组织优势，在退税减税降费工作中，支部书记党建业务"一肩挑"、工作部署与跟踪督导"两手抓"，并以党小组为单元组建服务团队凝聚"内力"，组织支部与地方对口基层党组织联学联建聚合"外力"，在内引外联中确保劲往一处使、拧成一股绳，放大支部战斗力，确保工作有力有效。

党员干部真抓实干，共聚"行动力"。 坚持一名党员一面旗，注重用先进个人影响支部、用先锋堡垒带动全局。如在各所办税服务厅这个留抵退税主阵地，选树"党员示范岗"引导党员干部向身边优秀看齐；以留抵退税攻坚战实战练兵、赛场选马；选派优秀党员与新入职干部"结对子"，把任务攻坚作为"最好的党课"，让年轻干部在实际工作中受到触动、在自觉看齐中进取担当，扣好"第一粒扣子"。

四、以"内化转化"破题，用"三促"提振作风

静海区税务局深刻认识到，有什么样的作风就有什么样的作为。于是在退税减税降费工作的"校场"中把愿意干的干部选出来、干得好的干部树起来、不想干的干部带起来。

促党建规范化，增强党的意识。 建设静海区税务局党建展室和党员活动室、研讨室及支部标准化学习园地，选优配强党务干部，各支部对党务、业务干部常态化轮岗交流，在增强党的意识、提升党建工作能力中积极落实全国税务系统党建工作规范，细化深化党支部每月主题党日活动、抓好"三会一课"载体，越是在退税减税降费的大战大考前越突出党建工作，在组织生活的规范性、党员身份的认同感中激发干事热情。

促党建成果化，树立实干精神。 对党建引领退税减税降费工作先进经验进行现场教学，开展成果展示和研讨交流，把抓党建的成效讲清楚、成果拿

出来，让支部在互比互看中吸收借鉴、在互学互促中启发思维，定期征集党员意见建议，与工商联、各商会联合开展志愿服务活动问计问需，精准把握企业诉求，推动党建思路转变、方式创新、贴近实际，更好服务税收中心工作。

促党建品牌化，营造争创氛围。以"联学联建""读金句、悟思想"等因地制宜方式增强党建吸引力和感染力，积极开展"五好""四强"党支部、"一支部一品牌"的创建，在组合式税费支持政策落实中成立青年突击队，开展争做学习先锋、敬业先锋、争做服务先锋、争做奉献先锋活动，把党员先锋模范作用融入支部战斗堡垒作用。青年理论学习小组学习交流园地、办税服务厅支部"党建晨会"、实战练兵团队等党建品牌均有力支持和保障了退税工作顺利开展。

五、靠"善做善为"固本，用"三追"凸显实效

静海区税务局将锤炼一支素质过硬、勇于担当、善于作为的党员队伍作为做好退税减税降费工作的支撑和保障，作为推动基层税收治理创新开拓的最大确定性。

在追思中触动灵魂。坚持目标导向，推动党史学习教育深化内化转化，用最好的教科书和清醒剂持续叩问初心、激发斗志。将党史学习融入日常、抓在经常，常态化开展党史学习讲座、党史知识竞赛、党史主题演讲等，让党员在学习革命先烈的坚定信仰、先进典型的无私奉献、先锋模范的挺膺担当中尽职尽责。

在追学中寻找差距。坚持问题导向，对标重要讲话、对表总局部署、对照企业期盼检视退税政策执行中的不足，将激励自学、集中培训和实战练兵相融合，干什么就重点学什么、缺什么就重点补什么。全局25人次取得"三师"资格，47人次成为市级业务标兵和专业骨干，高素质专业化的人才队伍成为退税减税降费政策落实有力的支撑。

在追赶中奋发有为。坚持结果导向，将党建述职与工作汇报相结合、民主评议与工作成效相印证，内部互比互看，用退税减税降费工作质效量化支部战斗堡垒作用的发挥；外部广泛吸收借鉴先进地区经验做法，对标一流争

先争优，对照先进善作善成，在层层引领带动中干事创业。

➡ 工作成效

以退税减税降费政策重大任务落实为"磨刀石"，静海区税务局在推动党建与税收业务深度融合、同频共振中，实现党建引领更有力、党员干部更有为、税费服务更有感、税收治理更有效。

一、党的领导更加坚强

通过发挥党建在政策落实中的支撑保障作用，静海区税务局不仅实现了退税减税降费政策的精准"滴灌"、缓解企业资金压力、减轻了企业负担，更让税收助力经济高质量发展的"底色"更亮、税务部门服务纳税人缴费人的"本色"更浓，让纳税人缴费人切实感受到党的领导是艰难时刻的"主心骨"、关键时期的"定盘星"。而且，通过退税减税降费政策落实，从区局党委到支部班子再到党员干部，都对"抓好党建是最大政绩"有更深认识，对强化党建与税收业务工作互融互促有更深体会，使党对税收工作的领导在实干担当过程中得到全面加强。1241户纳税人在大规模留抵退税中获得留抵退税11.14亿元，极大减轻了企业资金压力。支部战斗堡垒作用得到进一步强化，4个基层支部同时获评天津市文明单位荣誉称号。

二、营商环境更加优化

党建工作对退税减税降费"大考"引领带动，有力增强了党员干部党的意识、身份意识，唤醒了党员干部的初心使命，也将党员干部的宗旨、意识融入税收征管服务的方方面面，并通过支部战斗堡垒作用和党员先锋模范作用的具体化、形象化，不仅有效提振了党员干部落实退税减税降费工作、助力稳经济大盘的精气神，还有效激发了干部队伍从我做起、立足岗位优化营商环境的内生动力，增强了干部"人人都是营商环境、个个都是税务形象"意识，党员干部在服务过程中更加着眼工作大局，注重发挥税收职能作用主动为企业发展纾困解难。静海区税务局在 2022 年天津市营商环境建设常态化监测中位列静海区第一名，利用纳税信用帮助企业获得信贷支持被天津新闻专题报道。

三、干部队伍更加团结

通过税企联学共建、"送政策服务上门"主题党日和支部晨会、重点任务支部"揭榜挂帅"等一系列贴近实际的党建载体，静海区税务局将推动落实退税减税降费工作任务转变为支部互比互看、共学共进的"演武场"。年轻党员带头攻坚，加班加点整理、分析、核实数据；老同志发挥经验丰富、熟悉企业情况的优势，把关退税减税风险。支部党员干部在齐心协力争标杆、当先进中凝聚起攻坚克难的正能量，每个人都在身边同志的影响带动下实干担当，共同打好助企纾困的硬仗。2022 年，静海区税务局组织绩效位列天津税务系统"第 1 段"，是绩效优秀单位；退税减税降费政策落实工作多次获得静海区党政领导的肯定性批示。

四、干群关系更加密切

静海区税务局通过讲政治提高认识站位，抓党建提高思想觉悟，党员干部真切感受政策"真金白银"早到位一步，服务"真心实意"更深一点，企业发展活力就会多增一分、高质量发展的动力就会更强一些。用情用力把政策落实的事当天大的事，将心比心把企业发展的事当自己的事，让企业充分感受"税收之力、税务之为"。退税减税降费政策出台后，静海区税务局立即组织党员干部依托各乡镇网格化管理资源，进商圈、进企业积极开展政策宣讲，开办互动答疑直播间，举办纳税人学堂专题辅导，用专业、精细的服务高效打通政策落地"最后一公里"，把政策"雨露"及时落到根上。退税减税政策落实过程中，静海区税务局累计举办纳税人学堂 20 期，辅导纳税人缴费人 41097 人次，纳税人缴费人的获得感满意度显著提升。

案例评析

党建凝心聚力，核心是服务中心、建设队伍，促进本部门本单位各项任务的完成。税务机关作为政治机关，加强党建与税收业务的深度融合，用高质量党建赋能税收现代化建设、助力高质量发展，是新时代党建工作面临的时代课题。

一、深刻把握党建定位，在"统"字上下功夫

习近平总书记强调："只有围绕中心、建设队伍、服务群众，推动党建和业务深度融合，机关党建工作才能找准定位。"① 抓党建首先要找准定位，充分认识抓党建是抓"统领"，抓税收治理中的政治引领和组织保障作用，抓支部战斗堡垒和党员先锋模范作用。

以党建为"导航仪"，突出引领作用。 用习近平新时代中国特色社会主义思想引领税收发展，用党中央的路线、方针、政策引领税收治理，保证税收现代化朝着正确的目标前进。

以党建为"发动机"，突出推动作用。 用党建强化队伍政治认同、思想认同、情感认同，才能深刻体悟初心使命，激发干事创业的热情，跑出"加速度"，干出好成绩。

以党建为"净化器"，突出保障作用。 在严守党章党规党纪中坚持自省自律，时刻保持自我革命精神，提纯信仰信念、提纯党性作风，以良好政治生态保障税收现代化建设。

二、持续完善党建机制，在"融"字上做文章

深入学习理解习近平总书记关于"解决'两张皮'问题，关键是找准结合点，推动机关党建和业务工作相互促进"② 的重要论述，树立融合发展理念，以党建促业务、以业务强党建。

---

①② 习近平. 在中央和国家机关党的建设工作会议上的讲话［J］. 求是，2019（11）.

要融合过程。坚持党建和业务一起谋划、一起部署、一起落实、一起检查，以党建引领和推动业务工作，以业务工作来检验党建成效，在部署上相互配合、在实施中相互促进，实现党建与业务同向聚合、深度融合。

要融合责任。奔着问题去、盯着问题改，把影响党建与业务深度融合中的深层次问题挖出来、隐蔽性问题找出来，持续用力抓整改，用系统思维做细凝聚力、做实执行力、做强竞争力。

要融合成果。及时将党建与业务深度融合的经验做法上升为制度，做到业务工作开展到哪里、党建工作就延伸到哪里，完善考评机制，推动考评党建看发展、考评全局看党建，变"两张皮"为"一股绳"。

三、不断丰富党建形式，在"新"字上求突破

思想是实践的先导、认识是行动的动力，党建工作本质上是做人的思想工作。

要坚持因地制宜。各单位情况不一样、党员状况也不一样，党建工作虽有共性要求，但不能照搬照抄、生搬硬套，要在共性基础上增强针对性、突出个性化，解决千篇一律、形式主义问题，让党建直达内心、触及灵魂。

要突出生动活泼。党建工作本身就具有政治性强、内容严肃的鲜明特征，只有准确把握受众对象，关注对方的兴趣点，在学深悟透的基础上，把深奥抽象的理论讲得鲜活易懂，才能引起干部共鸣、得到群众理解。

要创新工作方式。党建工作要与时俱进，用好数字化时代前沿技术，寓党建于喜闻乐见的形式之中、于日常工作学习之中，增强党员干部的参与感和体验感，才能让党建工作承载的精神入脑入心。

四、积极发挥党建作用，在"深"字上见实效

只有深入才能深刻。党建工作要突出强根铸魂作用，将"党建引领团建、党务带动业务、党员影响全员"引向深入。

认识要更深刻。牢牢抓住"关键少数"，深化"抓好党建就是最大政绩"理念，健全监督跟踪机制，推动政治监督常态化、具体化，避免"讲起来重要，

干起来次要，忙起来不要"。

谋划要更深远。 结合税收工作实际把握新要求、学习新知识、关注新热点，用好用活大思政课堂，兼收并蓄让党建的好经验好做法在创新求变中建标准、育典型、创品牌，不断探索党建新路径、蓄积前行新动能。

落实要更深入。 建立教育培养、激励关怀、考核评价机制，增强党员理论联系实际和做好群众工作能力。综合运用日常走访、民主测评、检查督查等多种手段"立体画像"，推动党建优势转化为税收治理效能。

● 案例思考

一、结合本案例，谈谈加强党建与税收业务深度融合在推进中国式现代化税务实践中有何现实意义？

要点提示：

加强党建与税收业务深度融合，是牢牢把握政治机关属性，聚焦纳税人缴费人需求，在税收征管改革中积极发挥税收职能服务高质量发展的重要举措，是紧紧围绕"抓好党务、干好税务、带好队伍"，严格落实强党治税带队的制度机制体系，为奋力推进中国式现代化税务实践"添秤加码"的实践课题。

（1）**有利于基层党组织更加坚强有力。** 通过加强党建与税收业务深度融合，把思想政治工作贯穿税收改革发展始终，教育引导党员干部用政治头脑想问题、用政治眼光看工作，以更高站位和更宽视野把握、推动和落实税收业务工作，让党员干部使命感更加坚定，责任心更为强烈，在推动税收改革发展中锤炼党性、砥砺作风、凝心聚力，推动"一个科所一个堡垒、一名党员一面旗帜"，全面提升支部战斗力。

（2）**有利于税收工作更加扎实有效。** 通过加强党建与税收业务深度融合，让党建工作有更为具体的抓手、业务工作有更深层次的意义，通过充分发挥党建在税收征管、税费服务等业务工作各领域各环节的引领带动和支撑保障作用，各项税收工作推进更加有力、成效更为彰显。

（3）**有利于税务干部更加担当作为。** 通过加强党建与税收业务深度融合，在落实退税减税降费政策、优化税收营商环境等重大任务、重点工作中成立党员突击队、青年先锋队等方式,及时发现一批政治素质高、大局意识强、业务能力精湛的优秀党员干部,选树先进典型,强化引领带动,激励全局干部比学赶超,在税收改革发展中团结进取、奋发有为。

(4)**有利于干群关系更加和谐融洽**。通过加强党建与税收业务深度融合,开展税企之间的联学联建、联合党日活动等,引导税务干部积极践行以纳税人缴费人为中心的服务理念,不断拉近税务干部特别是青年税务干部与纳税人缴费人之间既亲且清的关系,用履职尽责优化税收营商环境,用热情服务提升纳税人缴费人获得感和满意度,用高效落实税费优惠政策助力企业纾困解难、提振信心,积极服务高质量发展大局。

二、联系税收工作实际,谈谈如何才能推动党建与业务更好融合?

要点提示:

在税收工作中推动党建与业务更好融合,以高质量党建引领高质量发展,确保税收职能充分发挥,需要在四个方面下功夫。

(1)**要有融合的意识**。突出表现在党员干部特别是党务工作者要深刻认识党建工作与业务工作相互影响、相互促进的重要性,清醒认识党建引领是促进税收业务工作有动力、有保障的前提要求,税收业务工作取得的成绩,是促使党建工作更有依托、更有生命力的动力来源,在日常工作中自觉注重用党建赋能业务工作。

(2)**要有融合的机制**。统一制定年度党建工作和业务工作要点,建立党建和业务同谋划、同部署工作机制,使党建和业务的各项举措在部署上相互配合、在实施中相互促进。确保两者目标一致、互为支撑,通过机制融合实现党建和业务在目标上的一致性、在任务上的统一性、在效果上的互促性。

(3)**要有融合的能力**。把提升党员干部履职本领当成党建业务融合重要课题,加强教育培训,聚焦解决业务工作难题,不断提升在税收工作中创造性谋划和开展党建工作的能力,推动党建"有形"和业务"有形"在取得实效中深入融合。

（4）要有融合的成效。把围绕中心抓落实的工作成效作为检验党建工作的重要标尺，作为党员干部考核评价、选拔评优的重要依据，引导党员干部在具体工作中实现党建与业务同频共振、互促双赢，用支部战斗堡垒作用和党员先锋模范作用的成效来激发相互融合的自觉性、主动性、创造性。

（供稿：国家税务总局天津市静海区税务局　周涛　王智刚　李长明）

党旗领航 打好惠企利民"组合拳"

——浙江兰溪推进"党建+政策落实"双向融合提升机制

◉ 案例背景

党的二十大报告指出:"我们要落实新时代党的建设总要求,健全全面从严治党体系,全面推进党的自我净化、自我完善、自我革新、自我提高,使我们党坚守初心使命,始终成为中国特色社会主义事业的坚强领导核心。"税务部门的第一身份是政治机关,第一属性是政治属性,第一要求是旗帜鲜明讲政治。近年来,党中央、国务院审时度势、高瞻远瞩,聚焦经济发展的全局性、前瞻性、关键性、深层次问题,推出一系列科学、务实、管用、高效的举措,持续部署出台一系列税费优惠政策,对推动经济运行持续好转、内生动力持续增强、社会预期持续改善等起到十分重要的作用。

作为党中央、国务院决策部署的坚定执行者和面向广大纳税人缴费人的直接服务者,各级税务部门把落实税费优惠政策作为当前和今后一段时期的重大政治任务,以党的建设为引领,以更大力度抓好统筹落实,更高精度实现"政策找人",更优服务回应社会期盼,打出税费优惠政策落实"组合拳",确保政策红利精准高效直达市场主体。

"党建红"引领"税务蓝"。国家税务总局兰溪市税务局坚持"税费优惠政策落实到哪里,党的旗帜就飘扬在哪里",充分发挥党委把方向、管大局、保落实作用,加强基层党建与税收业务深度融合,发挥党建品牌和先锋模范带头作用,将抓好退税减税降费政策落实作为捍卫"两个确立"、践行"两个维护"的实际行动,重点聚焦服务党和国家事业发展大局所需,聚焦满足广大纳税人缴费人所盼,求真务实、真抓实干,全力以赴确保各项政策落实落细,确保政策红利精准高效直达市场主体。

主要做法

兰溪市税务局聚焦税费优惠政策落实的各项重点工作和关键领域,建立健全"党建+政策落实"双向融合提升机制,切实提高政治站位,持续创新服务模式,扎实推进风险防控,全力以赴确保惠企利民政策措施落地生根。

一、发挥三个主要作用,让党旗飘扬在政策落实前线

兰溪市税务局坚持政治属性是税务机关的第一属性,自觉把讲政治作为第一要求,从政治的视野、全局的角度、实践的要求执行税费优惠政策,用党员本色、税务担当构筑起决策有效、部署有度、行动有力的税费优惠政策落实工作体系,做到税收优惠政策落实到哪里、党的旗帜就飘扬在哪里。

发挥党委"主心骨"作用。 确保党的路线方针政策和税收重点任务落地见效,要发挥党委把方向、管大局、保落实的作用。兰溪市税务局党委切实增强"四个意识"、坚定"四个自信"、做到"两个维护",秉承"起步就是冲刺,开局就是决战"的工作态度,第一时间成立税费优惠政策落实工作领导小组及其办公室,巩固深化并拓展应用退税减税降费"五措并举"工作策略,建立"统一调度、集成作战、扁平化协调、零停留办理"工作快速响应机制,制发详细的工作方案和工作制度,确保税费优惠政策落实落细。

发挥党支部"主阵地"作用。 一个支部就是一个阵地堡垒。在统筹协调、整体推进、督导督促、难点堵点问题协调解决以及跟踪政策执行、加强评估分析等落实税费优惠政策的全过程,充分发挥各个党支部的堡垒作用,特别是发挥好基层税务所党支部的前沿阵地作用,做到精准发力、重心下移、人员下派、资源下沉,通过开展税企党支部结对共建、"送政策、优服务"主题党日活动、建立税企支部沟通学习群等方式,精准推送政策红利,帮助企业明晰政策口径和适用标准,用足用好税费优惠政策。

发挥党员"主力军"作用。 一名党员就是一面旗帜。在落实税费优惠政策过程中,兰溪市税务局坚持党员干部冲锋在前,争当"主攻手",通过用

好专业骨干、业务能手、青年干部等人才资源，组建政策宣传、联企辅导、退税审核、数据监控、集中协调、风险防范等党员先锋队，鼓励党员干部勇于担当、冲锋在前。比如，为了将增值税留抵退税政策快速高效落实到位，兰溪市税务局运用轮班接力、相互补位的方式，做到留抵退税工作24小时不断档、不停留，各个环节流转做到零等待、零障碍，第一时间排除退税过程中的堵点。

二、找准三项工作方法，让党旗飘扬在精细服务前沿

把政策的"肥"施到企业发展的"根"上，兰溪市税务局瞄准一个关键词：精细服务。围绕"要让纳税人在退税减税降费中有实实在在的获得感"这一目标，通过持续创新服务模式，确保优惠政策落得更实、更细，纳税人体验更好、更暖。

用好党员工作室"一线服务法"。着力深化党员工作室品牌效应，以五个"一线服务法"为导向，聚力实现"以党建促业务，以业务强党建"的良性循环。兰溪市税务局将党建品牌"巧姐工作室"作为落实政策红利的一线阵地，以"固定成员轮班值守＋领衔人员集中接待＋流动成员定期坐班"的方式，全天候受理纳税人需求申请，开设"不满意、请找我"专线专岗，推行"容缺受理""最多跑一次"等服务，为纳税人提供一对一服务，做到"税情"掌握在一线、"税惑"解答在一线、"税需"满足在一线、"税干"培养在一线、"税风"引领在一线。

开创城镇村"下沉服务法"。兰溪市税务局依托打造"税火燎兰"基层党建服务品牌，将践行"浦江经验"与落实便民办税春风行动有机结合，做到服务体系"沉得下去"、涉税矛盾"浮得上来"、问题需求"解得出来"。通过构建"城区—乡镇—村"三级服务矩阵，在当地41家农商行网点及327家丰收驿站布局能办、易办、一站办的"微税站"，在资质较好的涉税中介机构服务场所布设5个"微税点"，服务触角延伸到群众"家门口"。其中税银协作规模在浙江省排名第一，实现税费服务全域覆盖。

推行问办"一体服务法"。建立"前端程序触发＋后端云服务平台响应"机制，将纳税人通过电子税务局、征纳沟通平台等路径发起的远程税费咨询

自动归集，统一输送"问办一体"服务后台，人工座席以"线对线""屏对屏"指导纳税人业务办理，做到即受理、即解决、即反馈，截至2022年底，该平台已累计帮办业务1650余笔。同时，推行网格化包保服务机制，建立"一把手总牵头、局领导分片包干、专员包保到户"服务机制，根据管辖片区划分成10个网格，由100余名党员干部认领网格，逐级压实退税减税政治责任，完成好"送政策、送服务、问需求、保落实"4项重点包保任务，畅通纳税人问题反馈渠道。

三、筑牢三条风险防线，让党旗飘扬在风险防控前哨

兰溪市税务局坚持一手抓政策落实，一手抓风险防控，把纪律挺在前面，以"稳"字托底防风险，坚决树牢"应减未减、应退未退的是风险，不该减不该退的减了退了也是风险"的意识，深入推进党风廉政建设，在抓政策落地过程中做好应对风险挑战的准备，扎实有序推进风险防控。

筑牢精准监控防线。以"有风险速排查、无风险不打扰"为原则，紧紧依托"金三"系统，紧盯纳税人申报报表、异议申诉等数据开展风险排查，确保符合条件纳税人应享尽享，对叠加享受、享受有误等问题，提醒纳税人及时更正处理，快速阻断风险，实现常态化管理。比如，发挥税收大数据作用，加强大规模留抵退税的事前、事中、事后的全流程防控，对辖区内申请留抵退税企业开展比对扫描，初步筛选确定全市退税风险企业，及时精准将风险"筛"出来，把隐患"滤"出来。

筑牢税纪协作防线。以清廉建设为导向，围绕"政治清明、执法清廉、干部清正、税风清朗"的目标，进一步强化与纪委监委部门的沟通协作，以税纪协作有力保障税费优惠政策的稳步执行，为清廉兰溪税务建设保驾护航。比如，召开税纪联席会议，组织税费政策落实等联合监督检查，通过暗访办税服务厅、走访纳税人和基层服务部门、核实数据等方式，聚焦各类税费优惠政策落实开展靶向监督，促进了税收执法与纪委监委执纪执法贯通联动、有效衔接，不断加大监督震慑力度，为退税减税等事关民生发展的利好政策"保驾护航"，合力营造出公平公正、高效便利的营商环境。

筑牢内控监督防线。将内控措施内化于业务流程、内嵌于信息系统、内

生于工作环节,确保风险及时发现、及时推送、及时处置、及时改进,有利于让基层税务干部的岗位分工、工作机制越来越清晰。执法风险下降了,风险防范能力提升了,才能进一步激发干事创业热情。

兰溪市税务局对内加强税费优惠政策落实情况的监督检查,紧盯政策执行、宣传辅导、纳税服务等各环节,通过电话访谈、重点抽查等方式,对政策落实情况开展监督检查。同时,打通纳税人缴费人意见反馈通道,严格落实"首问责任制",及时收集纳税人缴费人意见建议,第一时间予以反馈。

工作成效

兰溪市税务局通过坚持重大决策部署到哪里,党建工作就跟进到哪里,在落实税费优惠政策第一线充分彰显党员干部的使命担当,达到"以党建促业务、以业务强党建"的双重效应。

一、以党建促业务,政策红利落实不折不扣

党建和业务如同"车之双轮""鸟之双翼",相互影响、相互促进。在落实税费优惠政策过程中,一方面,通过开展理论学习中心组专题学习、党支部集体研学、青年理论学习小组交流促学等活动,做到既学党建又学业务,真正起到了武装头脑、促进工作的作用;另一方面,通过坚持党委"一竿子到底"抓落实,充分发挥党支部战斗堡垒作用和党员干部模范带头作用,推动党建和业务深度融合,推动政策红利精准落地,精准有效助力地方经济大盘稳定,最大力度支持市场主体纾困发展。例如:打造留抵退税"一键"申请"智能退"解决方案,退税款到账时间平均压缩在2个工作日以内;持续优化税收营商环境,综合网上办税率达99.07%,位列金华市第一和浙江省前列。

二、以业务强党建,党建特色品牌越擦越亮

通过切实找准党建工作与落实税费优惠政策的切入点,立足业务抓党建,

把业务工作的难点作为党建工作的重点，做到党建和业务同谋划、同部署、同推进，实现党建和业务的联动提升、良性互促和深度融合，持续擦亮党建特色品牌。例如：兰溪市税务局深化拓展"巧姐工作室""税润云端"等党建品牌建设，获评"浙江金蓝领"、金华市三八红旗集体、金华市巾帼文明岗等荣誉；推出的下沉式服务举措先后被"学习强国"学习平台、《中国税务报》、《浙江日报》、《中国农村信用合作报》等媒体报道，获得"中国民生示范工程"称号。

案例评析

将党的建设与贯彻退税减税降费政策落实工作深度融合，引领和推动各项税费支持政策有效落实，对推动经济社会高质量发展，更好推进中国式现代化税务实践具有十分重要的意义。

一、坚持党建统领，以加强党的建设提升战斗力，护航税惠政策落实

只有坚持和加强党的全面领导，坚持党要管党、全面从严治党，以党的政治建设为统领，才能永葆中央和国家机关作为政治机关的鲜明本色。只有坚持以习近平新时代中国特色社会主义思想为指导，高举思想旗帜、强化理论武装，机关党建工作才能始终确保方向正确。只有围绕中心、建设队伍、服务群众，推动党建和业务深度融合，机关党建工作才能找准定位。2023年7月24日召开的中共中央政治局会议指出，当前经济运行面临新的困难挑战，主要是国内需求不足，一些企业经营困难，重点领域风险隐患较多，外部环境复杂严峻。疫情防控平稳转段后，经济恢复是一个波浪式发展、曲折式前进的过程。兰溪市税务局持之以恒深入学习领悟习近平总书记系列重要讲话精神，坚定不移抓好税务部门党建工作，在落实税费优惠政策过程中，注重发挥党委关键少数的"头雁"效应，通过设立党员先锋队、党员服务岗等措施，充分发挥党员干部模范带头作用，推动党建和业务深度融合，以高质量党建持续引领税收更好服务高质量发展。

二、坚持人民至上，以加强为人民服务理念提升满意度，护航税惠政策落实

中国共产党自诞生之日起，就把人民作为立党之本、执政之基、力量之源。党的十八大以来，习近平总书记一再强调，中国共产党执政的唯一选择就是为人民群众做好事，为人民群众幸福生活拼搏、奉献、服务。习近平总书记的重要论述深刻阐明了全心全意为人民服务，站稳人民立场的重大意义，进一步丰富了人民至上的价值追求。税务部门是离市场主体最近、为群众服务最直接、与纳税人打交道次数最多的政府部门之一，是感受人民期盼最直接的地方之一。兰溪市税务局坚持以人民为中心的发展思想，聚焦满足纳税人缴费人所想所盼，求真务实、真抓实干，努力在顺应"民之关切"中彰显作为。突出问题导向，注重实际成效，切实解决好纳税人缴费人合理诉求，持续推动下沉式服务、包保责任制等各项便民服务举措落实落细，以更优质的办税缴费服务助力市场主体发展壮大。

三、坚持基层党组织建设，以加强组织功能提升堡垒作用，护航税惠政策落实

面对繁重的税收改革发展任务，税务部门要始终坚持"抓好党务、干好税务、带好队伍"，着力构建强党治税带队的制度体系。在减税降费、优化税费服务、深化税收征管改革等专项工作中成立"党员服务队""党员突击队""党员先锋岗"，设立临时党支部，让支部到一线攻坚，把组织活跃起来，把党员凝聚起来，在风险挑战中锻炼干部，充分发挥支部战斗堡垒作用和党员先锋模范作用，做到税收工作推进到哪里，党建工作就跟进到哪里，把党旗插在各项税收重点工作第一线。坚持把纪律摆在首位，从严抓好落实，不断加强党的基层组织建设，第一时间将警示教育案例传达给党支部全体党员，经常性组织开展自我剖析检视，从案例中汲取深刻教训，举一反三，引以为戒，不断在严管厚爱中凝聚人心。兰溪市税务局深入贯彻落实党的二十大精神，持续在党的政治建设、组织建设、作风建设等方面下功夫，在抓政策落实的同时做好风险防控，始终把纪律挺在前面，抓早抓小，把严格管理融入

日常、抓在经常，压紧压实全面从严治党责任，紧盯政策宣传、统计核算、纳税服务等环节，坚决杜绝落实优惠政策不力、不作为、慢作为、乱作为等现象，以强有力的监督保障政策执行。

● 案例思考

一、结合本案例，谈谈加强党建领航对落实退税减税降费政策工作有何价值和现实意义？

要点提示：

"税收优惠政策落实到哪里，党的旗帜就飘扬在哪里"，加强党旗领航是兰溪市税务局全力以赴确保税费优惠政策落细落实的重要举措，是深化以党建领先促工作领跑、党建破题促改革破局工作机制的有效探索，是用实际行动捍卫"两个确立"、践行"两个维护"的生动实践。

（1）**有利于汇聚政策落实的凝聚力**。通过加强党旗领航，促使税务干部充分认识实施税费优惠政策的重大意义，深刻把握当前工作形势的复杂性、艰巨性，增强干部责任意识，切实强化政治担当，扛牢政治责任。

（2）**有利于提升政策落实的战斗力**。通过加强党旗领航，发挥党委"主心骨"作用、党组织战斗堡垒作用和党员先锋模范作用，建立留抵退税工作快速响应机制，组建联企辅导、退税审核、数据监控等党员先锋队，确保责任落实一贯到底、任务逐级落地、红利直达快享。

（3）**有利于激发政策落实的创造力**。通过加强党旗领航，以巧姐工作室、问办一体集中运营平台、网格化包保服务机制为抓手，持续创新服务模式，送政策、送服务、问需求、保落实，让广大纳税人在退税减税中有实实在在的获得感。

（4）**有利于强化政策落实的保障力**。通过加强党旗领航，完善"事前预审、事中审核、事后复审"的全流程风险防控机制，及时精准"筛"出风险、"滤"出隐患，织密筑牢风险防范之网，切实维护法治规范的税收秩序。

二、联系税收工作实际，简述如何进一步将党的建设与推动各项税费支持政策有效落实工作深度融合？

要点提示：

在新发展阶段延续、优化、完善各项税费优惠政策，以更大力度更优举措打出政策落实"组合拳"，对党的建设与推动各项税费支持政策有效落实工作深度融合提出了更高要求。应立足于税收工作实际，一方面要深化政治引领，聚焦党建业务深度融合，坚持把党的建设贯穿到业务工作全领域和全过程，一起谋划、一起部署、一起推进、一起检查，引导干部将理论知识转化为推动政策落实的强劲动力；另一方面要创新载体机制，发挥党员工作室、党员先锋队等团队作战优势，锚定职责定位，通过精细化服务让党员干部"动"起来、让纳税人"坐"下来，全力保障各项税费支持政策稳步落地。

（供稿：国家税务总局兰溪市税务局　胡红平　章梦笑　叶婉霞）

"党旗红"引领"税务蓝"
多措并举助力企业发展

——新疆巴州推进大规模留抵退税政策落实

▶ 案例背景

新疆巴音郭楞蒙古自治州（以下简称巴州）地处南疆，经济社会发展基础薄弱，经济总量与区域体量不相匹配，产业层次整体偏低，基础设施领域存在不少短板。党中央部署实施的大规模留抵退税政策是稳定巴州经济大盘的关键之举。"真金白银"的退税"红包"，犹如春雨润苗，为巴州经济社会发展注入"强心剂"，成为市场主体的"及时雨"、经济发展的"助推器"。

大规模留抵退税政策，规模体量大、覆盖主体多、工作链条长、涉及部门广，任务复杂且艰巨。国家税务总局巴音郭楞蒙古自治州税务局（以下简称巴州税务局）党委深入学习贯彻习近平总书记重要讲话精神和巴州党委政府工作要求，坚决扛起抓牢贯彻落实的政治责任，顽强奋斗，攻坚克难，将落实留抵退税政策作为党建工作的主战场，打造党委示范引领、党支部战斗堡垒、党员先锋模范作用、党建引领团建"四位一体"工作格局，全力打好打赢落实大规模留抵退税政策的主动仗、攻坚战。

巴州税务局党委持续发挥领导核心作用，靠前指挥，跟进督导，切实抓实抓牢留抵退税工作。积极主动向地方党委政府请示汇报，形成与地方党政优势互补、共管共治的工作机制，赢得理解和支持。密切与财政、人民银行等部门沟通协调，形成工作合力。各党支部充分发挥战斗堡垒作用，积极组织开展减税退税主题党日活动，加强与企业党支部开展结对共建，专题讲解留抵退税政策，充分彰显党支部引领辐射效应。党员发挥先锋模范作用，争当留抵退税工作排头兵,组建"党员突击队",设立"党员先锋岗",广泛开展"三亮三创"活动,全面落实减税退税各项政策措施。巴州税务局以党建引领团建,带动广大青年税务干部勇挑重担,凝聚减税退税工作合力,进一步推动机关党建工作与税收工作深度融合发展。2022年,巴州税务局累计落实增值税留抵退税30.11亿元,惠及企业4892户,为市场主体注入资金"活水",对保住市场主体、稳住市场预期、畅通产业链供应链、涵养潜在税源、稳住巴州经济大盘等发挥了关键作用。

主要做法

巴州税务局聚焦主责、深耕主业,把党建与留抵退税工作融会贯通,持续把"精准落实大规模留抵退税政策助企纾困"作为重大政治任务扛牢抓实,作为检验党史学习教育常态化长效化、"我为纳税人缴费人办实事暨便民办税春风行动"重要内容,认真贯彻落实"五措并举"工作方略,确保留抵退税政策"快准稳好"落地生根。

一、"党建+政策",守牢留抵退税政策的"主阵地"

作为政策落实的主责部门,巴州税务局党委切实抓起扛牢政治责任,充分发挥党委在增值税留抵退税工作中把方向、管大局、保落实的作用,将落实新的组合式税费支持政策的重大决策部署作为"第一议题""第一主题""第一任务"学深悟透、落实落细,种好"责任田",守好"主阵地"。

巴州税务系统党委主要负责同志靠前指挥,建立党委班子"双包干责任制",充分发挥党员先锋模范作用。全州税务系统241名股级以上干部分户包联1075户重点企业,实施"一企一策","点对点"解决留抵退税政策落实问题。各基层党组织与企业党支部结对共建,组建"党员突击队"26个、"宣传志愿队"28个、"党员先锋岗"95个,集结青年骨干充实在执法与服务一线,切实激发广大党员干部勇于担当作为,积极履职尽责,让党员争做政策落实的尖兵。

巴州各级税务局党委班子主动担当作为,统筹内外合力,加强与财政、国库部门的协作配合,创推"主题党日+"党建模式,建立各级财政、税务、国库等部门退税减税政策落实协调机制,加强部门间信息共享,做好资金调度、加强资金保障,化解各项退库叠加压力,对政策落实过程中的重大事项、重大问题及时提请协调机制研究解决,合力保障政策落地落实。

二、"党建+机制",激发留抵退税政策的"内动力"

巴州税务局建立健全州、县两级税务局党委书记负总责、党委班子分片包干、各职能组既各司其职又相辅相成的工作机制,充分发挥党支部的战斗堡垒作用和党员先锋模范作用。

州、县两级税务局党委书记多次听取留抵退税工作进展情况汇报,切实掌握本辖区内可退税资源及风险情况、大额及复杂情形退税情况、退税资金保障等重点事项。党委班子成员贯彻落实分片包干规定,针对包片范围内退税金额进度、退税户数进度等重点工作事项及时调度指挥,对疑难和风险问题及时应对处置。

牢固树立党的一切工作到支部的鲜明导向,发挥党支部的战斗堡垒作用,确定支部书记为留抵退税政策落实的党建召集人,聚焦留抵退税工作全流程全环节,提前统筹谋划,快速制定问题反馈、退税审核、应急处突等工作机制,全程跟进留抵退税工作中的堵点、难点,找方法、建机制、保运转。

积极推动建立党政领导、税务主责、部门合作、社会协同、公众参与的税收共治机制。州、县税务局党委主动向地方党委政府和相关部门汇报留抵退税政策落实情况,强化资金保障,缩短资金到账时间,畅通政策落地的"最后一公里"。

三、"党建+服务",做好留抵退税政策的"辅导员"

巴州税务局坚持以人民为中心的发展思想,集中党员力量向直面纳税人和缴费人的办税服务厅倾斜,以办税服务厅为主阵地,设置"退税减税咨询台"和"党员示范窗口",广泛发动青年党员干部积极投身留抵退税工作当中,为留抵退税注入"红色血液",为巴州纳税人当好"辅导员"。

强化内部培训。建立由党员业务骨干组成的留抵退税网格化专班,持续为12366纳税缴费服务热线、办税大厅等一线人员"加油充电"。区分政策规定、办理流程、系统操作等不同专题,为一线人员开展针对性业务培训。广泛收集纳税人关注的热点问题,以企业划型、简易退税等具体实操为重点开展培训,确保一线人员政策熟、辅导准。发挥业务骨干和岗位能手作用,利用自学、晨会等多种形式,落实"结对帮扶"机制,促进一线人员共同进步,为纳税人提供优质高效的服务。借助明察暗访等方式,深入开展督导检查,重点查看咨询辅导情况、到厅业务办理情况,抽查一线人员和纳税人政策知晓度,确保一线人员对政策掌握扎实到位。

强化系统保障。组建退税减税党员运维工作专班,充分发挥"大运维"工作机制,在每月征期研判会中,将增值税留抵退税作为重要内容进行分析,提前预估当期退税业务量,研判纳税人办税习惯,做好资源配置和运维力量安排。通过智能化运维平台,对金税三期核心征管、电子税务局等系统进行全面监控,做好每日巡检工作,保障各系统平稳运行。收集纳税人缴费人及基层税务机关反馈的意见建议,及时开展征管系统、电子税务局的联调测试验证和优化改造升级等工作。配优配强运维力量,做好运维技术保障,提高运维事项处理效率,确保退税工作顺畅开展。

四、"党建+防控",织密留抵退税政策的"风控网"

巴州税务局将全面从严治党与业务风险防范深度融合,筑牢风险防控的"铜墙铁壁"。州、县税务局构建了党委书记"带头抓"、党委纪检组"一线抓"、基层党组织"具体抓"的工作格局,聚焦留抵退税政策落实事前、事中、事后履职尽责情况,做到苗头早预警、隐患早排查、问题早提示、风险早阻断。

严把事前"预审校验"关。根据税务总局每月下发的《可能符合留抵退税条件的企业清册》(以下简称《清册》),结合本辖区摸底数据,进一步对《清册》的纳税人进行风险研判,针对购销申报情况、发票吞吐量、人员信息、变更信息、开票地址、退税申请等进行提前预审核,排查风险,初步形成风险评级,分类做好退税辅导。

严把事中"全面审核"关。 全州各级税务局设立留抵退税党员工作团队，依托运用"金三"系统、电子底账和货劳管理系统，聚焦纳税申报、发票开具、发票接受、信用等级等信息，结合"目标退税企业名单"对金额小、风险低的申请企业即时办理，对大额退税、中高风险企业进一步审核把关，实现逐户"全身扫描"，精准"把脉问诊"。

严把事后"复核抽检"关。 对已办理退税的纳税人，加大人工复核力度。全州税务系统结合工作实际，在税务总局《风险防控工作指引》规定的复核比例基础上，加大针对10万元以下机审数据的抽查力度。对于抽审复核任务较多的地区强化人员保障，组建专业化的抽审复核党员先锋工作团队，负责统筹处理抽审复核任务。

五、"党建+监督"，当好留抵退税政策的"护航员"

巴州税务局党委发扬自我革命精神，将"严查内错"贯穿留抵退税政策落实全过程，建立督审、稽查、纪检等部门参与的工作协调机制，推进各阶段、各环节精准监督，刀刃向内，挺纪在前，为留抵退税政策又快又稳落地保驾护航。

强化督察检查。 主动将退税减税政策落实纳入全年督察内审和综合监督检查工作重点，采取实地督导与线上督导相结合的方式，持续提高督察检查督办的广度、深度。聚焦留抵退税政策重要部署安排、重点政策出台等关键时间节点，围绕留抵退税工作进度、退税审核质效、风险应对质量等重点工作，及时下发督办要点，针对性地部署开展专项督察。

狠抓整改落实。 针对监督检查发现的问题及时建立台账，立行立改、即知即改，逐项对账销号，将问题整改情况作为评判工作成效的重要依据。适时开展整改落实"回头看"，对整改落实不到位、工作敷衍塞责、同类问题反复出现的地区或个人，严肃问责追责，纳入专项绩效考评。

深化执纪问责。 州、县两级税务局纪检部门紧盯留抵退税政策落实中税务机关和税务人员履职尽责情况，严肃查处借机"吃拿卡要"和违规接受中介、企业吃请，以及内外勾结骗取增值税留抵退税等问题，深化运用"四种形态"，对重点案件开展"一案双查"。通过严肃问责促进担当作为，促进税务干部知责明责、履责尽责。

六、"党建+宣传",打好留抵退税政策的"主动仗"

巴州税务局党委坚决贯彻落实党中央、国务院决策部署,牢固树立政治机关意识,让广大纳税人应知尽知税收优惠政策,推动政策快速精准落地,同时严格做好舆情风险防控预案,力戒工作浮躁和急功近利。

巴州税务局紧跟大规模增值税留抵退税政策落实的最新进展和重要节点,围绕"快退税款、狠打骗退、严查内错、欢迎外督、持续宣传"五措并举的工作策略,积极开展政策解读和成效宣传,着力宣传党中央国务院实施留抵退税政策的战略考量、巴州党委政府实施退税政策助企纾困的成效、巴州地方相关部门凝心聚力促落实的积极作为、巴州税务干部担当作为的精神风貌等,着力释放严厉打击骗取退税和严查内错的强烈信号,不断掀起宣传高潮,为把市场预期由弱转强发挥应有作用。

巴州各级税务机关认真落实税务总局关于规范做好增值税留抵退税政策落实情况宣传工作的要求,参照税务总局模式,把准宣传工作节奏,加强宣传部门和业务部门协同联动,主动联系当地媒体、国内主流媒体,广泛开展税费支持政策宣传,及时回应社会关切。坚持实事求是原则,立足政策实际,把握正确的舆论导向,精准恰当开展新闻宣传,不放大不缩小政策实施效果,不夸张不渲染市场主体感受。加强舆情应急值守和情况通报反馈,落实属地管理的主体责任,确保负面舆情第一时间发现、报告和稳妥处置。

▶ 工作成效

巴州税务局持续强化党建引领,推动党建与留抵退税工作深度融合。留抵退税政策在巴州见行见效,政策红利深度释放,助企纾困效应持续显现,助推巴州经济扩量提质,为市场主体注入了新的生机与活力。从享受留抵退税政策红利的主体看,留抵退税资金流向"三类群体",为广大市场主体"输血""活血"。

一、退税资金流向小微企业

中小微企业是稳就业、保民生的重要市场主体。2022年,巴州税务局累计为4544户小微企业退税20.27亿元。小微企业退税户数、退税金额分别占总退税户数的92.88%和总退税金额的66.19%。小微企业专项退税资金用途调研数据显示,57.59%的企业将退税资金用于房租、水电、销售等日常运转,45.75%的企业用于购买原材料,39.55%的企业用于支付工资薪酬,24.70%的企业用于偿还债务,15.85%的企业用于投资,13%的企业用于修缮设备,7.74%的企业留作备用资金(详见图1)。小微企业得以"松绑减负",有力保护了经济运行的"毛细血管"。如某水务有限公司因资金周转困难,设备维护费用存在大量缺口,得到3560.07万元的退税资金后,及时用于设备修缮、支付工资、偿还债务等,确保了疫情期间水务正常供应。

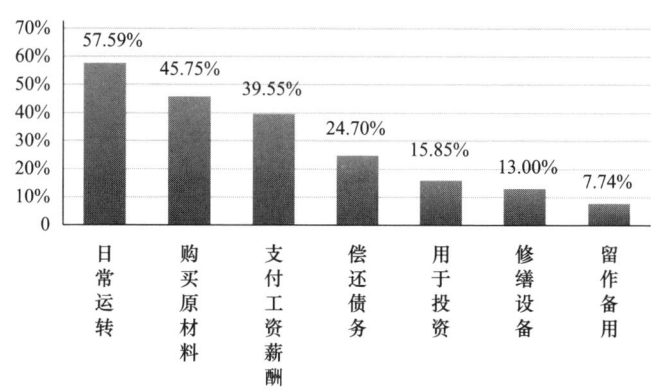

图1 小微企业专项退税资金用途统计

二、退税资金流向特困行业[①]

巴州区域内,2022年退税中属特困行业的企业共计2864户、退税3.56亿元,退税户数、退税金额分别占总退税户数的58.54%和总退税金额的11.62%。特困行业专项退税资金用途调研数据显示,66.28%的企业将资金用

---

① 特困行业指批发业、零售业、铁路运输业、道路运输业、水上运输业、航空运输业、住宿业、餐饮业、旅游业相关行业、文化艺术业相关行业。

于日常运转,57.35%的企业用于支付工资薪酬,45.75%的企业用于偿还债务,24.70%的企业用于购买原材料,10.31%的企业用于投资(详见图2)。退税资金为特困行业发展赋能添力,有力保护了经济发展的"重要命脉"。如新疆某旅游有限公司疫情期间旅游业务停摆,资金运转极度困难,515.72万元的退税资金不仅解决了工资薪酬、景区日常管护等难题,还帮助企业顺利度过"旅游寒冬"。

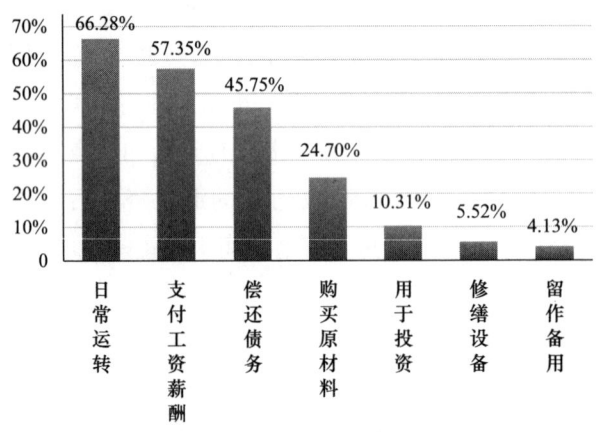

图2 特困行业专项退税资金用途统计

三、退税资金流向民营企业

2022年,全州为2116户民营企业办理留抵退税2.85亿元,退税户数、退税金额分别占总退税户数的43.26%和总退税金额的9.3%。民营企业专项退税资金用途调研数据显示,67.31%的企业将资金用于日常运转,54.57%的企业用于购买原材料,44.39%的企业用于支付工资薪酬,31.21%的企业用于投资,22.73%的企业用于偿还债务,14.24%的企业用于修缮设备(详见图3)。退税资金为民营企业突破困境提供有力支持,有力保护了经济运行的"半壁江山"。如在汽车市场整体低迷的大环境下,巴州某汽车销售有限公司日常运转资金困难成为"头等难题",而留抵退税105.09万元不仅解决了公司场地租赁费、物流运输费和水电费难题,还打通了公司日常资金运转的痛点、难点,助力企业渡过难关。

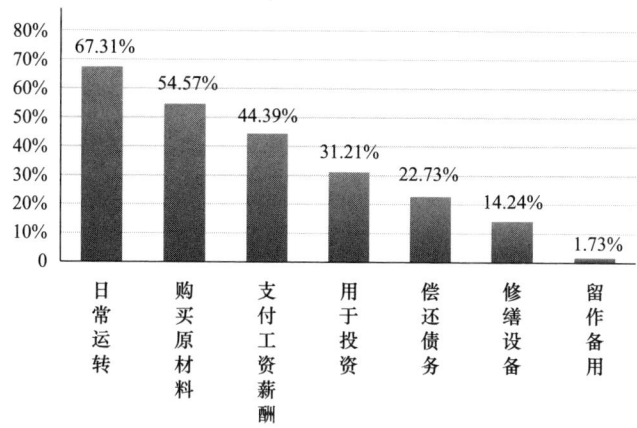

图3 民营企业专项退税资金用途统计

2022年进入8月之后,巴州库尔勒疫情形势严峻,开票金额与同期无可比性。通过选取2022年4—7月留抵退税纳税人与上年同期增值税发票金额进行分析,市场主体经营活动明显恢复。消费端:货物销售稳定增长。2022年4—7月开具发票金额124.92亿元,上年同期开具发票金额95.40亿元,同比增长30.94%。采购端:产能力度稳定加大。2022年4—7月取得发票金额157.21亿元,上年同期取得发票金额112.6亿元,同比增长39.62%。从企业开票情况可以看出,退税企业获得资金后经营活动明显增多,加大了购进原材料、扩大产能力度,市场主体经营活动明显恢复。

案例评析

作为2022年新的组合式税费支持政策的"重头戏",大规模增值税留抵退税政策是对广大市场主体直接高效的纾困措施,是稳市场主体的关键举措。留抵退税政策把账上的进项税金变成"活的"流动资金,成为市场主体的"及时雨",经济发展的"助推器",持续释放"四大效应"。

一、党建引领激发回补效应

巴州税务局持续发挥好党建工作的政治引领、思想引领、组织引领作用，及时向地方党委政府请示汇报，赢得多方理解和支持，形成工作合力，回补效应进一步显现。从表面上看，留抵退税政策直接减少国库税款，造成支出资金紧张；从实际来看，在全社会生产资料、终端消费品价格变化不大，以及进项税抵扣等政策没有重大调整的情况下，销项、进项整体规模不会发生大幅变动，增值税税负没有变化，该税种整体趋于稳定。短期来看，增值税收入减少；长期来看，增值税收入并未真正减少，形成回补效应。以巴州2022年30.62亿元的留抵退税测算，退税时地方仅承担2.76亿元，加上自治区财政厅奖补资金1.01亿元，最终地方财政仅承担1.75亿元。而到企业增值税实际入库时，地方财政取得50%（15.31亿元）收入，相当于中央财政为地方财政无代价转移支付了13.56亿元。从长远看，留抵退税的"水多鱼多""放水养鱼"对涵养巴州税源作用明显，地方财政收入受益很大。

二、党建引领促进保障效应

巴州税务局党委将党建品牌创建作为基层组织建设的重要抓手，有效促进了党支部战斗堡垒和党员先锋模范作用的发挥，产生了良好的社会效应，民生根基进一步筑牢。一方面，推动基础建设保民生。截至2022年12月31日，全州12.89亿元退税资金流入房地产、建筑、交通、服务等重大项目，支持基础设施领域投资，有力推动项目投资进度加快。全州4.33亿元退税资金注入67户电力热力燃气及水的生产和供应企业，助力供热企业供应链、资金链进一步打通，保障城市重要的生命线。另一方面，缓解稳岗压力保民生。就业是最大的民生，"稳就业"位居"六稳"之首，而企业是民生保障的重要一环。调查问卷显示，39.55%的调研企业选择将留抵退税款用于发放职工工资。新政实施有效缓解了企业薪金支出方面的资金压力，也保障了员工队伍的稳定。

三、党建引领助推激活效应

巴州税务局始终坚持把党建贯穿税收工作全过程，认真落实党建与业务"两结合、四一起"融合抓的工作机制，推进了党建工作与税收工作同频共振、互促互融，中小市场主体发展活力进一步激发。2022年，大规模增值税留抵退税政策释放大量资金，在全社会中小微企业融资难、融资贵等问题未全面解决的大背景下，相当于是对企业提供了无息贷款支持，税务部门依托信息化优势，防控风险，精准识别，精准退税，资金直达企业，对市场产生了较强的激励效用。从对获得退税资金企业的调研情况来看，15.84%的企业将退税资金用于扩大生产，45.75%的企业将退税资金用于购买原材料，24.7%的企业用退税资金归还贷款。退税资金推动企业扩大生产，加速结算，激活了产业链上下游，形成正向激励效应。

四、党建引领带动预期效应

巴州税务局以创建"让党中央放心、让人民群众满意的模范机关"为抓手，致力于"抓好党务、干好税务、带好队伍"，市场主体信心进一步提振。调研数据显示，有70%的企业实现2022年第二季度盈利或相较上年同期亏损有所减少，88.57%的企业基本保持新增投资规模，94.14%的企业反映"政策落实获得感较强"，尤其是65.6%的小微企业表示，留抵退税资金在化解其疫情背景下的生存压力作用突出，获得感更强。由此可见，企业对市场发展预期充满信心。

● 案例思考

一、结合税收工作实际，谈谈党建与业务"两张皮"问题成因剖析？

要点提示：

（1）思想认识不到位。抓好机关党建工作，首要任务和重要突破口是解决思想认识问题，但一些干部对机关党建工作重要性认识不够，在政治站位、工作思路上没能做到与时俱进。有人认为业务工作"丁是丁卯是卯，业绩显而易见"，党建工作"比较虚，工作效果难衡量"；有人则对党建和业务两者之间的关系理解不透、把握不准，认为各部门日常工作任务繁重、经常加班加点，党务工作过多、过频会影响业务工作的正常开展，容易引起矛盾、造成误解。

（2）**工作研究不深入**。从客观规律看，机关党建与业务工作内在逻辑各不同，党建工作的主要对象是人，是在主观领域发挥作用，重在入脑入心；而业务工作是做"事"的工作，针对的是具体事务，是在客观领域发挥作用，重在成果绩效。但在实际操作中，有的党组织负责人对业务研究不够，对其内在辩证关系把握不准，实践中找不到合适的切入点和融合点，工作中找不到规律，导致人为割裂、事倍功半。有的党组织负责人对党务工作不上心，依赖性强，党务工作完全依赖于上级安排部署，上级让干什么才干什么，"自选动作"从没有、"规定动作"打折扣，工作中按部就班、应付心理严重。还有的党组织负责人统筹兼顾的能力不强，在党建和业务工作上精力分配不科学，致使自身所负责的党务工作不系统、不全面，随意性大，造成工作被动。

（3）**主体责任有缺位**。从各单位情况看，机关党委（直属单位党委）除1名专职副书记外，书记均由行政"一把手"或分管党务工作的副职兼任。一些单位基层党组织书记履行"一岗双责"不到位，受工作忙碌、任务冲击等多种因素影响，工作精力分配不均，未能将党建工作与中心工作一起部署；有的虽然也能部署，但责任落不细、压不实，把落实责任制简单等同于层层签订责任书，后续工作没了下文。一些党支部书记主体责任意识淡化，认为落实主体责任是单位领导的事，自己级别相对低、位置不重要，主体责任"不必过于突出"，思想上存在误区。

（4）**专业人才较匮乏**。基层党务干部队伍的专业化、专职化、专责化投入不足，虽然每年都组织党务干部和支部委员培训，但受师资力量、教学条件等多重因素影响，培训效果不明显，导致在党建工作中存在找不好切入点、把握不住结合点、发现不了创新点等本领短板，不能很好地将党建和业务工作融合起来。绝大部分党支部书记认为自己存在"本领恐慌"，存在"系统学习党建知识"的需求。

二、结合党建引领留抵退税工作，谈谈如何持续推进党建与业务深度融合，为中国式现代化税务实践提供坚强保障？

要点提示：

（1）**树立党建与业务深度融合的主动意识。**新时代的党建工作标准严、要求高，要牢记习近平总书记强调的"抓好党建是最大政绩"的要求，压实责任激活力、优化服务提质效、健全机制强保障，构建强化组织、抓好党员、建好阵地的系统党建工作格局。要牢固树立党建与税收业务"实为一体"的关系，树牢"党建思维"，让基层党支部书记自觉激发"党建思维"主观能动性，强化"抓党建就是抓中心工作，抓党建就是抓税收业务"理念，从思想上解决"两张皮"问题，自觉做到把党建与税收业务融为一体抓，要分清主次，分清轻重缓急，善于抓住重点，以达到事半功倍的效果。

（2）**注重党建与业务深度融合的实质成效。**机关党建工作有其自身的内容和任务，为经济社会发展服务，为中心工作服务，主要是推动机关党组织的党建与业务工作深度融合发挥作用，因此既要提高主观能动自觉意识，还要注意解决方法问题和实际效果，更要结合推动落实《关于进一步深化税收征管改革的意见》、优化营商环境、落实减税降费、落实税务工作要点等重点工作，把党的政治建设、思想建设、作风建设、纪律建设各项任务落实落细，推动机关党建工作抓在经常、融入日常、见到实效。

（3）**优化党建与业务深度融合的考核机制。**推动党建与业务相互融合、长效发展，是税务系统各级机关党组织共同面临的一项长期任务，需要结合实践与时俱进。要坚持问题导向、效果导向，把完成税务中心工作任务的成效作为检验机关党建工作成效的标准之一，树立机关党建工作引领并保障税务中心工作的鲜明导向，健全完善机关党建工作考核评价机制，改变党建工作评价指标局限于党的组织，党建考核结果运用不够等问题，加强党建工作与业务工作融合发展的综合考量，既考党建工作开展情况，也考税务业务工作完成情况，建立和打通与职能科室数据共享的渠道，使党建工作与业务工作结合点更紧、落脚点更实。

（供稿：国家税务总局巴音郭楞蒙古自治州税务局　马高泉　王小蓓　彭君驰）

党建引领为推进税收治理现代化赋能增效
——陕西宝鸡以党建推动减税降费高质量落地

案例背景

党的十八大以来，以习近平同志为核心的党中央高度重视税收工作，习近平总书记发表了一系列重要论述并多次作出重要指示批示，为税收事业改革发展指明了前进方向。2022年，党中央、国务院审时度势、科学决策，出台一系列退税减税降费政策，为减轻市场主体负担、应对经济下行压力提供了有力支持。税务部门以"快退税款、狠打骗退、严查内错、欢迎外督、持续宣传"五措并举，全力落实党中央、国务院部署实施的大规模增值税留抵退税等新的组合式税费支持政策，坚持阶段性措施和制度性安排相结合，减税与退税并举完善减税降费政策，拓展巩固减税降费成果。

宝鸡市古称陈仓，位于关中平原西部，工业基础雄厚，装备制造业优势明显，目前已形成涵盖35个门类、317个行业较为完备的工业体系，建成全球最大的陆地石油钻机研发制造企业、全国最大的铁路高速道岔生产基地，钛产业规模位居全国第一、世界第二，被誉为"中国钛谷"。国家税务总局宝鸡市税务局在推进减税降费工作中，紧紧围绕政治机关建设和干部队伍建设，积极探索"党建引领强队伍"工作机制，先后制定出台系列方案和措施，组织开展各项活动丰富干部职工生活，激发干部活力，把党的政治优势转化为发展优势，把党的组织活力释放为发展活力，为减税降费政策高质量落实提供了强有力的组织保障和人才保障。

主要做法

一、以党建抓引领，深挖激发内生动力源泉

宝鸡市税务局充分发挥基层党组织领导基层治理优势，通过夯实党委主体责任、建强支部战斗堡垒、发挥党员先锋作用，不断激发落实减税降费的内生动力。

坚持"头雁领航"，扛牢压实主体责任。 充分发挥党委把方向、管大局、保落实的重要作用，建立"横向到边、纵向到底、层层包干"的责任制，通过打电话、召开一把手会议、举办税费优惠政策培训班等方式传导压力；各级领导班子立下"军令状"、包干"责任田"，推动了组合式税费支持政策全面落实。

建强"战斗堡垒"，强化党建职能担当。 牢固树立"党的一切工作到支部"的鲜明导向，探索实践"三会一课+X"党建模式，在规范组织、夯实基础中提升党组织活力。全系统121个基层党组织紧密结合退税减税降费政策落实，开展退税减税降费专题党课200余次，中心组学习450余次。建立了组织生活、管理教育、创先争优"三个一体化"的支部工作机制，组织开展党员公开承诺、启动志愿者服务日等多种形式的党群活动，促进了业务无缝衔接，思想有效融合。以退税减税为主题，持续深化机关与基层、税务与地方、税务与企业"三个共建"，全市税务系统各级党支部结成共建对子98个，不断促进完善市局、县（区）局两级业务交流协调和指导反馈机制，擦亮退税减税服务品牌，促进党建与退税减税工作深度融合。

发挥"先锋力量"，活化基层党建之源。 依托"政治机关建设"，充分发挥"曹宗平劳模创新工作室"的引领作用，形成党、团、工、妇齐头并进，全员积极参与退税减税的工作格局。多种渠道组织开展党员、团员青年实践锻炼，组织开展全市税务系统"百千万"党员干部减税降费重攻坚抓落实行动、"落实减税降费，贡献青春力量"系列活动和"致全市税务青年的倡议书"，组建起全市税务系统"税务青年助企团"服务团队，在全市为全面推进减税降费各项政策落地走实，持续提升纳税服务质效，贡献出党员、团员青年的力量。

二、以党建促保障，提升激发内生动力效能

宝鸡市税务局以党的政治建设为统领，全面推进党建和业务深度融合，把制度建设贯穿其中，扛牢全面从严治党政治责任，为促进减税降费政策落实提供坚强保障。

优化工作机制，攥指成拳。在工作机制上，健全完善新"纵合横通强党建"机制体系。在整体布局上，研究制发加强党建和业务深度融合实施意见、加强基层党的组织建设三年行动计划；在具体打法上，建立系统内上下联动机制。市局层面，市局党委与各县区局党委及其工作部门建立3个机制：建立常态化沟通机制，促进工作互联、情况互通、常态互动，每年至少召开1次党建工作座谈会；建立走访沟通机制，市局党委委员每年与联系县区局党委分别至少沟通协调1次，每年到相关部门至少走访2次，每年至少征询1次当地党委的意见建议；建立工作协调机制，定期沟通党建情况、主动争取工作指导、协同查办重要案件。县区局层面，召开党建专题会议，并且开展减税降费工作要主动向地方党委工作部门报告，争取支持。建立外部门横向联通机制。对外与政府部门建立"1+1+N"跨部门协作机制，由市政府牵头建立市退税减税降费工作领导小组，税务部门统筹协调推进公安、检察、财政、人行、海关等部门配合落实的协作机制，合力保障政策落实落地。

创新管理手段，提速增效。加强与基层管理单位开展党建合作，发挥党建工作对业务工作的引领带动作用，以整合区域内各种党建资源和社会资源为依托，实现区域内共建单位多方共赢的目标。创新"1+3+X"党建工作机制，即"1个临时党支部+3项举措+X项主题实践活动"，打造"党建红领航税务蓝"党建品牌，助推减税降费政策落地生根。推行"网格+专业化"服务与管理新模式，积极构建服务优质高效、管理衔接有序、机构运行畅通、政策落实高效的工作格局。组织税费种业务部门党员业务骨干建立留抵退税"工作站"，整合"税务端"业务受理审核全流程，接收企业退税申请后，各环节安排专人优先处理，"无缝"接力完成后续流程。创新组织生活形式，通过创新主题党日活动，采取戴党员徽章、亮身份等方式，集中宣传政策、开展个性化服务，强化管理与服务互动、税务人与纳税人联动，确保政策全落实、红利全享受。

筑牢风险防控体系，串珠成链。 把加强党的领导和党的建设贯穿税收工作的全过程，把以人民为中心的理念转化为具体工作举措，稳步有序推进征管体制改革，助力打好防范化解重大风险攻坚战，服务国家重大发展战略，服务经济社会发展大局。各级纪检部门加大税收违法案件"一案双查"力度，根据减税降费新形势新要求，纪检部门结合打击偷逃骗税和虚开增值税发票案件，严肃查处税务人员与不法分子内外勾结、谋取私利的违纪违法问题，并倒查领导责任。实行以风险为导向的分级分类管理模式和定向检查模式，事前依据金额、行业等维度分级分类开展集体预审，事中梳理审核清单突出要点审核，事后构建涵盖120多个指标的风险模型，并开展常态化风险扫描，及时发现和阻断风险，确保留抵退税退得准、退得稳。深入查找税收执法和行政管理中的风险点和薄弱环节，加强内部监控，及时发现和防范可能出现的违法违纪问题，杜绝"吃拿卡要"等行业不正之风。

三、以党建强支撑，找准激发内生动力路径

党员是党组织的"红色细胞"，是基层治理的先锋队。宝鸡市税务局推进以党建引领基层治理，加强基层党员队伍建设，着力锻造一支能打硬仗的党员队伍，在基层治理中践行初心、淬炼党性、锤炼作风，发挥先锋模范作用。

人文关怀聚合力。 加强思想政治工作，及时了解党员干部思想动态，注重人文关怀和心理疏导；了解、反馈群众意见，维护群众的正当权益，协调解决群众的实际困难。聚焦干部在退税审核中存在的思想压力，从思想引导、监督指导、心理疏导三个层面，最大限度调动队伍抓落实的积极性。抓好思想引导，综合运用"第一议题"学习、谈心谈话、组织生活会等形式，促进干部提高思想认识。做细心理疏导，通过举办知识讲堂、心理咨询师讲座、身边榜样宣讲等活动，营造向上向善、奋发有为的良好氛围。定期组织开展红色电影放映、乒乓球比赛等文娱活动，丰富干部业余文化生活；完善图书馆、阅览室、健身房、母婴关爱室等场所，让干部感受到组织的关怀、集体的温暖。

宣教培训促落实。 全面启动"政治引领""达标创优""头雁培育"等七大行动，重点抓好党委委员、党支部书记、党务干部等专题培训，力促基层党组织建设成为坚强战斗堡垒，推动基层党建全面进步、全面过硬。开展

"税费政策进企业 助力发展稳增长"活动,市局领导班子成员走访重点企业,就研发费用加计扣除、增值税留抵退税等具体业务开展辅导,并建立"一企一策"服务机制上门宣讲政策,纾困解难。加大对基层一线干部的培训力度,通过晨会交流、专项业务培训、骨干定期授课、结对互助学习等多种形式,扩大教育培训覆盖面,持续提升一线干部能力素养。2022年全系统开展政策培训2117场次,参训人员逾31万人次。

发挥引领树典型。善于选树、宣传税务系统先进典型,引导广大党员干部见贤思齐,勇当先锋。深入挖掘退税减税降费工作中的典型人物和先进事迹进行广泛宣传推介,用身边人带动身边人,发挥好先进典型的榜样作用。编发《退税减税先锋人物》简报专刊,对24名基层一线干部事迹进行通报,教育干部以身边先进典型为引领。讲好基层税务故事,树立良好的社会形象,增强税务干部的自豪感、责任感、使命感,形成干部职工自愿到基层干事创业的思想自觉。宝鸡市税务系统分别以"党建引领促改革"为主题打造党建和文化展厅、长廊,市局一楼展厅率先打造集党建、群团文化建设于一体的"党建长廊",内容涵盖"党建铸魂""战斗堡垒""基层风采"等七个方面内容,展示了宝鸡市税务系统"围绕税收抓党建、抓好党建促改革"的工作成果。

工作成效

一、党建引领作用充分彰显

宝鸡市税务局以政治建设为统领,以加强党对税收工作的全面领导为主线,强化党委班子自身建设,带动系统党建水平再上新台阶。坚持"头雁领航"、建强"战斗堡垒"、发挥"先锋力量"等一系列举措,以"组织力提升"为抓手,突出减税降费政策措施落地生根,深入开展基层党建提质增效行动,不断探索充分发挥党支部战斗堡垒作用和党员先锋模范作用的有效途径,推进全面从严治党向纵深发展,党的执政能力和领导水平进一步提高。宝鸡市税务系统精心打造的"一县一品、一支部一特色"基层品牌,在陕西省税务局第二届党建微创新大赛中斩获一等奖1个、三等奖2个、优秀奖2个。

二、纳税人获得感不断增强

提升纳税人获得感是"以人民为中心""让人民群众有更多获得感"在税收领域的直接体现。宝鸡市税务局全面落实税收优惠政策,加快推进办税缴费便利化建设,让纳税人缴费人有更多的获得感。推行"税务管家"服务制度,全市配备税务管家169人,税企联系更加紧密。全面优化国有土地使用权出让收入保证金征缴流程,荣获"第三届(2022)全国政务服务软实力·集成服务强化线上线下融合金典案例"。打造12366纳税缴费服务热线服务品牌,集中开展"一把手走流程""百名委员下基层 千名书记进万企"等活动,全面提升纳税服务水平和质量。在2022年全国纳税人满意度调查中,宝鸡市税务局以89.9分位居全省地市排名之首,较2020年得分提高3.8分、排名前进5个位次。

三、税费优惠政策成效凸显

按照党中央、国务院决策部署,宝鸡市税务局认真落实各项税费优惠政策,促进各类经营主体轻装上阵、助力高质量发展。2022年全市累计退税减税缓税降费超50亿元,惠及市场主体及个人11万户次,切实减轻了纳税人缴费人税费负担,增加了纳税人缴费人现金流,缓解了纳税人缴费人的资金压力。大规模留抵退税覆盖的重点行业中,包含制造业、科学研究与技术服务业、软件和信息技术服务业等相关科创行业,全年分别获得留抵退税10.24亿元、0.14亿元、0.03亿元,这使企业创新研发的底气更足。

四、管理体制机制更加健全

宝鸡市税务局坚持把党的领导贯穿税收工作全过程各方面,推动党组织发挥作用组织化制度化具体化,坚持组织体系与治理体系一体化,同步提升组织功能与治理能力,切实把党的政治优势、组织优势转化为治理效能。通过完善制度办法、健全工作机制、创新管理手段,宝鸡市税务系统党建工作体制机制更加完善,党支部建设更加规范,党组织书记队伍建设更加系统,党员教育管理更加精准，基层党组织保障更加有力，实现党建工作与税收业务工作紧密融合，党对税收工作的全面领导得到切实加强。全系统认真梳理制定标准化事项 444 项、制度 654 条、流程 513 条；市县所（分局）三级税务部门共推出标准化创新亮点项目 66 个，"税宣超市""纳税服务和分级分类管理'1+N+M'三级联动""军锋税官工作室"等 4 项创新举措纳入省局标准化重点建设项目。

五、干部队伍活力竞相迸发

宝鸡市税务局以习近平新时代中国特色社会主义思想为指导，落实好"纵合横通强党建"机制和"抓好党务、干好税务、带好队伍"要求，狠抓人才兴税，打牢基层基础，为党的税收事业蓬勃发展强基固本。通过充分发挥团支部、妇委会、工会等桥梁和纽带作用，营造出良好税务文化氛围，打造文明和谐税务机关，干部队伍的向心力和凝聚力不断增强。开展了"最美退役军人""最美巾帼税务人""税务好青年""退税减税降费先进人物"评选表彰活动，全系统共有 54 人获得退税减税降费先进表彰奖励，其中三等功 9 人，嘉奖 45 人。精心编纂制作了《全市税务系统先进人物风采录》，集中展示了全系统 24 名先进工作者的靓丽风采，发挥了优秀典型的示范带动作用。全市共有 135 人被纳入税务总局"115 工程"岗位能手，23 人被纳入税务总局"115 工程"专业骨干，8 人取得省局标兵人才证书，7 人成为省局第四批标兵人才培养对象。

案例评析

内生动力从系统内部生成推进自生长、自增强与自增长，强调不依赖外部环境，并充分利用、吸收、消化外部输入要素转化为自我发展的能力。从主体角度来看，落实退税减税降费政策内生动力在于人的积极性、主动性和创造性发挥；从驱动力来看，落实退税减税降费政策内生动力在于发挥好党组织作用；从治理保障来看，内生动力持续释放离不开各项体制机制保驾护航。因此，通过党建引领、创新机制、人文关怀等举措，打造内生多源动力系统，对于加快落实退税减税降费政策，构建税收现代化治理的长效机制具有重要意义。

一、发挥党组织的作用是保证

抓好党建促业务，是落实各项工作的重要经验。党员干部的精神状态如何，对落实各项工作具有至关重要的作用。干部精神状态如何，主要取决于领导班子的精神状态。坚强的党支部、好的带头人对一个单位和部门工作开展至关重要。宝鸡市税务局把加强基层党组织建设与落实退税减税降费政策紧密结合起来，通过发挥各级党组织的战斗堡垒作用，进一步抓好思想发动和政策宣传，让每一项税费优惠政策进企、入户、到人，特别要通过领导干部带好头、作表率，真正让基层党员干部心热起来、手动起来。

二、持续优化管理机制是基础

制度建设是党建高质量发展的重要保障，必须把构建系统完备、有效管用的制度机制贯穿始终，既要在制度制定上务实管用，又要在制度执行上严格有力。由此，要找准党建与退税减税降费工作管理体制融合路径，将党建与减税降费工作同部署、同推进。重点从以下四方面着手："坚持'压缩'与'优化'并举，全面提升管理效能；坚持'退快'与'退好'并举，推动业务无缝对接；坚持'管理'与'服务'并举，促进基层一线管理；坚持'退准'与'退稳'并举，建立快速反应机制"。通过系列举措，管理手段更加优化、退税效率大幅提升、基层职责更加明晰，构建起理念融合、路径融合、措施融合的机制和制度，为进一步推进基层治理体系建设提供了有益的借鉴参考。

三、激励干部担当作为是关键

敢于担当是习近平总书记提出的好干部五项标准之一，是对所有领导干部政治品质的普遍要求。税务干部要做到敢于担当，首先是在政治立场上要有担当。要始终坚持党的领导,坚定不移地与以习近平同志为核心的党中央保持高度一致,时刻保持清醒的政治头脑。其次,要在解决问题上敢于担当。各级税务干部要大力弘扬共产党人的担当精神,要以解决问题为己任,瞄着问题去,追着问题走,把问题意识转化为问题导向,努力在解决问题中积聚事业发展的正能量。宝鸡市税务局紧扣中心工作,把退税减税降费、征管体制改革、高质量发展等重点工作作为考察识别干部的主战场,分领域、分行业、全覆盖开展常态化分析研判,发现并提拔重用表现突出的税务干部15名,对担当作为、实绩突出的22名干部优先使用,推动形成干部主动到一线担当、干部从一线选拔的良好导向。

四、提升改革创新能力是要害

习近平总书记指出,创新始终是推动一个国家、一个民族向前发展的重要力量。党员税务干部要学习贯彻习近平总书记关于创新思维的重要讲话精神,要有敢为人先的锐气,有探索真知、求真务实的态度,为了创新创造百折不挠、勇往直前、义无反顾。在工作中,要有"办法总比问题多"的豪气,面对具体问题,要学会解放思想、打破常规,在充分调查论证、认真分析研究的基础上,针对性地探索和把握新的形式、途径和方法,才能有效地创造出新局面,实现新跨越。宝鸡市税务局在党员干部管理中,创新选人用人导向,综合运用政治、工作、物质和精神等多种激励机制,激发党员干部高质量推动税收现代化建设的强大内生动力。

五、激发干部工作热情是重点

用社会主义核心价值观引领基层党内精神文化建设,提炼特色党内精神文化,加强中华优秀传统文化、革命文化、社会主义先进文化教育,引导党员干部不断提升人文素养、提高精神境界、坚定理想信念。用新的观念、新的思路指导实际行动,切实把高涨的热情放在谋事干事上,把更多的智慧用在谋求发展上,把更多的精力投到抓落实中,创造实实在在的工作业绩。宝鸡市税务局坚持人文关怀、教育培训、选树典型三大战略任务,把激发干部工作热情作为一项事关税收现代化建设大局的战略性、基础性、前瞻性工作，增强培训的针对性和实效性，发挥示范引领和先锋模范作用，让干部教育像汽车的发动机一样动力十足，成为事业发展进步的强力引擎，为税收工作的顺利开展提供坚强的智力支撑。

➡ 案例思考

一、结合本案例，谈谈在税收征管工作中激发内生动力的重要意义。

要点提示：

宝鸡市税务局认真贯彻落实党中央、国务院关于组合式税费支持政策的重大决策部署，积极探索党建引领税收工作路径、创新实践方法，以激发退税减税降费工作的内生动力为突破，在党建引领、机制保障和人才支撑等方面持续发力，全面而充分地激发税务干部的内生动力，特别是基层党支部和基层党员内生动力，让干部的积极性、主动性、创造性迸发，有效确保了"退税减税"工作高质量落实。在税收征管工作中激发内生动力，具有十分重要的意义。

（1）**有利于促进党建引领税收高质量发展**。通过高质量抓好党的建设，充分发挥党的强大政治优势和组织优势，不断提升基层党建质量，扩大党建品牌影响力，推动党建与业务深度融合，将高质量党建优势转化为税收事业高质量发展优势。

（2）**有利于增强干部队伍凝聚力和归属感**。通过建立鼓励激励机制，最大限度调动干部职工比学赶超、创先争优的主动性和创造性；适时开展丰富多彩的业余文化活动，陶冶高尚情操，激发朝气活力，有助于增强归属感，提升凝聚力，促使广大干部职工始终保持团结和谐、干事创业的精气神。

（3）**有利于推动税收征管改革的落实落地**。着眼于构建规范高效的税费治理体系，全面开展税收规范性文件清理，提高征管效率，降低征纳成本，增强税费治理能力，实现了执法"一把尺子、一个标准"，提高了征管改革效能。

（4）**有利于构建税收现代化治理长效机制**。构建起优化高效统一的管理体制机制，为纳税人缴费人提供更加优质、高效、便利的税费服务，提高税法遵从度和社会满意度，持之以恒加强制度机制建设，为构建税收现代化治理长效机制奠定了基础，为经济社会高质量发展提供制度支撑和保障。

二、联系税收工作实际，简述如何激发基层治理工作内生动力？

要点提示：

激发内生动力是一项复杂的系统工程，必须多管齐下，从党建引领、体制机制、正向激励等方面突破。

（1）以党建引领为核心。坚持和加强党的全面领导，真正把党的政治优势、组织优势转化为税收事业发展的内生动力。抓牢组织体系建设这个"牛鼻子"，积极探索"党建+"工作模式，构建区域化党建体系，充分发挥党总揽全局、协调各方的作用；抓好党内生活制度这个"关键点"，发挥基层党组织战斗堡垒作用，通过主题党日等活动，强化信息沟通；抓住党员先锋模范这个"风向标"，在急难险重工作中选树"两优一先"代表，推动党员"亮身份、亮承诺、亮形象"，进一步提升纳税服务质效，营造比学赶超的浓厚氛围。

（2）以完善机制为基础。根据形势变化和工作需要，建立党建与税收工作融合发展的工作机制。将党建与税收工作同部署、同推进、同考核。从单位工作实际出发，重新梳理现行各项管理制度，全方位梳理各类业务流程、明确业务环节，厘清岗位责任，完善制度机制，规范运转流转，统一工作口径，夯实长远发展根基。紧盯责任落实，打通"市局—县区局—分局"工作链条，形成"发现问题—推动整改—完善制度—规范管理"工作机制，着眼巡视工作全流程管理，坚持问题导向，压实整改责任，倒逼完善制度，促进各项工作进一步规范。

（3）以正向激励为支撑。坚持正向激励，推动形成"愿为、敢为、争先作为"的新风。从政治待遇上激励。要畅通领导干部进出通道，实现"能者上、平者让、庸者下"。采取下派任职、上派挂职、平级交流等方式，拓宽交流渠道、扩大交流范围，形成机关与基层双向交流、重要岗位定期交流、长期任职轮岗交流的良性循环。从人文关怀上激励。注重关怀帮扶，及时了解干部的思想动态，重视机关干部心理建设，帮助机关干部有效化解心理压力和其他实际问题。鼓励支持群团组织开展工作，通过活动振奋精神、鼓舞士气、凝聚人心。关注干部的工作情况、精神状态，关心干部的成长进步、家庭困难，让广大党员干部有归属感、认同感，从而有效提升大家干事创业的精气神。从表彰先进上激励。通过争先创优活动让全体干部在工作岗位和日常生活中展示税务形象，发挥党员示范引领和先锋模范作用，形成争当先锋、争当模范的良好社会风气。

（供稿：国家税务总局宝鸡市税务局　程涛）

党业融合 "青"尽全力
打通退税减税降费"最后一公里"

——广东佛山顺德区首创"青税融创"中心打造党建引领税收新样板

● 案例背景

退税减税降费是党中央、国务院部署实施的促进我国经济转型升级、激发市场主体活力、减轻市场主体负担、稳定市场预期的重要政策手段。佛山市顺德区作为全国首个工业生产总值突破万亿元的市辖区,已连续12年蝉联全国高质量发展百强区榜首,是全市、全省乃至全国改革创新的排头兵、先行地。以2022年为例,全区共有市场主体超26万个,办理"退、减、缓"税费超122亿元,在帮助企业减负纾困、稳定经济增长、推动地方经济高质量发展中贡献了税务力量。

打通退税减税降费的"最后一公里",以更实举措、更优手段让各项税费优惠政策精准、快速、有效直达市场主体,推动经济社会平稳高质量发展,离不开党对税收工作的全面领导,更离不开广大税务人员的担当作为。青年党员既是国家希望,也是机关创新工作的生力军。在推动退税减税降费政策落实落地的重点工作中,国家税务总局佛山市顺德区税务局以习近平新时代中国特色社会主义思想为指导,深入贯彻党中央、国务院决策部署,不断提高政治站位,坚持以党建为引领,以青年为主力,以"众创"为突破口,以惠民为落脚点,首创"青税融创"中心,不断巩固和拓展退税减税降费成效,打造党建引领税收工作的广东样板。

主要做法

佛山市顺德区税务局坚持党建引领，坚定以人民为中心的价值"起点"，全面凝聚青年力量，通过"党建领航，党业融创、服务运营"三大维度，创推"四个一"帮助青年党员解决党业融合的认识问题，借助青年党员力量全力构建惠民服务新体系，切实强化党建引领中心工作，推动退税减税降费工作质效持续提升。

一、突出"党建领航"，以学用融合精准激发党建对业务工作的"引领力"

青年党员的党性修养和作风好坏直接影响税收工作的高质量开展，代表着服务群众的"窗口形象"。但现实中青年党员对于党建和业务工作的关系重视不够、认识不足，存在重业务轻学习的现象。这就亟须构建一个青年党员学习耦合机制，既能提升政治使命感，又能强化目标引领，推动青年党员知行合一，当好退税减税降费"先锋"。佛山市顺德区税务局所打造的"青税融创"中心是一个"党建领航中心"，以党建引领为目标，创推"四个一"帮助青年党员解决党业融合的认识问题，切实强化党建引领中心工作。具体做法如下。

一个"思想军训"机制。实施青年理论学习提升工程，根据习近平总书记视察广东重要指示精神，建设"寻迹"党员教育基地，牢固树立落实好退税减税降费政策是检验党员干部政治意识和担当作为的具体行动，让青年党员"讲政治""强担当"。

一个"智慧党建学习"平台。搭建囊括宣教讲堂、智能展厅、AR课堂、活动基地等功能的全域覆盖、四级联动学习教育体系，避免"重复建设""过期停摆"的零散粗放学习模式，让青年党员学习"有重点""出成果"。

一张党业融合责任清单。建立"一单一书"提醒制度，组织青年党员干部开展"头脑风暴""我为退税减税降费政策落实献一策"等专题研讨，聚焦落实新的组合式税费支持政策新部署梳理分析、集中攻坚、精准施策，让党政理论和方针政策"一点就通"。

一套"党建与业务联动"评价办法。创建"三三制"支部评价法、"星光指数"党员积分管理等,切实提升党建与业务工作战斗力;打造全省税务系统首个个人绩效管理模板,搭建 21 个类别合计 730 余项的绩效指标库,让青年党员先锋模范作用"看得见""有成效"。

二、突出"党业融创",以创产融合精准激发基层党组织创新的"执行力"

基层党组织在退税减税降费等系列重点任务中发挥着战斗堡垒作用。当前,尽管基层党组织建设得到很大发展,但品牌分散不集中、基层资源有限,青年创新落实退税减税降费政策手段有想法缺平台、基层党建创新丰富性与碎片化并存,这就亟须构建一个精准创新孵化机制,既能调动青年创新能动性,又能强化资源统筹,以青年党员促进党业融合,在退税减税降费政策落实的创新举措推动下,实现基层党组织建设的整体创新。佛山市顺德区税务局所打造的"青税融创"中心是一个"党业融创中心",以党建驱动创新为路径,解决党业融合创新工作中"人从哪里来、创意从哪里来、资源从哪里来"的问题。

建设"青年党员+业务骨干"精准众创平台,实现"智囊献策"到"落地见效"的转化。 建设精准创意孵化机制:依托"智慧税脑"科创机制,打造"问需—招标—创想—指导—执行"标准化链条,组建"跨部门""跨层级"项目团队,通过"专业指导+资源支持"孵化基层创意,"自上而下""自下而上"双维度推动青年党员精准提案、精准产出,让创新可复制能推广有成效。建设精准结果评价:通过"数量+质量"的"双重量化"评价,将支部绩效、党员评价与融创成果进行"双积分、双挂钩",让各个支部既"想创新"又"善创新"。

建设"党政理论传播+税费政策宣传"融媒体工作室,实现"单兵扩散"向"云端共联"的转化。 纵向链接市局、省局乃至总局,"一链式"承接上级党建中心工作和重大改革任务,确保党中央权威信息和各项退税减税降费政策及时、准确地传播到基层一线。横向链接宣传、普法部门、团青组织、主流媒体,整合区域内党建资源,通过数据共享、渠道共用放大政策效应,通过联合视频录播、直播宣讲、短视频制作等多元形式，突出做好退税减税降费政策系列解读、辅导答疑等方面工作，化零为整铸造影响广、口碑好的基层党组织品牌。

三、突出"服务运营"，以供需融合精准激发惠民服务的"落实力"

青年党员要把学习宣传贯彻党的二十大精神同总结经验、观照现实、推动工作结合起来，同解决实际问题结合起来，开展好"我为群众办实事"实践活动，让退税减税降费政策转化为惠企利民的阵阵春风。然而党政机关如何精准识别群众需求，避免陷入"所供非所需""所供超所需""所供欠所需"的"错位"，将海量分散的税费优惠政策传递给市场主体、人民群众？这就亟须构建一个"双向表达"对话机制，把服务延伸到最末端、落实到细微处。佛山市顺德区税务局所打造的"青税融创"中心是一个"服务运营中心"，以党建服务民生发展，坚持以人民为中心的价值"起点"，借助青年党员力量全力构建惠民服务新体系。

智能驱动构建"高精准"群众需求沟通机制，服务对接更贴心。 广东省率先开发税务咨询支援热线，搭建129个"彩虹服务"征纳沟通群组，推动"问办查评送"一体化建设，覆盖区内超10万纳税人，做到群众涉税费需求第一时间反馈、第一时间解决。在全省推广优化版V-Tax远程可视化办税系统，推出全设备兼容、全网络延伸的便捷办税"虚拟前台"，集成"智能化分析"功能，使群众足不出户即可实现"远程对话""线上交表"，将碎片化服务需求"一网通办"。

互联业务拓宽"零跑动"群众服务网络，办税缴费更便利。 建成广东省首个"税费服务集约处理中心"，打造税费服务集约处理的"实体化"平台，在全省率先开发"滚动受理""同屏帮办"等云办税功能，323项集约业务通过"V-Tax+电子税务局"全程非接触式办理；积极融入政务服务体系，创新打造广东省首个市监、税务"联办云服务专区"，联动政数局、金融机构共促政务服务226个"门口办"网点，在全区启用47个税费服务"随身厅"，打造"15分钟党群税费服务圈"，助推退税减税降费红利直达快享。

工作成效

自"青税融创"中心建设以来,佛山市顺德区税务局充分发挥党建引领作用,在推动退税减税降费政策落地见效的同时,实现了"队伍更担当、社会更满意、品牌更响亮"。

一、青年为本,队伍更担当

通过以党建引领筑牢忠诚铁军底色,以党业融合增强青年党员动能,佛山市顺德区税务局在持续推动退税减税降费政策落地落细过程中,有效地实现了组织建设水平的提升和干部队伍政治素养的强化。一是组织建设更优。佛山市顺德区税务局连续多年在税务系统组织绩效、政府绩效中排名第一,是广东省唯一摘得"全国税务系统先进集体"的区级单位,并先后斩获全国五一劳动奖章、全国青年文明号、全国模范职工之家等国家级荣誉。二是政治素质更高。"青税融创"团队已有超200人,近三年获各级团青荣誉超80项,位列佛山市税务系统第一。"寻迹"党员教育基地获评广东省税务系统党建工作创新案例,青年参与思政调研课题获省级一等奖,真正实现能为单位培养讲政治、懂业务、会创新的综合性人才。

二、青年力行,社会更满意

佛山市顺德区税务局通过推动党建工作与业务工作同谋划、共推进,全面激发青年创新创造活力,持续提升税收服务效能,让各项退税减税降费政策以多种方式实现有效精准发力,大幅提升纳税人缴费人获得感、满意度。

社会获得感更强。截至2023年上半年,青年党员牵头重点孵化项目优化版 V-Tax 累计服务纳税人34.31万户次,"非接触式"办税率高达98.50%,真正实现纳税人"一次不用跑",助力佛山市获得2022年广东省营商环境评价"纳税"指标地级市第一名。

品牌推广性更强。集成推出91项便民举措,融创品牌获国家级荣誉16个,省级奖项18个。开发"减税宝"在第二届数字中国展览会上亮相,打造"云退税""一流营商 13 策"等爆款直播,获"20 万 +"网民关注。创推税惠成效"e 税观",让决策层"一图尽览"快速获取各项减税降费、退税缓税降费信息,为全面分析经济社会效应提供"新视窗"。

政策响应度更强。 随着青年党员的精准创新,社会"税收遵从度"明显提升,2022 年顺德区纳税信用 A 级纳税人超两万户,同比增长约 80%。推动新的组合式税费支持政策落实落细,创推缓缴"e 退宝"等信息化利器,2022 年新增减税降费及退税缓税缓费超 120 亿元,惠及逾百万纳税人,惠民生、助发展两手抓、两过硬。

三、青年主创,品牌更响亮

佛山市顺德区税务局立足"广东县区级融媒体示范中心"建设,持续孵化青年创意,在退税减税降费政策效果评价上持续发力,为上级税务部门、地方党委政府管理决策提供参考,进一步提高了"青税融创"中心的知名度、影响力。

宣传辐射更广。 近三年青年党员主导退税减税降费相关作品被央视、新华社、央广网等国家级媒体报道超 140 次;撰写的退税减税降费政策落实情况等主题调研分析报告获时任国家税务总局党委书记、局长王军等各级领导批示 109 次,报送数量和获批示数量均创新高。

示范辐射更广。 "青税融创"本质是让群众、党员、党组织顺畅对话的机关党建方法,在佛山市顺德区税务局试点成功后已于全市税务系统推广,并获税务系统外单位推广移植,在工会和妇女团体应用。

◉ 案例评析

办好中国的事,关键在党。党的领导是做好党和国家各项工作的根本保证,青年是党和国家事业发展的希望与未来。在税收工作中坚持党的全面领导,发挥青年党员先锋模范作用,推动党建与业务相融相促,是实现税收高质量发展的必由之路,具备一定的理论和实践研究价值。

一、坚持党建引领,提升青年党员思想政治素养,确保发展方向始终正确

党的思想建设是党的基础性建设,其任务是强化马克思主义理论武装,加强党的基本理论、基本路线、基本方略教育,目的是保持党的创造力、凝聚力和战斗力。要确保青年党员干部始终在正确的政治轨道上前进,必须以思想政治理论教育和实践指导,引导其深入学习贯彻习近平新时代中国特色社会主义思想,自觉用党的创新理论武装头脑、指导实践。佛山市顺德区税务局将党建引领作为税收工作开展的"第一抓手",立足"青税融创"中心建设,实施青年理论学习提升工程,搭建青年党员学习平台,开展党政热点专题研讨,构建绩效评价网络,串联起"机制—平台—互动—评价"学习链条,在这一过程中有效凝聚发展共识,加深党业融合认知,使青年党员的归属感、使命感持续增强,党建引领效果充分发挥。

二、坚持党业融合,激发青年党员创新创造活力,确保组织建设持续优化

党业融合是党组织围绕中心、服务大局工作进行的全方位融合,要抓好党建促业务,确保税收工作在依法依规、遵循新时代中国特色社会主义发展规律的前提下高质量发展,需要推动青年党员解放思想、创新求索,以源源不断的新思路、新举措,持续推动党建与业务同谋划、同部署、同实施,实现基层党组织建设的整体创新、全面进步。佛山市顺德区税务局将党业融合作为税收工作创新的"第一引擎"。一方面,通过建设以青年党员、业务骨干为主力的精准众创平台,推动青年创意精准孵化、创新结果精准评价;另一方面,通过建设集聚跨层级、跨部门资源的融媒体工作室,推动党政理论传播、税费支持政策传递,打造青年党员创新的"强磁场",实现了基层党组织战斗堡垒作用有效发挥、组织建设实现新的突破。

三、坚持服务为民,提升青年党员履职尽责能力,确保政策方针有效落实

"以人民为中心"是党的根本立场,青年党员要将党的创新理论转化为推动税收工作实践的强大动力,努力践行为民服务宗旨,在各项急难险重的

税收工作中"担纲挑梁",深入了解人民群众需求,着力解决好人民群众"急难愁盼"的问题,持续优化税费服务水平,确保各项税费支持政策精准有效落地落细,人民群众获得感、幸福感更加充实、更有保障、更可持续。佛山市顺德区税务局将服务为民作为税收工作开展的"第一要务",一方面,通过构建群众需求沟通机制,开发税务咨询支援热线、推广优化 V-Tax 远程可视化办税系统,精准对接纳税人缴费人需求;另一方面,通过互联业务拓宽群众服务网络,打造税费服务集约处理中心、积极融入政务服务体系,精准有效延伸税费服务触角,实现青年党员干部自我发展能力和税收事业发展的有机统一。

案例思考

一、结合本案例,谈谈党建引领对于税收现代化建设有何现实意义?

要点提示:

打造"青税融创"中心,是佛山市顺德区税务局坚持和加强党对税收工作的全面领导,不断加强青年党员干部政治引领、组织引领和思想引领,创新促进党建工作与税收业务深度融合的有效举措,是贯彻落实税务总局党委提出的"在新时代新征程上奋力推进税收现代化"重要部署,切实把加强基层党的建设作为推进税收治理能力现代化的核心抓紧抓实,推动税收现代化建设始终沿着正确的方向不断前进的有力举措。

(1)**有利于在深刻领悟党的创新理论中提高政治站位。**提高政治站位、坚持和加强党的全面领导是新时代党的建设的根本目的和根本原则,只有理论上清醒才能在政治上坚定,思想认识到位才能政治意识过硬。通过围绕习近平新时代中国特色社会主义思想,开展全方位、多形式的政治理论学习,能够让广大党员干部运用创新理论武装头脑、统一思想、指导实践、抵御错误思潮,进一步提高政治站位、强化责任担当,激发干事创业的积极性、主动性、创造性,更好发挥和拓展税收职能作用。

(2)**有利于在深度促进党建业务融合中推动改革创新。**党建和业务"两张皮"是制约税务部门党的建设质量提升和工作创新开展的一大顽症。通过推动党的建设与税收业务密切联系、有机统一，强化多方资源统筹、激发党员创新活力，能够在推动实现基层党组织"事合、人合、力合、心合"的基础上，形成党建引领税收改革创新发展的良好格局，进而在依法依规组织税费收入、落实税费优惠政策、升级税费服务举措、优化税收营商环境等方面实现新突破、开创新局面。

（3）有利于在扎实筑造基层战斗堡垒中锻造税务铁军。党的二十大报告指出，要把基层党组织建设成为有效实现党的领导的坚强战斗堡垒。这不仅是严密党的组织体系、厚植党的执政根基的必然要求，更是党密切联系和服务群众的重要途径。通过让基层党组织战斗在"减税降费"攻坚一线，广大党员活跃在"减税降费"服务前沿，能够确保干部队伍始终站稳人民立场，将基层党支部建设成为政治过硬、业务过硬、作风过硬的战斗堡垒，将党员队伍建设成为在各项急难险重工作中发挥先锋模范作用的骨干力量，为高质量推进新时代税收现代化提供坚强保证。

二、联系税收工作实际，简述如何提升税务青年党员的思想政治素养和理论联系实际能力？

要点提示：

党和国家历来高度重视青年，始终把青年工作作为一项长期的战略任务来抓，要求加强青年思想政治教育工作实效。新时代的青年党员要在全面建设社会主义现代化国家新征程中彰显自我价值，就要在学史明理中坚定不移听党话、跟党走，牢固树立热爱祖国、服务人民等思想，切实把理论学习转化为推动工作的强大动能，税务青年党员也是如此。要提升税务青年党员的思想政治素养和理论联系实际能力，可以从如下三方面着手。

（1）提升思想政治教育内容的穿透力。要在常态化开展青年党员思想政治教育工作的基础上，走近青年、了解青年党员的所思所想，善于运用具体可感的事迹增强认同感、提升凝聚力，尤其是要讲好税务系统内优秀榜样在脱贫攻坚、疫情防控、改革创新等各领域的奋斗故事，寓教于事、以事促育，进一步实现对广大税务青年党员干部的思想教育和价值引领。

（2）提升思想政治教育场景的沉浸感。要立足高速发展的时代背景，善用数字化工具和智能化平台,以大数据赋能精准把握青年认知接受习惯变化特征,推动思想政治教育和融媒体信息技术有效融合,采用与时俱进的时代语言和内容,创新打造更加系统全面的沉浸式思想政治教育载体,有效提升思想政治教育的内容丰富性、形式多样性,让科学的理论真正在青年的思想深处生根发芽。

(3)提升思想政治教育成果的实效性。要引导税务青年党员站稳人民立场,真正把党的创新理论融入日常税收工作,做到学用结合、学用相长,紧紧围绕广大纳税人缴费人最关心、最直接、最现实的利益问题,不断升级税费服务举措、持续优化税收营商环境,推动各项税费支持政策落地落细,让思想政治教育在基层税务部门落地生根、开花结果。

(供稿:国家税务总局佛山市顺德区税务局　黄思敏　李欣芸　苏悦慧)

党建筑基　夯实政策　落实"红色堤坝"

——甘肃秦安创推"主题党日+纳税人说税"品牌助力新政落准落稳

● 案例背景

党的十八大以来,税务部门锚定"抓好党务、干好税务、带好队伍"总目标,在党建和业务融合共促的引擎驱动下,各级税务机关党支部"战斗堡垒"和党员先锋模范作用愈加凸显。2021年,国家税务总局党委印发《关于进一步丰富完善税务系统"纵合横通强党建"机制制度体系的若干措施》,持续探索构建完善新"纵合横通强党建"工作机制,深入推进税务系统党的建设高质量发展两年行动方案,将党建工作深度嵌入、主动介入、靠前融入税收重点工作,以税务系统党建工作和全面从严治党的深入推进引领保障税收事业不断向前发展。

从"减税降费"到金税四期建设,再到大规模留抵退税,国家税务总局秦安县税务局始终把落实党中央、国务院决策部署,深化改革发展作为县级税务局政治机关建设和"四强"党支部创建的"试金石",在年年深化、步步推进中不断加强党的建设,充分发挥党建引领作用。2022年4月1日,新的组合式税费支持政策发布。为全面准确及时推动税收优惠政策红利惠及更多市场主体,秦安县税务局以贯彻落实税务总局新"纵合横通强党建"机制和天水市税务局"双培三建四提升"工作思路为目标,结合县域税收营商环境和本单位党建业务工作特色创推"主题党日+纳税人说税"党建品牌。4月12日,《中共国家税务总局秦安县税务局委员会关于推行"主题党日+纳税人说税"制度的通知》印发,对"主题党日+纳税人说税"制度提出了具体要求,明确指出要让"纳税人说税"真正成为统一思想、深化认识的过程,成为锤炼党性、服务纳税人的过程,成为破解问题、推动发展的过程。

◆ 主要做法

新的组合式税费支持政策发布以来,秦安县税务局深化"党建+""+党建"实践成效,以"主题党日+纳税人说税"党建品牌助推政策落实,在"快退、长宣、优服、严防"上持续发力。以纳税人缴费人需求为导向,以纳税人满意为标准,通过纳税人"说税"理民意、集体"议事"汇民智、为民"办事"解民忧、纳税人"评议"顺民心,让纳税人反映问题有渠道、组织解决难题有抓手、党员发挥作用有载体,有效实现了党建与退税减税工作同频共振、互融互促,确保了退税减税政策落准落稳。

一、规划"一盘棋",让快退的基础"实"起来

新的组合式税费支持政策出台后,秦安县税务局党委迅速召开会议研究部署,成立退税减税政策落实工作领导小组,建立党委班子"双包干责任制",抽调部分党员业务骨干牵头组建退税减税办和综合协调、税费政策、统计分析、纳税服务等10个专项工作组,成立落实退税减税政策工作专班,从多方面明确工作任务,制定时间表和规划图,确保各项工作限时完成。形成党委书记靠前指挥、党委委员挂图作战、党员干部冲锋在前的工作格局,以"头雁效应"激发"群雁活力",进一步增强落实好退税减税政策的政治责任感和工作主动性。工作领导小组定期组织召开重点工作推进会,细致梳理、周密部署实施退税减税各项工作,做到对标对表,压茬推进,牢固树立全局"一盘棋"意识,以强大合力助推组合式税费支持政策落实落细。

紧密依托党支部主题党日制度,在充分利用其政治学习载体、思想交流平台、党性锻炼熔炉、服务群众窗口、攻坚克难阵地等优势的基础上,围绕搭建企业"纾困库"、税企"连心桥"、资源"共享吧"、民情"直通车"4个方面,形成"6+N"主题党日制度,为税企共建增色添彩。"主题党日+纳税人说税"党建品牌在围绕"学习日、议事日、奉献日"三种形式开展好主

题党日的同时,确定主题党日当天为"纳税人说税日",持续畅通广大纳税人缴费人诉求渠道。全面推进"陇税雷锋"全员帮办品牌,以党员干部为主体打造一支业务强、效率高的税费服务团队,持续优化办税服务体验,着力解决办税服务中的痛点、堵点问题,不断提升纳税人缴费人满意度和获得感。

二、部署"一张网",让长宣的触角"广"起来

为扩大政策宣传覆盖面,秦安县税务局采取多渠道、广覆盖的宣传辅导形式传递税惠"好声音",力争做到优惠政策宣传全方位、无死角。线上积极开展"党员结对办实事"活动,一名党员对应一个企业,充分利用税企微信群、"陇税雷锋"钉钉群、智能小度等平台,"面对面"向纳税人讲解大规模增值税留抵退税、小型微利企业所得税优惠以及小规模纳税人免征增值税等各项政策,帮助纳税人缴费人明晰政策口径和适用标准,确保准确理解和充分享受。充分发挥青年干部理论学习小组的示范引领作用,号召青年干部撰写优秀稿件、拍摄亮点视频,多举措宣传税惠红利。

在线下,以党支部为载体,围绕"突出政治性、提升实效性、紧贴关心事"主旨,同企业党支部开展联学共建,明确活动目的和组织方式,按月制订计划和实施方案。定期开展"主题党日+纳税人说税"座谈会,活动过程突出"讲、谈、研"三特色,由业务股室宣讲税费优惠政策,纳税人"现身说法"谈感受、提建议,与会人员"立足实情"研究问题、答疑解惑,通过共商互动,增进对涉企扶持政策、税收优惠政策的理解深度和贯彻准度。创新运用望、闻、问、切"四步诊疗法",组建党员骨干宣讲团队,定期组织涉税疑难会诊,深入辖区内重点企业走访调研,精细"把脉"、精心"开方"、精准"解渴",确保纳税人懂政策、会操作,助力企业享受税惠"大礼包",以"红色引擎"激发县域市场经济主体发展新动能。

三、结成"一家亲",让优服的牌子"亮"起来

秦安县税务局牢固树立以纳税人缴费人为中心的服务理念,持续优化纳税服务措施,确保退税减税政策落实提质增效。以办税服务厅为主阵地,设

置"退税减税咨询台"和"党员示范窗口",广泛发动青年党员干部积极投身退税减税工作的实践当中,为退税减税注入"红色血液"。在电子税务局安排党员业务骨干担任留抵退税网格化管理员,对留抵退税申请即时审核,做到线下服务"不打烊"、线上服务"不断档"。组建退税减税党员工作专班,畅通快办快退"绿色通道",建立"主动联系、精准推送、专人跟进、个性辅导"机制,进一步优化退税减税办理流程、精简退税资料,确保政策直达、红利快享,助力企业轻装上阵谋发展。

党委委员率先垂范,带领党员业务骨干深入企业调查研究,在突出新思想、新政策和新实务的基础上与纳税人同学、互研、共进。将征求意见作为调查研究的重要一环,要求各调研组面向纳税人征集意见建议,及时归集梳理,形成《快办事项销号台账》,明确责任人和办结时限,确保问题马上办、不遗漏。依托"陇税雷锋"平台,定期收集整理纳税人线上提出的涉税诉求和疑难问题,减税办督办考核组加强对各调研组线上帮办进度的督促检查。同时,将问题形成释疑汇总单,在"主题党日+纳税人说税"座谈会上开展"案例性学习",让纳税人更容易产生"学习共鸣",加深理解。

四、筑牢"一面墙",让严防的屏障"立"起来

为确保留抵退税"退准、退快、退稳、退好",把账单算准、算细、算实,切实做到"心中有数""底账清晰",秦安县税务局建立党员风险防控团队,推行"四审"工作法,通过数据会审、团队预审、实地复审和重点抽审进一步织牢退税"防控网"。结合以往风险应对工作经验,秦安县税务局组建由党员带头的"1+N"税收分析团队对企业生产经营真实性进行案头分析,加强风险核查,提升打击精度,让留抵退税资金真正退到符合条件、合法经营的纳税人手中。同时,认真做好退税减税政策措施落实情况的统计核算和效应分析工作,立足于本县实际情况,选派党员业务骨干对纳税人分区域、分行业、分类型、分规模开展精准测算,及时将符合退税减税条件的纳税人名单筛选出来,做到应减尽减、应免尽免、应退尽退。

为有效构建起一体化综合监督体系,丰富外部监督渠道,推进全面从严治党向纵深发展,更好地向全社会展示税务系统良好形象,秦安县税务局邀

请纳税人缴费人代表担任"税务体验师"和"特邀监督员",通过请进来、走流程、座谈交流等多种形式,既开展换位式体验,增进税企交流,又推进社会监督进现场,改进和优化服务人员态度和作风,不断营造自觉接受监督的良好氛围。同时聚焦自我革命要求,开展"党委委员走流程"活动,直面纳税人缴费人痛点、难点、堵点开展监督,改进优化涉税服务。

工作成效

秦安县税务局始终坚持党建引领,在"主题党日+纳税人说税"党建品牌的推行中,将抓落实、优服务、提质效、强督促与防风险统筹推进,持续围绕"退准、退快、退稳、退好"做足文章,确保政策红利"不掉一企、不错一项、不差一分"全部"落袋",助力留抵退税政策成为市场主体的"及时雨"、经济发展的"助推器"。

一、精准推送,为红利直达快享增加动能

为确保政策精准辅导到位,秦安县税务局通过电子税务局、征纳互动平台、税企微信群等进行"点对点"找企业,向符合条件的企业精准推送政策;充分发挥"陇税雷锋"全员帮办机制,做好个性化纾困解难,针对不同类型的企业,选派党员业务骨干通过"陇税雷锋"钉钉群开展"一对一"个性化辅导。6名党员业务骨干成立的"税宣小分队"深入企业车间厂房,面对面为企业答疑解惑,将线下宣传与线上宣传相结合,确保税费支持政策和业务操作流程应知尽知、应享尽享。2022年,在党委班子成员的带领下,秦安县税务局协同建设银行、甘肃银行推进"银税贷"等"春雨润苗"行动,为42户纳税人解决融资3450万元。2300余名企业法人代表或财务人员加入"陇税雷锋"服务群,问办协同机制运行流畅。为重点企业纳税人精准推送解读2022年组合式税费支持政策口袋书、增值税留抵退税政策、小型微利企业所得税享受最新优惠政策3000余次,为纳税人享受优惠政策解决后顾之忧。

二、快退税款，为稳定市场预期增添信心

秦安县税务局持续深化"甘速办""甘快办"服务品牌，落实"五抓五强化"工作举措，完善上下联动、内外协同"四位一体"退税机制，以"集团作战"模式快速启动政策落实攻坚战，让纳税人缴费人知晓政策、享受政策的时限大大缩短。充分发挥统计核算在留抵退税工作中的支撑作用，摸清退税减税底数，掌握行业企业生产经营收益情况，分析政策落实与企业发展相关情况，深入推行"一企一策"服务，不断优化"非接触式"办税，确保退税优惠第一时间落地落实；落实财政、税务、人行横向沟通协调机制，积极推动数据共享，制作数据共享清单，将退税时长进行压缩，确保退税资金直达快享。2022年，秦安县税务局累计为121户次纳税人办理增值税留抵退税11173万元，为3户纳税人办理出口退税2261万元，4619户小规模纳税人减免税款3121.16万元，中小微制造企业缓缴税费556.80万元，2371户小微企业减免"六税两费"合计513万元。

三、筑牢防线，为促进政策落实增强保障

秦安县税务局依托税收大数据应用、金税三期系统和电子税务局三个平台，完善"一户式"管理机制，把牢退税关键时间节点，扫描监控税收数据，及时发现风险疑点，精准开展风险应对。落实甘肃省税务局"435"审核法，将风险防控嵌入留抵退税办理全流程，通过事前预审"打标签"，事中审核"严把关"，事后复核"回头看"，形成税源管理、政策业务、征收管理、督察内审、纪律检查等部门多级把关、互相监督的审核机制，将监督执纪贯穿于留抵退税全线，护航税惠红利"稳落地"。2022年，秦安县税务局通过复审，对错误享受增值税留抵退税政策的9户次纳税人追回税款286.89万元，推动征管质量提质增效。

四、高效服务，为优化营商环境增添活力

秦安县税务局立足秦安县情，对留抵退税政策、退税总量、退税结构和

经济效应进行多角度分析，积极向地方党委政府建言献策，最大限度发挥以税资政效应，当好服务地方经济发展的"税参谋"。邀请纳税人缴费人"走流程"听取其关于优化纳税服务方面的意见和建议，让纳税人和税务干部倾情互动，让"便民办税春风"常吹常新。畅通诉求快速响应，构建新型征纳关系，打通税费政策落地的"最后一公里"，确保税惠红利直达快享，提升企业发展加速度，形成基层党建工作和中心工作齐抓共管、改革共促、多面打通的新局面。2022年，秦安县税务局累计开展"主题党日+纳税人说税"70余次，其中深入企业党支部开展11次，有效促进了税企双方党建业务与中心工作同向发力、同频共振、互融互促。线下共收集合理化意见建议100余条，现场答疑解惑300余条，线上共收集涉税问题80余条，已全部落实到位。

案例评析

党建与业务相辅相成、互融共促，共同引领税收事业高质量发展是各级税务系统的实践目标。秦安县税务局始终把提高党的建设质量，破解党建业务"两张皮"问题作为推动党建业务深度融合的重中之重，在深入分析和准确把握新时代政治机关建设规律和特点的基础上，通过"四个维度"全面强化基层税务部门政治机关建设，铸牢夯实基层税务部门政治机关建设的"四梁八柱"，倾力打造思想建设"实"起来、党建业务"融"起来、干部队伍"活"起来、作风纪律"严"起来的生动局面。

一、凝心铸魂强理论，把牢思想建设"方向盘"

秦安县税务局牢固树立"税务机关首先是政治机关"意识，定期举办党务干部能力培训班，邀请县纪委、直属机关工委、党校专家专题授课，坚持政治理论学习常态化，不断提升"政治三力"。把学习贯彻习近平新时代中国特色社会主义思想作为党委会"第一议题"，认真落实党委理论学习中心组会议，严格执行党的组织生活制度。依托"学习强国""学习兴税""甘肃党建"等平台加强理论学习，推动党委带头学、支部跟进学、全员集体学，促进党员干部更加深刻领悟"两个确立"的决定性意义，增强"四个意识"、坚定"四个自信"、做到"两个维护",以实际行动践行税务人的初心和使命。

全面加强支部思想政治建设,严格落实民主生活会、组织生活会和"三会一课"等党内政治生活和组织生活,广泛开展机关基层党支部标准化规范化建设,着力打造"四强"党支部,推动基层党组织建设水平提质增效。营造创先争优浓厚氛围,杜绝各支部在政治生活中做"表面文章",搞形式主义,推动党建工作由"有痕无绩"向"有痕有绩"转变。

二、统筹推进强效能,画好党业结合"同心圆"

秦安县税务局以"主题党日+纳税人说税"制度为依托,坚持把落实税收优惠政策作为贯彻党和国家路线方针政策的重要组成部分,将党建贯穿于税收中心任务各个方面,从根源上解决党建业务"两张皮"问题,以"党建红"引领"税务蓝"。积极提炼政治机关建设工作中的资源优势和典型经验,以出彩"答题"带动精准"解题",进一步提高基层税务部门党的建设质量和水平。充分挖掘地域文化特色,将税务党建品牌与税收征管改革深入融合,打造税费监管新体系,强化税收风险应对能力,大力营造有利于市场主体经济发展壮大的良好社会氛围。坚持系统观念,认真落实总局"纵合横通强党建"机制体系,充分发挥党建引领税收工作的举旗定向作用,助力税收现代化建设破冰前行。

在压紧压实党支部主体责任的同时,就规范化支部建设、党建品牌创建等重点工作,加强同上级部门的沟通协调,纵向联动确保各项工作开展取得实效。主动向地方党委汇报党建工作进展,积极参与县直机关工委组织的联学联建活动,把机关日常党建工作融入地方党建大格局中,确保党建工作提质增效。广泛凝聚党建合力,积极开展跨部门联建、税企共建,在交流党建工作经验的同时共话税收、共谋发展。

三、躬行践履强担当,筑牢队伍建设"主阵地"

秦安县税务局充分发挥领导班子"把方向、管大局、保落实"的头雁作用,以"关键少数"带动"绝大多数",为全局税务干部率先垂范。建立"分管领导重点督导+分局长包干到户+专管员全周期服务"工作机制,构建"一码推广、两号便捷咨询、三员快速反应"的"123"税费服务模式,聚焦解决纳税人缴费人"急难愁盼"问题。聚焦重点税源企业个性化涉税服务需求,"一把手"带头常态化开展大走访、大调研活动,业务骨干及时发放"税费服务包",为县域重点税源提供精细化服务,推动政策红利落准落稳。

选派业务能力突出、综合素质过硬的党员干部组建税收宣传小分队,深入企业开展各类税收优惠政策宣传辅导活动,就企业关注的热点问题进行专项辅导和答疑解惑。围绕县域重点项目,组织业务骨干为企业提供从项目引进到建成投产的全流程一体化服务,在急难险重中检验青年干部队伍建设成效。聚焦"枫桥经验",依托三个城区税务分局探索建立"枫桥式"税务分局,激发青年干部干事创业活力,推动形成"服务不缺位、执法有温情、矛盾不上交、征纳更和谐"的服务理念。

四、监督塑形强纪律,绷紧作风建设"责任链"

秦安县税务局坚持"书记抓、抓书记",设计制作"党支部书记履责记录本",明确支部书记职责。把全部工作纳入政治生活范畴,把落实《关于新形势下党内政治生活的若干准则》作为政治机关建设的重中之重,把批评和自我批评作为重要手段,在咬耳扯袖、红脸出汗中督促党员干部树立正确的政绩观,脚踏实地、真抓实干,为秦安县税务局税费服务管理现代化提供良好的政治生态环境。优化配置党支部班子,坚持把理想信念坚定的优秀党员推荐到支部班子任职,努力建设高素质、专业化支部队伍,推动党支部建设。

深化"五警联动"监督机制,固定纪检委员履责时间,以开展季度警示教育、集体观看警示教育片、廉洁从税交流研讨等形式,提醒党员干部守纪律、守底线、守初心。开展纪律作风专项检查,对发现的一些倾向性、苗头性问题及时提醒,切实将监督延伸至每名干部、每个环节,实现日常监督"全天候"、正风肃纪"全覆盖"、监督执纪"全链条",引导干部强化自我修养、正心明道、防微杜渐。

案例思考

一、结合本案例，谈谈如何解决党建业务"两张皮"的问题？

要点提示：

要充分发挥党建引领税收事业发展的关键作用，必须着力解决党建业务"两张皮"问题。近年来，秦安县税务局不断凝心聚力、躬行践履，在打造队伍凝聚力、提升政策执行力、增强组织战斗力中构建税务党建"新常态"，把党建引领贯穿到税收事业发展全过程、全领域。

（1）**提高站位，解决思想认识不清的问题**。通过党委会、党建工作领导小组会议专题研究党建工作如何更好引领、推动税收业务发展的问题，形成机关党建与业务工作融合的政治自觉、思想自觉、行动自觉，将机关党建工作融入税改革发展大局中去思考、去谋划、去落实，切实把党的政治优势、组织优势和密切联系群众的优势转化为推动发展优势。

（2）**创新思路，解决载体供给不足的问题**。找准"党建+""+党建"着力点和切入点，在围绕中心、服务大局中释放"党建+"引领发展效应，创建服务品牌，把党建品牌创建作为推动党建和业务工作深度融合的重要载体，以"一支部一品牌"建设引领创先争优、推动发展的生动局面。通过"主题党日+纳税人说税"倾听纳税人缴费人意见，梳理纳税人诉求，解决困难问题，化解矛盾纠纷，力所能及为纳税人缴费人解难事、办实事、做好事。

（3）**夯基固本，解决基础保障不牢的问题**。建强党务干部队伍，配齐配强专职党务工作人员，压紧压实党建工作责任。重视通过机关党建与业务工作融合情况来考察识别党员干部，努力推动政治、业务双过硬，利用"两优一先"表彰等途径，及时褒扬党建与业务工作融合中取得优异成绩的先进集体和个人，激发干事创业积极性。

二、如何发挥党支部在落实退税减税工作中的"战斗堡垒"作用？

要点提示：

机关基层党支部标准化规范化建设是发挥党建引领作用的"基石"，通过打造"四强"党支部，推动基层党组织建设水平提质增效，才能在退税减税工作中凝聚力量、发挥合力。

（1）**以支部结对构建税费共治新格局**。纵向上建立同上级对口部门党支部，横向上建立同政府部门及企业党支部的结对共建，着力引导党建与业务同题共答、同频共振。持续拓展财税、法税、警税、检税联动共治效应，建立健全多主体、常态化、便捷式沟通交流机制，推动搭建涉税涉费信息集中管理平台，畅通高效运转的涉税数据供需渠道，实现党建协同引领、基础信息共享、征管协作齐抓、税源生态共育的税费共治新格局。以深入开展"便民办税春风行动"为契机，大力推行"亮身份、亮承诺、亮职责"活动，把党旗立在中心工作最前沿，引导党员干部在服务纳税人缴费人一线打头阵、作表率，最大限度释放"党建+"效应，为高质量推进中国式现代化税务实践提供坚强有力的政治保障。

（2）**健全完善机关党建与业务工作联动评价机制**。认真落实党支部建设考核评价办法，将组合式税费支持政策落实、营商环境指标优化、涉税费服务流程简化、纳税人缴费人满意度提升等重点工作任务转化为党建工作项目，纳入机关党建述职评议，从建立责任链条、小组选题立项、项目具体落实、支部监督推进等方面压实责任、把关流程、强化考评，同时，构建考核评价结果与评优选先、干部任用、岗位交流、责任追究挂钩机制，更好发挥考核"指挥棒"作用。

（供稿：国家税务总局秦安县税务局 王婧 孙强）

第二篇　政策落实

政策落实是税收治理的核心和关键。近年来，全球新冠疫情肆虐，国际政治经济冲突加剧，我国经济发展进入新常态，经济面临下行压力，产业亟须完成数字化、智能化转型升级。党中央、国务院审时度势、科学决策，果断实施一系列包括退税、减税、缓税、降费、缓费等多种方式的减税降费政策"组合拳"，减轻市场主体负担，助企纾困，激发市场活力。但是如何将税收红利从"纸上"变成"账上"，落入纳税人的"钱包"而非不法分子的"腰包"，是时代和人民向税务机关提出的新问题。

本篇汇集的6个案例，从不同角度展示了各地税务机关在退税减税降费政策落地攻坚战中怀揣使命初心、肩扛政治责任，以决绝的态度、饱满的热情、昂扬的斗志、有力的措施确保新的组合式税费支持政策不折不扣贯彻落实，为将税收政策红利及时、足额、精准送到纳税人的手中而守正创新，探索出许多行之有效的举措。

坚持为民便民，进一步完善利企便民服务措施，提升税收政策落实的"温度"。如国家税务总局扬州市税务局坚持市、县两级税务局党委靠前指挥，做好"六保"工作特别是保就业、保民生、保市场主体；建优直达快享机制，会同财政、发改、工信等部门开展"纾困解难大走访"活动；联合国家税务总局税务干部学院推出"纳税人学堂"5G线上直播活动，在新闻广播晚高峰重点节目围绕制度性、阶段性减税降费政策及便民办税服务举措，推出税收知识有奖问答；制定分类分批分期引导退税方案，对小微企业做到早退、快退、退稳、退准，结合疫情防控推出"不见面退税"服务，主动上门走访重点税源企业、困难行业等，关注其未来资金缺口等经营困难，切实降低企业用工、融资等成本。

坚持问题导向，着力补短板强弱项，提升税收政策落实的"力度"。如国家税务总局佛山市顺德区税务局面对海量且紧急的制造业中小微企业缓缴退税业务，紧扣"如何能做到快退""如何确保退税安全"两大关键问题有条不紊地开展系列工作，包括：组建多部门联席会议制度，迅速成立退税减税政策落实工作领导小组，建好机制"保障网"，贯通工作联动"脉络"；夯实基础底册，规范操作手册，实现退税全流程电子化，打好缓缴"主动仗"，增强施策准确"靶向"；借助区块链技术构建事前、事中、事后一体化全流程闭环监控，筑牢退税数据安全防线；做到媒体宣传广覆盖、辅导培训多维度和个性服务点对点，画好税企"同心圆"，铺就直达快享"通道"；推出缓缴"e退宝"，打造"4S退税"模式，提升退税效率超200倍，同时校验高达10万条退税数据实现零差错。

坚持系统观念，统筹推进各项改革措施，提升税收政策落实的"集成度"。如国家税务总局阳泉市税务局针对大规模增值税留抵退税涉及范围广、业务链条长、政策落实难、风控难度大的特点，围绕推进落实中遇到的难题风险，运用系统观念，确立"账清数明"的工作理念，探索形成一套"四位一体"的"一账清"方法体系：数据领跑、逐级把关、实时跟踪，实现税源底数清；由计算机自动逐户对"纳税人税收基础信息""前期纳税申报数据"等信息开展案头分析，推送个性政策和"点对点"辅导提醒，实现政策落地快；由大数据模型运算支撑，各部门实时跟踪、同频记录政策落实流程进度，实现流程进度明；通过事后效应分析账抽样跟踪纳税人，算清风险"防控账"、政策"效应账"、企业"收益账"，实现风险防控稳。

坚持运用法治思维不断优化税务执法方式，提升税收政策落实的"硬度"。在坚决贯彻国家税务总局提出的"快退税款、狠打骗退、严查内错、欢迎外督、持续宣传"五措并举工作策略过程中探索助推政策落实的新路径。如国家税务总局宁夏回族自治区税务局第二税务分局建立预审、辅导、受理申报、审核、督察督办、风险防控等环节的全流程闭环管理工作机制，坚持"严"的主基调；以"首战即决战，决战必决胜"的信心，以"今天再晚也是早，明天再早也是晚"的效率意识，快速建立健全工作机制，跑出"快"的加速度；开展"一把手走流程"和"纳税人体验师"活动，多视角、全方位检验退税流程，以"沉浸式"体验在服务实践中查找问题，补足短板，提升质效，打出"实"的组合拳；细化责任、细分数据、细致配合，坚持从细节入手、从小处着眼，以小切口破题，确保退税不漏一户、不差一分，抓住"细"的突破口。

坚持改革创新，推动税务执法、服务、监管的理念和方式手段等全方位变革，提升税收政策落实的"新度"。如国家税务总局沈抚改革创新示范区税务局将退税减税降费政策落地分解为"五快"：运用智慧税务深度挖掘数据效用，在电子税务局创新建设信息互动中心，实现"政策推送快"；创新服务模式，在电子税务局搭建由机器人、一线人员、专家团队共同参与的"在线导办"平台，积极打通纳税人、税务、银行、国库间"链路"，实现"退税申请快"；制定《留抵退税引导实施方案》，针对大额留抵税额企业和重点扶持行业企业分别开展单户分析和行业分析，梳理摸排共性风险，按风险等级、退税规模分级分类开展预审工作，实现"风险诊断快"；协调财政局、人行营管部建立"财税银直联快办"工作机制，实现"资金到账快"；"一把手"和班子成员下沉企业和基层税务机关，对高风险"红名单"、中度风险"黄名单"坚持靶向治疗、对症下药，实现"疑难解决快"。

坚持"以数治税"，数据赋能税费政策红利释放，提升税收政策落实的"精度"。如国家税务总局南京市建邺区税务局依托江苏省税务局数据优势和 BIEE[①] 智能数据分析平台，建立留抵退税单户要点审核模型，单户审核时间从 120 分钟缩减到 20 分钟，实现由传统"人海战术"向"数据赋能"转变；依托智能分析，对留抵退税纳税人风险进行全景扫描，发现风险疑点迅速处置，使事前风险识别更准、事中风险控制更实、事后监督控错纠偏更全；深化以数字化税企服务智能平台、智能语音电话、智能短信为载体的"税企沟通三通道"应用，进一步加强各环节、各税种间的联动管理，实现税费管理由"单管"到"共管"的方式转变，实现留抵退税工作效率和质量"双提升"。

上述案例是各级税务机关在退税减税降费政策落地攻坚战中的缩影，虽然各有侧重、各有特色，但都着力彰显税务机关的政治属性，以完成党的中心任务作为税务机关的主要工作目标。同时，在创造性地抓好政策落实的过程中，大力推进税收征管数字化升级和智能化改造，精准实施税务监管；积极主动地为纳税人缴费人服务，持续优化办税缴费便利度，采取有力举措持

---

① BIEE，是一套商务智能的解决方案（前身是 siebel crm）。利用它可以对数据库的数据进行深度挖掘（star model），以图表的形式把数据展现出来，从而让公司的管理层，特别是经营层，更加直观地了解企业的经营情况。

续深化拓展税收共治格局等，较好地发挥了税收在国家治理中的基础性、支柱性、保障性作用，践行了以人民为中心的发展思想。

党的二十大明确提出："高质量发展是全面建设社会主义现代化国家的首要任务。"税务机关增强政治敏锐性，就是要正确认识大局、自觉服从大局、坚决维护大局，自觉将税收工作放在党和国家工作大局中去谋划和推进，积极主动发挥税收职能作用。通过这些案例，充分体现出税务机关把群众观点、群众路线深深植根于思想中、具体落实到行动上的用心，持续深化"放管服"改革和优化营商环境进而全方位提高税务执法、服务、监管能力的恒心，以及为中国式现代化不断贡献更优税务力量的决心！

推动新的组合式税费支持政策落地生根

——江苏扬州开展"三个专项行动",确保"快稳准好"地落实新政

● 案例背景

2022年,面对严峻复杂的国内外形势和诸多风险挑战,为稳定宏观经济大盘,强化跨周期和逆周期调节,党中央、国务院着眼全局实施了新的更大力度组合式税费支持政策。2022年《政府工作报告》指出,实施新的组合式税费支持政策,大力改进因增值税税制设计类似于先缴后退的留抵退税制度,对留抵税额提前实行大规模退税。3月11日,国家税务总局召开党委(扩大)会议,传达学习贯彻习近平总书记重要讲话精神和全国两会精神,要求各级税务机关认真贯彻《政府工作报告》精神,秉决战之心、聚尽锐之力、以必胜之勇,顽强奋斗、攻坚克难,全力打好打赢落实新的组合式税费支持政策的主动仗攻坚战。

2022年3月,国家税务总局江苏省税务局(以下简称省局)印发《关于进一步做好当前税费优惠政策落实工作的通知》,要求全省各级税务部门同向发力、提前谋划、稳步推进,确保所有政策精准落实、市场主体应享尽享、直达快享。自2022年3月起,国家税务总局扬州市税务局(以下简称市局)密集召开了减税退税落实机制联席会议、重点工作交流推进会、减税退税政策落实工作领导小组专题会和减税退税政策落实工作例会等会议,突出讲政治、讲大局、讲时效、讲责任、讲方法、讲协同,齐心协力,狠抓落实,围绕"决胜攻坚、赋能提质、外打内防"三项目标谋划、组织、开展"三个专项行动",确保高质量推动新的组合式税费支持政策落地落实。3月18日召

开的市局减税降费落实机制联席会议指出，要提高政治站位，加强组织领导，健全工作机制，强化统筹协调，紧跟政策动态，加强培训辅导，实时精准推送，实现政策找人。3月30日召开的市局减税退税政策落实工作领导小组专题会议强调，要充实人员力量、抓实信用评定，做好减税退税工作。4月26日召开的市局减税退税政策落实工作例会指出，要进一步提高政治站位，进一步提升宣传精准度，进一步强化责任担当，进一步做好风险防控。同日，市局召开减税退税政策落实工作领导小组专题会议强调，要强化风险防控，确保"每一笔税款退得心里有底"；要统筹抓好减税退税和组织收入工作，确保组织收入和减税退税"两手抓、两手硬"；要增强监督检查的主动性，充分发挥督审"尖刀"作用；要加强协同配合，密切与财政、人行等部门的协同。5月13日，市局留抵退税政策落实自查整改专题会强调，要围绕税务总局、省局部署，进一步推进精准落实，实现退稳退好，确保不出现区域性重大风险。5月20日，扬州市委主要领导听取市局关于全市退税减税政策执行情况的汇报，充分肯定市局在该项工作中取得的成效。

● 主要做法

扬州市税务局严格对标党中央、国务院、税务总局、省局关于推动新的组合式税费优惠支持政策的要求，精准谋划、全力开展"三个专项行动"，确保各项工作快、稳、准、好。

一、开展"决胜攻坚"专项行动，确保政策落实落细

建强责任落实机制，集中精力决胜攻坚。市、县两级党委靠前指挥，作为退税减税政策落实的主责单位，坚持稳字当头、稳中求进的总基调，从做好"六保"工作特别是保就业、保民生、保市场主体的高度，以无条件、无迟疑、无懈怠的政治自觉，加快推进退税减税政策落实，市、县"一把手"每日督导退税减税工作，通过党委会、局务会、专题会等第一时间抓好贯彻落实，统筹协调好退税进度与退税质量。"挂图作战"压实责任，建立健全领导小组和实体化工作专班机制，市、县9个退税减税办分解任务清单4批

149 条，齐抓共管形成合力。为实现退税红利直达快享，扬州市税务局第一时间联合财政、人行建立三方协作的沟通合作机制，以"日沟通""双向联动""定期会商"等工作方式，内外协作凝聚合力，推动政策落准落细。运用"日沟通"对接机制，确保退库业务及时办理，加强与财政日常沟通，定期了解专项资金下达情况，配合财政做好资金调度，建立财政税务联动融合组织收入管理模式，保证退税进度与国库资金动态平衡，逐日统计退还书发送笔数及金额，与人行对接办理退库的笔数及金额，了解和掌握退库进度；运用"双向联动"机制，畅通信息交流渠道，选派干部赴对方开展常态化学习交流，了解退税落实、转移支付等具体业务流程和运转情况，在退库资金摸排测算、拨付款项分解下达、国库支付跟踪协调、收入目标统筹安排等方面形成工作合力；运用"定期会商"机制，推动政策落实有力有序，三部门坚持"一把手"定期面对面会商，通报留抵退税资金退付情况，研究退库税款保障方案，解决退税中出现的问题，确保退税资金到位和同步同频早退快退，并先后 35 次向地方党政领导汇报组织收入和退税减税工作，争取理解和支持，切实增强工作整体性、系统性，推动市委召开专题会议。

二、开展"赋能提质"专项行动，放大退税政策效应

建优直达快享机制，确保纳税人缴费人应享尽享政策红利。主动调研问计问需，深入开展"一把手走流程"调研，会同财政、发改、工信等部门开展"纾困解难大走访"活动，累计调研辅导纳税人 12.5 万户次。提供科学分析研报，突出增值税留抵退税、制造业中小微企业延期缓缴税费等重点内容，建立"信息日报、专项调研"跟踪机制，通过及时有效分析，全面掌握各项税费优惠政策落实成效。制作退税减税政策指引 45 项，汇编留抵退税政策解答 80 问，创作纳税人线上操作视频 10 部。院局合作精准宣传，联合税务总局税务干部学院推出 4 期"纳税人学堂"5G 线上直播活动，从"税收优惠促发展 惠企利民向未来"角度，解析小规模纳税人增值税免税优惠和增值税留抵退税政策，1500 余名纳税人收看了直播并通过弹幕留言参与互动，切实提高政策知晓率和享受度。留抵贷款盘活资金，与人行合作，在全省率先推出"留抵贷"政策，参考企业留抵退税金额，对急需资金支持的中小微企业以

较低利率和高贷款额放大留抵退税政策效应，为126户企业授信3亿元，助力企业盘活现金流。充分发挥宣传势能，围绕第31个全国税收宣传月主题，开展一系列紧扣主题、突出热点、丰富多彩的宣传活动：在扬州新闻广播晚高峰重点节目，围绕制度性、阶段性减税降费政策及便民办税服务举措，推出税收知识有奖问答；每周利用50分钟时间、围绕两个税收话题与听众网友进行热线互动和网络互动，在一问一答之间构架起税收宣传生动景象；围绕各项减税降费政策落地落实，组织记者"电话连线"采访或走进"一线"实地采访，让基层税务人讲作为、让广大纳税人讲感受。

三、开展"外打内防"专项行动，精准防控退税风险

建好风险防控机制，以"事前预警、事中阻断、事后打击"全流程管理体系，为留抵退税政策落地落稳落好保驾护航。事前，明确分局初审"先遣队"、县局复审"突击队"、市局审核"攻坚队"三级职责，重点关注行业登记、纳税信用、企业划型、变更注销等事项，把好事前校验关。运用数据智控，市局围绕省局明确的少计收入、简易办法征税、免税等进项未转出、长期零申报等10个风险点，累计下发疑点数据7088条，同时自建风险分析指标，筛选出进项来源异常（烟酒等敏感商品）的疑点数据835条，供基层审核参考并采取提示提醒、发起风险应对、移送稽查三种方式及时处理应对，有效过滤"带病"企业申请。事中，按照"低风险小额退税户简审快退、中高风险大额退税户详审缓退、不符合退税条件户严审不退"的审核原则，把好审核关，对中高风险或触发特别事项进行特别审核流程的，立即暂停退税，转入风险分析任务处理，待风险分析完成后根据分析结论恢复审核流程，累计阻断留抵退税申请354户，金额1.8亿元。事后，成立市县两级复核团队，完善以"信用+风险"为基础的新型动态精准监管机制和留抵退税风险防控体系，运用税收大数据，根据省局以及自建风险分析模型开展分析扫描，及时发现风险疑点，根据风险等级采取差异化风险应对措施，对所有已退税企业100%复查到位，发现问题企业621户，累计缴回税款0.8亿元；查结省局下发案源12户，充分释放狠打骗取留抵退税的强烈信号。

工作成效

"三个专项行动"的开展，进一步激发了扬州市场主体的发展活力，让市场主体有信心、强发展；有力地推动了税务部门在政策执行、风险防控、纳税服务等方面精益求精、提质增效。

一、市场主体"生存发展力"更强

一是新的组合式税费支持政策中留抵退税促进税款回补效应初步显现。以某企业为例，2022 年 10 月申请退税 25.76 万元，当年退税后即入库增值税 600 万元，同比增加近 100%。二是促进纾困解难。增值税留抵退税以真金白银的形式，将税款返还给企业，直接增加企业即期收入，稳定企业现金流，对于现金流紧张、资金周转慢、回款周期长、经营压力大的企业，纾困解难作用明显。三是促进扩大生产。2022 年第二季度以来，面对疫情冲击和经济下行压力，享受退税的企业经营投入稳中有升，销售收入同比增长 6.67%，增幅比无退税企业高 26.26 个百分点；退税企业采购支出同比增长 1.74%，增幅比无退税企业高 9.08 个百分点。可见，新的组合式税费支持政策以真金白银直接赋能企业，有效地减轻经营压力，促进企业经营恢复。

二、退税减税"政策效应力"更强

建立健全"财—税—银"三方协议会商机制，分解下发 10 批 351 条任务清单，累计推送红利账单 33141 户，通过落实"五措并举"打法，做实"一册三表"数据，实现退快退好。制定六部门联合打击骗取留抵退税 31 条实施意见，累计挽回各类税款损失 4231 万元，留抵退税风险防控做法得到了时任国家税务总局局长王军表扬批示。全年减轻市场主体税费负担近 170 亿元，其中留抵退税 79.9 亿元，制造业中小微企业延期缓缴税费 47.2 亿元。通过聚焦新的组合式税费支持政策长期目标和作用，构建赋能企业各项机制，全力彰显新的组合式税费支持政策的"乘法效应"。

三、风险管理"精准防控力"更强

充分利用数据风险管理部门的专业优势，围绕退税减税工作需求，提供数据支持和保障，累计加工提供相关数据 35 批次 151 万余条。一方面，探索运用国家税务总局"一体式"应用开展风险分析验证工作，共推送风险分析 20 批次 114 户风险分析验证任务，涉及留抵退税事后风险模型 14 批次 60 户，税务总局增值税出口退免税风险模型 1 批次 1 户、违规享受税收优惠模型 1 批次 29 户、即开即退即逃风险模型 3 批次 6 户。另一方面，加强省局风险平台任务统筹推送，累计推送税务总局、省局留抵退税风险应对任务 11 批次 404 户，其中税务稽查 15 户、纳税评估 389 户；市级推送涉及退税减税相关任务 13 批次 5606 户，其中税务稽查 1 户、纳税评估 81 户、提示提醒 5524 户。2022 年全市风险应对任务完成率 100%，位居江苏省前列。依托税收大数据，税务部门科学设置审核退税风险指标，切实防范骗取留抵退税风险，真正做到了"科技防范"，同时，也为"狠打骗退"提供了有力保障。

四、税务部门"服务执行力"更强

调查显示，超九成的企业表示此次留抵退税非常及时。数字的背后是扬州市税务局依托税收大数据精准定位企业划型、行业归属，建立退税企业清册，制订分类分批分期引导退税方案。特别是对小微企业做到早退、快退、退稳、退准，采用电子推送、短信提醒、电话通知等形式，结合疫情防控推出"不见面退税"服务，并实现"当天审核、次日到账"的退税速度；对于重大项目、重点税源企业、困难行业等，税务部门更是主动上门走访，关注其未来资金缺口等经营困难，在确保退税资金到位的同时，帮助企业享受好税收优惠政策，切实降低企业用工、融资等成本，为企业发展增活力、添动力、提效益。通过"精细服务、直达快享"，纳税人的获得感持续提升，助力扬州市税务局更好更快实现"税收优惠促发展　惠企利民向未来"的目标。

案例评析

实施新的组合式税费支持政策,既是稳定宏观经济大盘的关键之举,也是为各类市场主体纾困减负的重要之举,扬州市税务局在退税减税工作推进过程中开展的"三个专项行动"的做法具有一定的实践指导意义。

一、科学统筹加强退税管理

一方面是全力退,在新政中,批发和零售业、住宿和餐饮业等7个行业纳入了留抵退税新政范围,政策"扩围、加力",宣传辅导覆盖面更广、精准性更强。在摸清退税资源底数的基础上,制订计划、科学调度专项资金。另一方面是重拳查,建立多部门信息共享,运用各部门大数据资源,不断丰富完善各种违法类型选案指标,精准识别退税风险,联合开展会商研判和协同打击,做到"早发现、严查处"。

二、直达市场主体强化帮扶

针对性助力产业发展,引导企业科学使用退税资金,聚焦企业发展过程中的难点堵点,建立协调推进机制,制订"一企一策"诊断方案,培育发展"链主企业"和"隐形冠军",塑强制造新优势。常态化开展挂钩服务,对于重大项目、重点税源企业、困难行业等,关注其未来资金缺口等经营困难问题,在确保退税资金到位的同时,多部门合力帮助企业享受好惠企政策,切实降低企业成本。

三、持续跟踪分析回补情况

合理预测,科学研判当前经济形势,结合重点行业、重点税源企业等情况,研究经济形势对回补的影响,运用税收大数据,对回补进行动态合理的预测。分类施策,关注回补率较低的行业、长期回补为零的企业,调查了解难以回补的原因,有针对性地提高回补率。对于确实存在困难的,加大支持力度，帮助企业协调解决生产经营过程中的诉求；对于可能存在骗取留抵退税风险的，严查狠打，维护国家利益。

案例思考

一、结合本案例和税收工作实际，谈谈税务部门应如何处理好退税质量和退税进度的关系？

要点提示：

建立税务、财政、人行三部门"日沟通""双向联动""定期会商"部门沟通协作机制是扬州市税务局在落实新的组合式税费支持政策中平衡退税质量与退税进度的创新之举。例如，"日沟通"机制的应用旨在使税务部门随时了解掌握退库进度，"双向联动"机制可确保三部门在退库资金摸排测算、拨付款项分解下达、国库支付跟踪协调、收入目标统筹安排等方面形成工作合力，"定期会商"机制可有效解决退税过程中的疑难复杂问题。三项机制有机结合，最大限度保证了退税资金及时到位和同步同频早退快退。

此外，在实际工作中，扬州市税务局在结合企业实际的基础上，充分尊重企业意愿，站在企业角度为企业谋权益，以切实举措确保退税质量和退税进度"两手抓、两手硬"。一是在成立留抵退税工作专班的基础上，做好统筹调度，明确责任分工，统一审核标准，做好分类预审。在退税减税工作实践中，扬州市税务局通过反复探索逐渐形成如下审核模式：对于退税金额10万元以下的，由纳税服务部门审核；对于10万元至100万元的，由税源管理部门审核；对于100万元至1000万元的，由法制部门审核；对于1000万元以上的，由重大案件审理委员会审核，切实压紧压实审核责任，群策群力保证审核质量。二是充分释放大数据潜能，利用BIEE、金税三期等平台对企业基础信息进行全面摸底，对企业所属行业和规模类别进行逐一甄别、分类梳理、精准分类定位政策适用对象，建立企业退税任务台账，制订退税时间表，优化退税工作流程。三是具体问题具体分析，对不同情况的纳税人退税申请进行分类处理。对于退税金额较小或者即将有新增销售消化当前留抵而不愿意退税的纳税人，在做好政策宣传的基础上，尊重纳税人意愿，依法依规申请退税，如果纳税人不主动申请则暂不退税；对于符合条件且愿意退税的纳税人，积极引导其退税，开辟留抵退税绿色通道，对低风险的企业简化退税审核程序，即申请即办理；对于少数没有实际生产经营业务的"僵尸企业"存在的留抵，审慎对待，在推送风险应对任务、完成消除疑点后办理退税，真正将宝贵的退税资金优先安排给生产经营存在实际困难、亟须资金支持的企业，帮助其盘活资金、渡过难关。

二、结合本案例和税收工作实际，简述怎样健全防骗检查制度，持续保持骗税打击高压态势？

要点提示：

在本次新的组合式税费支持政策推动实施过程中，扬州市税务局较好落实大规模留抵退税政策，有效防控骗税风险。但受主客观因素影响，新的组合式税费支持政策中的留抵退税落实工作还面临着一些困难和挑战，一些骗税案件反映出的苗头倾向值得高度警惕。应进一步强化"一体式"风险防控体系，长期保持紧盯、严防、高压态势，确保留抵退税政策顺利进行。

一是强化内外协同，实现精诚共治。在内部协作方面，强化稽查与货劳、风控、征管等部门之间的沟通协作，由稽查部门将已确认虚开、偷税纳税人的分析数据传递给货劳、风控部门，协助构建留抵退税风险企业模型，实现事前防控；货劳、风控、纳服等部门将符合条件的留抵退税企业的进销项发票明细等数据传递给稽查部门，由专业团队进行分析研判，明确检查思路，统一检查尺度，提高检查效率。在对外协作方面，各级稽查部门应与公安、外汇等六部门建立打骗防控联合中心，定期召开案情分析及调度会，统一办案思路，相互交换资金、发票、物流等与涉案相关的信息，描绘涉案轨迹，加快办案速度，揭露骗税手段。二是扩大警示宣传，深化以案说法。以虚开案例警示宣传为生动教材，提醒纳税人以案为鉴、勿越雷池。三是明确"骗取留抵退税"行为处罚规定，加大惩戒力度。鉴于"骗取留抵退税"与"骗取出口退税"性质相同、手段相近，建议现阶段可参照"骗取出口退税"出台政策规定，使税务人员有法可依、实施精准监管，以减少案件查处的执法风险。下阶段，应积极推动"骗取留抵退税"的立法程序，修订《中华人民共和国税收征收管理法》时增加相应内容。四是抓实专项培训，提升稽查技能。以"院校＋税务局"为架构，构建训战结合的实训体系，充分发挥院校的教学优势和税务一线人员的实战经验，建立理论与实践相结合的双向提升培训机制，由传统型税务培训向实战型税务培训转变。同时，聚焦政策解析、风险识别、检查方法以及职务犯罪等方面，着手编写打击防范留抵骗税的配套教材，为助力经济发展，培养一批政治素质强、业务技能硬的高端税务人才提供支持。

（供稿：国家税务总局扬州市税务局　高骏晨）

创新"4S 退税"模式　确保缓缴政策直达快享

——广东佛山顺德区"四管齐下"推出缓缴"e 退宝"退税工具

● 案例背景

2022 年，党中央、国务院实施新的组合式税费支持政策，助力企业在疫情期间纾困解难，深度激励重点领域和重点行业发展。其中，针对制造业的支持力度空前，包括：2021 年第四季度起实施制造业中小微企业阶段性税费缓缴政策，2022 年上半年阶段性税费缓缴期限再延半年；根据《国家税务总局 财政部关于延续实施制造业中小微企业延缓缴纳部分税费有关事项的公告》（国家税务总局 财政部公告 2022 年第 2 号），企业在相关月份延缓缴纳的税费在上述公告前已缴纳入库的，可申请办理退税（费）并享受延缓缴纳的政策。

受惠于缓缴政策，各地产生"爆单式"退税需求。以佛山市顺德区为例，当地符合缓缴政策的应退税纳税人约 2.8 万户次、退税数据超过 10 万条。为确保缓缴政策"快准稳好"落地生根，税务部门亟须解决两大关键问题。一是如何能做到快退？按照传统的退税方式，处理单户缓缴退税业务全流程涉及 6 个环节，需要在电子税务局、金税三期征管系统 2 大系统之间来回切换、录入、校验，平均单户耗时长达 40 分钟。经测算，仅在佛山市顺德区，要处理这些"海量"数据，税务人员要么需要花费大量时间来完成（据测算约 1.8 万小时），要么采用人海战术动用大量员工加班加点。二是如何确保退税安全？就税务系统内部而言，完成一笔退税必须流转不同征管系统，操作界面各异、指标需"手动搬运"等问题凸显，只要是人为操作、手工操作占比较多的项目，就容易出现主观错误。具体到退税业务全流程，涉及纳税人、税务部门和国库三方，退税业务量激增的情况下，确保"税、库、银"三方资金安全成为当务之急，亟须以智能化手段探索破局、开路、激活力。

国家税务总局佛山市顺德区税务局始终坚持党对税收工作的全面领导，坚定不移地将落实退税减税政策作为重要政治任务抓紧抓实，充分用好税收大数据"金山银矿"，全国首创缓缴"e退宝"退税工具，打造"4S退税"模式（Speed 速度、Safe 安全、Satisfied 满意、Systematic 体系），以科技手段推动真金白银的退税红利直达市场主体，实现了纳税人"应享快享"和税务人"提效减负"的双重效应，为缓缴退税全面推行提供了可行做法和宝贵经验。

主要做法

佛山市顺德区税务局通过建好保障机制、强化"人机"协同、扎口闭环监控、加强税企沟通，"四管齐下"推出缓缴"e退宝"，确保该退税工具务实管用、安全可靠。

一、建好机制"保障网"，贯通工作联动"脉络"

统筹下好全区"一盘棋"。为加快推进退税减税降费工作，佛山市顺德区政府迅速构建多部门联席会议制度，由税务、财政部门共同牵头，14个政府职能部门协同发力，建立高效的工作会商机制，将"应享尽享、应享快享"贯穿工作全过程，助力精准实施新的组合式税费支持政策。

统筹拧紧全局"一股绳"。由佛山市顺德区税务局"一把手"抓统筹，迅速成立退税减税政策落实工作领导小组，下设办公室，对缓缴工作进行专项协调、动态指导，并及时向地方党政领导专题汇报，争取有力支持；层层压实责任，合力贯通区税务局、税务分局（所）两级工作通道，实现"7×24"小时响应不间断，建立缓缴工作联络、每日通报、问题反馈快速处理等多项机制，确保上下沟通顺畅、步调一致；定期召开精准靶向监督碰头会，纪检部门对缓缴政策落实情况进行专项监督。

二、打好缓缴"主动仗",增强施策准确"靶向"

底册、手册"双在手",厘清退税工作思路。 夯实基础底册,全面梳理制造业中小微企业清单,结合上年度缓缴情况以及本年度企业经营变化情况对清单进行核实更改,建立全区"应退未退数据库",对上级下发的应退未退企业名单进行全面的数据校验,确保应退税企业名单、应退税金额等各项指标精确无误,确保缓缴"e退宝"的基础数据真实、精准、有效。规范操作手册,以"系统截图+文字描述+关键点提醒"的方式编写退库操作指引,规范业务流程,全体税务人员熟悉退税全流程操作,为下一步提升退税效率打好基础。加强辅导培训,开展缓缴政策内部业务培训,讲透政策执行要点、政策口径、常见问题,确保一线税务人员辅导培训全覆盖。

退税全流程电子化,奠定"快退"良好基础。 2020年,在抗击疫情、推进"非接触式"办税的大背景下,广东省税务局破除传统退税模式受纸质资料传递的障碍壁垒,实现从纳税人申请到国库退库全流程电子化,为缓缴"e退宝"的落地提供有力保障,具体包括三方面。一是纳税人退税申请电子化:优化广东省电子税务局相关模块,让纳税人足不出户即可在网上申请退税,实现退税申请"零跑动"。二是审批业务流转电子化:开发"退审交接登记"功能,有效填补退税终审和税收收入电子退还书开具功能衔接的缺失。三是国库部门数据保障电子化:研发智能化退库审核神器"审核小助手",为国库部门把控退税最后一道关口提升效率并形成闭环管理。该"审核小助手"的设计理念和审核规则已被广东省人民银行采纳借鉴。

下好创新"先手棋",跑出退税"加速度"。 打造便捷"一键退税申请"。传统退税模式下,纳税人需要另行申请退税,税务人员辅导工作量大、纳税人申请环节耗时长;优化系统之后,纳税人只需在电子税务局申报税费时点击"确认退税授权"的弹窗,即可便捷办理退税申请,大大简化退税申请手续。实现批量智能退税,有效盘活金税三期征管系统的海量大数据,当纳税人在电子税务局成功授权、触发退税申请后,缓缴"e退宝"就能模拟人工操作打通"录入—审批—开具"退税各环节,通过"批量抓取、智能判断、自动推送"的流水线高速作业,实现退税业务的技术赋能。推出"零跑动"便捷享惠,通过缓缴"e退宝"办理缓缴退税。当退税资金到账时随即触发电子税务局的短信推送程序，企业便能实时收到缓缴退税款到账的通知，有效实现退税业务免填单、自动到账、及时通知。

三、"一体化全流程"闭环监控，筑牢退税数据安全防线

借助区块链技术确保数据原始真实。借助不可篡改、共同记账、可追溯的区块链技术，实现税务部门与国库之间退税数据共享共管、原始真实，对纳税人提交的电子退税原始信息提取并锁定上链，涵盖退税原因、退税金额、收款单位、收款账号等30多个关键指标，实现跨部门退税数据协同审核，既能排查数据丢失和篡改问题，又能保证收款人名称、账户和退税金额一致。

构建事前、事中、事后一体化全流程闭环监控。从组织收入风险、管理风险、执法风险以及廉政风险等多方面综合研究分析，针对缓缴退税业务建立涵盖"账户多次用于异名退税""退税金额大于入库金额""重复退税"等10项指标在内的监督体系，扫描疑点并及时分析原因、迅速纠正错误。同时，进行执法准确度校验，扫描疑点并推送到督审部门复核，拉紧最后一道风险防线。

四、画好税企"同心圆"，铺就直达快享"通道"

针对不同企业从辅导、申请、受理、审批环节提供"定制服务"，将"全面辅导""个性服务"有效结合起来，帮助企业用好用足税费支持政策。

媒体宣传广覆盖。制作生动形象的"喵喵税"系列宣传视频，通过"广东税务"微信公众号及本地普法宣传矩阵广泛发布缓缴政策，确保纳税人对优惠政策应知尽知、应享尽享。

辅导培训多维度。选派骨干师资，围绕缓缴政策主题开展多场接地气的宣讲辅导会，精准筛查符合条件的纳税人，通过"彩虹服务群"、网格化服务等举措，加强专人辅导，打通政策落地最后"一厘米"。

个性服务点对点。针对符合条件且提出需要辅导的企业，通过V-Tax远程可视办税系统进行线上辅导，"非接触式"促进企业主动快速申报当期税款，同时在电子税务局中进行退税申请授权；针对重点企业，推送涵盖缓缴等税收优惠政策资料大礼包，一站式提供个性化服务。

工作成效

自推出缓缴"e退宝"以来,该退税工具展现出"4S退税"模式(Speed 速度、Safe 安全、Satisfied 满意、Systematic 体系)的亮眼成效,为税企双方提供优质的退税工作体验,取得社会各界一致好评。

一、提升速度(Speed):推出"批量+智能+精准"退税功能

缓缴"e退宝"大大提升了缓缴退税业务办理效率,将分散在征管系统多个模块的海量大数据有效串联,打通数据录入、逻辑判断、环节转送等业务全流程,用信息化手段实现"批量抓取、智能判断、自动推送"的流水线快速作业,批量、智能、精准地处理全区退税任务。借助缓缴"e退宝",仅需10位税务人员即可在2天内完成原本按照传统方式需要耗费1.8万小时的工作量。

二、保障安全(Safe):打造闭环管理护航退税安全道

缓缴退税信息涉及企业的生产经营数据,保障数据安全、加强数据应用的风险防控,是税务部门做好该工作的必然要求。据统计,佛山市顺德区10万条退税数据均全部通过校验,实现缓缴退税零差错,切实将风险降到最低。一是自主研发保障安全。缓缴"e退宝"完全由税务部门内部研发,应用架构、数据算法、数据内容全部由税务部门掌握,既保障了数据的安全保密性,也提升了研发过程业务与技术的沟通效率。二是闭环监管保障准确。区块链技术应用后,退税信息准确留痕,退税流程安全可靠,纳税人、税务部门和国库参与共同监督退税全流程合规合法,从而有利于数据溯源翻查,保证退税数据的安全性,并且在确保数据加密的情况下,对各方管理部门进行信息共享,方便各方监督,实现退税体系协同共管、互相监督。三是加强分析保障效益。佛山市顺德区税务局聚焦缓缴退税成效分析,着眼纳税人所急所需,密切跟踪重点企业、重点行业、重点区域的减税降费政策落实情况,同时做好税收大数据政策分析,"以税资政"服务地方党委政府决策参谋,相关工

作成效接连获佛山市顺德区委书记、区委常委等肯定性批示。

三、实现满意（Satisfied）：提交税企双减负创新答卷

缓缴"e退宝"投入使用以来，获得了基层税务人员和缓缴退税企业的一致好评。一是"高效率"提升基层幸福感。借助缓缴"e退宝"，佛山市顺德区税务局通过大幅提升工作效率，释放了大量人力资源，极大减轻了基层的退税工作压力。二是"高着眼"提升工作"现场感"。佛山市顺德区税务局根据缓缴"e退宝"同步设计了一个可以直观展示退税工作进度与成效的大屏页面，通过"大屏展示"，可视化滚动更新退税任务实时完成情况。一方面，让决策层"一图尽览"，快速获取缓缴退税信息，全面掌握退税减税工作进度，为全面分析经济社会效应提供决策支持；另一方面，营造出数量可比、速度可测、目标可见的工作成效动态分析场景，提振大家工作士气。三是"零跑动"提升企业获得感。通过应用缓缴"e退宝"，实现纳税人"零跑动"享受缓税优惠和退税便利，获得相关企业一致好评。广东某智能系统有限公司认为："本次缓缴退税真正是'无感退税'，企业确认退税后，很快就收到了退税资金到账的短信通知。这种便捷的全智能退税模式，与我们公司的经营理念很相似。我们的目标是帮助企业实现数智化转型，希望达到整个产业链上下游互联互通的效果。"据了解，该公司从事智能工厂顶层设计与规划，已帮助康宝电器、威博电器、深圳创维等多家知名企业的200多个工厂实现数字化转型，缓缴退税资金的迅速到账为其发展注入了强劲活力。

四、打造体系（Systematic）：推出体系化、有亮度的创新退税产品

打造实现征纳共赢的信息化退税神器"元宇宙"。为实现退税全流程完整追溯以及退税各方信息共享、互相监督，把退税减税降费红利高效、精准、安全送达纳税人，佛山市顺德区税务局近年紧紧围绕最新减税降费政策，在打造缓缴"e退宝"的基础上，持续创新推出"项目品牌化、品牌体系化"的智能退税产品，一系列退税产品获得推广应用。例如，打造"减税宝""云退税""退税保""税惠成效e税观"等一系列减税降费法宝，致力于建立

全面保障退税信息、监控退税流程的退税共治体系。其中，以"退税保"为例，2022年以来，已对全市纳税人提交的3.3万条电子退税原始信息提取并锁定上链，涵盖退税原因、退税金额、收款单位、收款账号等30多个关键指标，实现税务机关与国库之间退税数据协同审核，既能排查数据丢失和篡改问题，又能保证收款人名称、账户和退税金额一致。

具备可升级、可扩容的优势，已成功服务"六税两费"政策落地。缓缴"e退宝"基于税收数据和减税降费政策逻辑搭建，更换底层数据即可适用不同政策，面对2022年扩大"六税两费"享受范围优惠、涉及小型微利企业和个体工商户的海量退税需求，佛山市顺德区税务局积极配合广东省税务局工作需求，迅速将缓缴"e退宝"退税模式升级改造为"退税减税智能助手"，实现"批量抓取、科学判断、智能审批、自动推送"流水线快速作业，有效压缩"六税两费"退税时长。

● 案例评析

党的二十大明确提出，高质量发展是全面建设社会主义现代化国家的首要任务。组合式税费支持政策，包括退税、减税、缓税、降费、缓费等多种支持方式，是党中央、国务院支持高质量发展新征程的重要举措。按照"应享尽享、能减尽减、能快则快"的原则，精准落实新的组合式税费支持政策，是税务部门的重要政治任务。

一、从纳税人切身体验来看

企业对实施新的组合式税费支持政策获得感较高，认为减税降费是助企纾困解难直接有效的举措，退税资金在帮助中小微企业纾困解难、促进中小微企业平稳健康发展方面发挥了积极作用，而退税手续是否便捷、退税到账是否迅速，则很大程度上影响着这项税收优惠政策的实际获得感。在退税减税降费工作中，佛山市顺德区税务局坚持以解决纳税人"急难愁盼"问题作为出发点和落脚点，创新推出缓缴"e退宝"，运用信息化技术大幅提升退税效率，实现了纳税人对缓缴政策的"应享尽享、应享快享"，将真金白银送达企业，切实稳定市场主体预期，为服务区域经济社会高质量发展贡献力量。

其从满足纳税人需求的出发点来创新，以便民办税为切入点进行探索，依托数据智能化分析，为企业受惠做"乘法"，免填单、批量办理、全流程电子化，简化退税流程，实现无感退税，尤其是在退税申请的初始步骤，采用由电子税务局直接授权的电子化、简单化形式；又以便民办税为落脚点进行扎口，如在退税到账的最后环节，纳税人无须开通短信通知服务，也能直接收到退税资金到账的短信推送，能及时掌握资金到账情况，措施虽小，却打通了服务的"最后一厘米"，为缓缴退税的体验画上圆满句号。以上这些小细节、微关怀，为纳税人提供最大限度的退税便利，助力企业迅速回笼资金，都是该退税工具的创新工作亮点。

二、从税务机关整体管理来看

平稳、迅速、安全地落实缓缴退税，助推企业纾困发展，是税务部门立足岗位、在履职尽责中需要践行的初心使命。佛山市顺德区税务局围绕实现退税全流程完整追溯、退税各方信息共享互相监督、高效安全送达纳税人等工作愿景，积极发挥"退税共治体系"作用，加强研发退税减税品牌项目，为实现优惠政策精准推送、退税资金稳准到账、缓缴办理轻松便捷提供有力支持。除了"减税宝""云退税""退税保"以外，本次针对缓缴政策积极打造缓缴"e退宝"，不仅有效提升退税效率，还有效杜绝多退、重退、错退等情况发生，为高效落实减税降费政策提供了宝贵的经验。

三、从税惠政策落实效果来看

缓税政策是新的组合式税费支持政策的重要一环，如何有效处理好退税速度的"快"与风险防控的"稳"，做到科学与平衡，考验着基层税务部门的工作灵活性，也影响着纳税人的获得感与体验感。佛山市顺德区税务局通过信息化手段，创新推出缓缴"e退宝"，确保退税资金安全迅速地直达纳税人账户，而且高达10万条的退税数据全部通过校验、实现零差错。缓税政策落实到位，有效增强制造业中小微企业发展活力，切实为稳定宏观经济大盘、推进经济高质量发展做出应有贡献。可以认为，缓缴"e退宝"是基层税务部门积极发挥"首创精神",将税收优惠政策落实落细的生动诠释。

案例思考

一、结合本案例,谈谈在税收征管工作中融入现代信息技术,对于推进中国式现代化税务实践有何价值和现实意义?

要点提示:

打造缓缴"e退宝",是佛山市顺德区税务局运用创新思维和科技驱动深化改革,通过信息化手段落实税费支持政策,确保市场主体"快准稳好"享受政策红利的有力举措,同时也是积极贯彻落实《关于进一步深化征管改革的意见》中"全面推进税收征管数字化升级和智能化改造""建成以税收大数据为驱动力的智慧税务"相关要求,推进中国式现代化税务实践的有益探索。

以现代信息技术为升级和改造工具,推动税收征管工作数字化升级和智能化改造,能够让税收调节经济、引导市场的作用有效发挥,进一步激发市场主体活力、减轻市场主体负担,为实现经济高质量发展提供坚实的基础。其对于推进中国式现代化税务实践有一定的价值和意义:

(1)**有助于提高工作质效**。从赋能工作质效提升的角度看,信息化技术手段的研发及推广应用,在有效激发税务人员的创新思维和创造活力的基础上,推动实现系统流程优化再造,业务办理程序化繁为简,极大地降低了税务人员办理相关业务的时间成本,同时也大幅提升了相关业务办理的工作效率,切实为基层税务部门提质增效减负,能够将更多时间和精力投入其他重点工作中去。

(2)**有助于优化税费服务**。从赋能税费服务优化的角度看,依托信息化技术和手段,一方面,税务部门能够为纳税人缴费人提供智能化办税系统,实现自动匹配信息及相应税收政策法规、自动计算税额、自动填写申报,确保各类税费优惠政策应享尽享快享;另一方面,税务部门可通过大数据分析研判,针对纳税人缴费人个性化需求提供更加精准的定制服务,如涉税问题的智能问答、优惠政策的精准推送等,进一步提升纳税人缴费人获得感和满意度。

(3)**有助于服务决策管理**。从赋能决策管理需求的角度看,立足税收大数据金山银矿,税务部门能够利用信息化技术实现跨时间、跨空间的数据分析,对经济发展趋势进行高精度预测分析,为市场化改革、行业及产业发展提供决策信息,进而直接辅助决策层面的管理部署,促进社会经济正向发展,使税收的国家财政收入、宏观经济管理"调节器"作用发挥更为充分。

二、联系税收工作实际,谈谈如何进一步推动智慧税务建设,高质量推进中国式现代化税务实践?

要点提示:

数字经济高速发展的时代背景下,运用大数据和现代信息技术创新推动税收征管改革,逐渐成为高质量推进中国式现代化税务实践的必然要求和必由之路,应当在推动形成协同共治生态体系和培育信息化人才的前提下,合理运用大数据、机器学习等前沿技术化解改革挑战与难题,促进海量税收大数据融合,不断拓展智慧税务应用场景。

(1)**营造协同共治的智慧生态体系**。一方面,完善跨层级信息共享机制,加快建设立体化、多元化的数据运维中心,打造全省乃至全国与智慧税务相适应的集中统一的数据存储、处理系统,实现系统内部涉税信息共享对比;另一方面,推动跨部门信息互联互通,以体系化思维推动统一跨部门数据认定及数据质量管理标准,建立起集税务、财政、海关等多部门于一体的联系网络,实现涉税相关信息同步共享,充分发挥税收大数据应用的乘数效应,实现新技术向税务生产力的高效转化。

(2)**打造现代信息化专业人才梯队**。智慧税务对数据信息类人才的需求逐渐攀升。一方面,要提升税务干部的数据信息素养。用好"内力"、借助"外脑",在用好税务系统"师资库"的基础上,加强与研究机构、高校、学术论坛等其他单位的合作,通过开展多样化理论知识课程及实践操作训练等,加强数字素养教育的学习指导。另一方面,要推动税收业务与数字技能融合。完善税务干部职业管理规划设计,定期组织业务骨干开展经济理论、数据分析等的基础知识学习研讨,并鼓励其在实践工作中运用信息化手段创新方式方法,培养一批视野开阔、思维活跃、战斗力强的数字化人才,推动打造现代信息化专业人才团队。

(供稿:国家税务总局佛山市顺德区税务局 吴迪 何碧妍 郑明添)

给新时代税收治理插上"智慧"翅膀

——山西阳泉"一账清"工作法保障税收政策落实落细

案例背景

近年来,作为党中央、国务院具有重大战略意义的政策安排,减税降费政策层出不穷,对于有效减轻纳税人负担、优化营商环境、激发市场主体活力,实现经济高质量发展具有重大而深远的意义。由于税收政策的复杂性与专业性,从政策执行的实践来看,多数纳税人对政策口径难把握,对办税流程不熟悉,错享、漏享、不享、难享的情况较多。同时,基层税务部门作为税收政策落实的第一线,数据资源不够、整合能力不强、查询权限不足,面临数据繁冗、抓取困难、风险难防等问题,导致近年来税收政策的落实过程中痛点堵点难点频发,执行链条"堵塞"情况较多,落实"不畅",政策效应不能充分有效发挥。

国家税务总局阳泉市税务局坚决贯彻落实党中央、国务院决策部署,紧紧抓住深化税收征管改革的契机,针对2022年大规模增值税留抵退税涉及范围广、业务链条长、政策落实难、风控难度大的特点,围绕推进落实中遇到的难题风险,主动担当、积极作为,借鉴传统做账的智慧,确立"账清数明"的工作理念,逐步探索形成了一套"四位一体"的"一账清"方法体系。总结概括为:以稳风险、减负担、快享受、准落袋为目标,以风险排查关口前移为先导,实行市县一体化运行机制,充分发挥数据合成应用的支撑作用,以账套模板为运行管理平台,实现风险可控的最大化、平台运行的兼容性和数据资源的集成化应用,推动留抵退税事前、事中、事后全链条顺畅高效运转。"一账清"运行后,全方位提高了税务执法、服务、监管的数字化能力,切实保障了大规模留抵退税政策的高质量落实落地。2022年实现增值税留抵退税19.30亿元，达到2021年全年退税规模的5倍，受惠市场主体达1777户，有力地确保了退税红利直达快享、精准惠企。"一账清"工作法得到时任税务总局局长王军的高度肯定，作为典型经验受到国务院第九次大督查通报表扬，接连受到山西省委、省政府高规格通报表彰，两次得到阳泉市委书记的肯定性批示。

主要做法

"一账清"工作法以国家税务总局、山西省税务局两级"税收大数据分析平台"为载体，以"市、县一体化工作机制"为保障，秉持"一套账，弄清事"的原则，构造"数据集成＋智慧赋能"为基础的税务管理服务新体系，通过高质量数智融合、高精度任务驱动、高效率闭环运转，实现退税底数清、政策落地快、流程进度明、风险防控稳。

一、"建账聚数＋智慧赋能"，实现税源底数清

一是数据集成，盘清"家底"。以核心征管、电子底账系统、税控系统等为数据池，以大数据技术为支撑，对照多个系统不同模块归集数据，全面生成数据底册，摸清税源底数。账内设置35项指标统揽留抵退税情况，方便监控比对、精细透析企业信息。组建团队研发自动运算程序，账本信息由初期的"人工比对、每周更新"升级为"计算机动态汇算、实时生成"。二是逐级把关、严格质控。建立"一线核实、两级研判、三级监控"的质量管理工作机制，县级深入开展数据核实，逐户分析研判校准；市级集中抽检复核把关，严格把控数据质量；省级持续跟踪监控督导，及时完善系统功能。通过分级监控、逐级过滤，高质高效完成数据对账。三是实时跟踪、多维透视。依托内嵌模型，实现相关维度指标的逻辑勾连和数据透视，动态扫描、实时更新，将少享、多享、错享、弃享等税收风险情形一表列明、逐户标识，有效发挥科学统计、精准监控作用，为基层防范政策落实风险提供有力抓手。

二、"对账预审+精准辅导",实现政策落地快

依托账内"纳税人税收基础信息""前期纳税申报数据"等信息,由计算机自动逐户开展案头分析,判断是否满足政策享受条件,在满足条件的基础上即时开展事前扫描,细化风险要素,梳理风险指征,进行风险预审。在初步预排风险后,即时推送纳税服务部门和税源管理部门,进行个性政策推送和"点对点"辅导提醒,帮助纳税人用好用准政策。特别是在官方抖音"小芸说税"创新推出办税窗口直播,将政策要点精准推送到纳税人,累计吸引10万余人观看学习和提问。同时,组建市县一体化专班团队,划分为信息技术处置类、税务行政执法类、个性操作辅导类、其他日常事务类四大模块,组建案头分析处置团队、税务行政执法团队、税费业务指导团队、入户走访调查团队四类团队,实现对税源管理的模块联动式应对、人员专精尖组合、团队标准化运作,让基层有序高效实施管理,最大限度优化市县两级人力资源配置。专班运用风控模型开展标准化初筛,统一划定"低中高特"风险等级,引导企业主动自查自纠,复审合格后及时享受政策,避免"一刀切"。

三、"依账快办+精细服务",实现流程进度明

在总账下内嵌设置流程进度分账,运用风控模型对企业进行风险级别复审,对低风险、小额退税户简审快退,中高风险、大额退税户详审缓退,不符合条件特别是涉及虚开骗税的严审不退,有效兼顾退税进度和风险防控。由大数据模型运算支撑,各部门实时跟踪、同频记录政策落实流程进度,实时反馈、一键查询,及时研判流程进度缓慢的问题,帮助企业快办即享。同时方便按需对账回头看,开展效应分析、风险验证。在2022年大规模留抵退税期间,企业退税资金到账后及时发送提示信息,便利企业第一时间使用资金、投入运营。通过自动运算程序,根据最新申报数据动态扫描,实时跟踪纳税人政策享受情况,及时对表跟进服务,从提交声明、申报纳税、报表更正等方面系统梳理操作指引,采取"专人上门"或"远程帮办"形式手把手辅导纳税人填写资料,最大限度减轻纳税人办税负担,实现申请不麻烦、政策快享受。

四、"核账分析 + 闭环风控",实现风险防控稳

通过事后效应分析账抽样跟踪纳税人,及时开展政策效应分析,算清风险"防控账"、政策"效应账"、企业"收益账"。

在留抵退税政策落实中,内嵌设置风险分账,记录企业风险应对全过程,精细防控问题隐患。设计涵盖 8 类 20 个风险指标的留抵退税风控模型,人机结合提升风险识别率,对企业进行事前、事中、事后三轮风险快扫,发现疑点立即登记处理,确保每一个风险都有处理结果,每一个未退税原因都让纳税人信服。通过对单笔退税金额较大的企业进行比例抽检,有问题隐患的及时追回退税。对风险账显示有虚增进项、虚假申报等违法行为的,迅速开展稽查,切实维护法治公平和税收秩序。同时对表中实时记录的税务部门宣传辅导情况,纳税人主动放弃享受、未足额享受等情形,持续跟踪分析,滚动进行抽审,提升风险防控质效,确保纳税人政策优惠"享得安心""享得放心"。

➡ 工作成效

"一账清"工作法,通过管理集约、业务集成、运转高效的市县一体化组织模式,闭环设账、智能管账、精细算账,实现全市上下"一套账"管理、"一体化"运作,让税收政策红利精准直达市场主体,大大提升了政策落实的成效。

一、账清数明,政策落实提速

"一账清"工作法大幅降低税务部门统计报表工作量,可以集中精力开展政策辅导、风控排查;各部门通过账本串联各司其职,实现退税企业账上无缝流转,税务部门账下接力快退。通过"一账清"工作法,全市留抵退税实现无缝流转、接力快退,平均退税时间压缩 87%,90% 以上的退税企业均在 24 小时内收到退税款,退税资金成为广大市场主体纾困解难、稳定经营、发展壮大的"及时雨"。以某光伏发电有限责任公司为例,面临着新能源发电行业前期投入大、资金回流慢的发展瓶颈。税务部门通过"一账清"工作

法，采用"一键搜、智能筛"，精准分析企业进项构成情况，为其快速办理退税，企业在6小时之内就拿到2700万元退税款。对于企业快速回笼资金，达到100兆千瓦发电量的设计产能，起了积极的作用。阳泉市某水泵厂是一家从事泵及真空设备制造的企业，由于前期搬迁改制，企业资金压力较大，税务部门通过"一账清"工作法帮助企业"把脉排险"，使得企业上午提交了申请，下午退税资金就到了账户。对于帮助企业纾困解难、提振经济增量起了积极的作用。

二、精测细控，服务水平提质

"一账清"打通税务机关内部层级工作链条，打破不同模块数据维度壁垒，将税力逐级下沉，算力直达前端，充分提高服务的靶向性、个性化、及时性和精准度，使政策宣传辅导更高效、办理流程更顺畅、服务水平更优质。如山西某煤电有限责任公司承接的阳泉某电厂"2×100万千瓦"发电项目是以煤电一体化方式开发建设的省重点项目，税务部门主动入企、驻企，对企业开展退前、退中、退后靶向服务，针对企业退税金额较大的情况，一方面依托"一账清"风控模型对企业开展退前风险研判，"手把手"辅导企业消除退税隐患；另一方面依托三部门会商机制，实现"申请—审核—退库—到账"全流程无缝流转、接力快退，企业顺利拿到1.4亿元退税款，仅2022年就节约了近400万元的财务费用，切实解决了能源保供企业燃眉之急，稳步提升了保供保期能力。针对阳泉市某公共交通有限责任公司退税过程中存在风险隐患的问题，税务部门组建专业团队，辅导企业精确排除风险，隐患排除后，企业获得3000多万元的退税，顺利补发了拖欠的职工工资和支付维修费用，购买了配件设施，走出了经营困境。作为发展数字经济产业的"火车头"，山西某计算技术有限公司也享受到了"一账清"精细服务的红利，确保了百度云计算（阳泉）中心一期技术改造和二期工程建设的顺利推进。

三、一体闭环，风险防控提效

聚焦风险防控基层兵力分散、零敲碎打的现状，认真贯彻税务总局"把问题想细致、把风险虑周全、把措施定精准、把工作做充分"的要求,紧盯风险防控,筑牢基础、预警、审核、监管"四道防线",坚持底线思维、系统观念和问题导向,统筹市县两级管理资源,打破两级管理"中梗阻",构建"上下协同、内外联动、条块结合、优势互补、资源共享、管理规范"的一体化闭环风险管理新体系,实现市县两级同频共振、联动管理,及时发现疑点数据,有效遏制风险苗头。在 2022 年大规模留抵退税期间,事前有效防范 606 户;事中有效阻断风险 74 户,阻断违规退税申请 7182.65 万元;事后稽查查补收入 1 亿元,成功抓捕犯罪嫌疑人 4 名。有效防控了风险,极大地提升了风险管理效能。

四、横联纵通,管理效能提级

一是横向建立"三维联动"。税企联动,通过"一本账"联通纳税人端和税务端,完善需求设计和反馈模型,真正实现"非见面辅导""非接触办税"。智税联动,以智能化统一平台建设为载体,糅合不同系统、不同税种实现数据集聚、分析、质控。部门联动,构建"信息共享、集中分析,定期会商"的部门联动工作机制,形成部门监督合力,逐步推动实现政策落实扎口管理。二是纵向实现链式贯通。探索将原有的"基层执行、逐级反馈"的工作模式变成"即时反馈、同步跟踪"的落实机制。将税收政策的落实情况、纳税人的办税体验、基层内外的意见建议直接反馈给税收政策的制定部门、工作任务的安排部门,实现对政策落实的深度把控。通过打造政策和工作落实的"铁账本",以及全过程的痕迹化管理,实现对工作的同步全程实时监控。变远程"遥控"为现场落实,有效避免了基层各自为政、各搭各台、各唱各戏的情况,实现"一个标准""一把尺子""一个口径",有效降低税收执法风险,显著提升了管理服务的能力和效率。

五、兼容拓展,应用前景广阔

"一账清"具有极强的兼容性,在 2022 年大规模留抵退税期间,有效对接税务总局"一册三表"相关功能,推动了阳泉市留抵退税工作圆满落地。

同时在其他政策的落实上也有广阔的拓展空间。2023年，阳泉市税务局将"一账清"工作法应用在增值税加计抵减政策的落实中，针对2023年加计抵减政策变化大、风险多、落实难的困境，依托山西税收大数据平台，衍生推出"一表通"数据应用模块，全市上下数据信息"一表通览"、服务落实"一表贯通"，实现增值税加计抵减政策全领域、全环节、全流程的"以数治税"，极大地便利了纳税人，显著提升了纳税人的税法遵从度、税收获得感和社会满意度，确保了税收政策落地生根、切实生效。2023年前8个月，阳泉市新提交加计抵减声明户数同比增长90.66%，实际享受加计抵减户数同比增长67.53%；实际享受加计抵减1484.10万元，同比增长57.34%，实时阻断加计抵减违规享受50.27万元，比上年同期增加1239.13%，有效防控了风险，极大地提升了风险管理效能。下一步将进一步拓展"一账清"在农产品增值税管理领域的应用，推动实现税收管理效能的持续优化升级。

▶ 案例评析

阳泉市税务局的"一账清"工作法之所以能够有力地确保留抵退税工作推进快、实施准、落地稳，促进政策红利直达快享，最大限度地为企业纾困解难、降本增效。主要得益于其独特的工作理念、前瞻的环节设计、扎实的制度机制和税收大数据的技术支撑。

一、确立了账套模板管理的工作理念

建起一整套留抵退税"一账清"账本，把台账管理贯穿留抵退税业务全流程。事前，依靠"一户式"疑点数据明细账，指引基层单位全面精准排查化解风险；事中，形成退税落地监控明细账，货劳部门盯账派发问题工单，同步推送督审部门开展督察，跟踪解决问题，防止违规操作。在风险应对环节，依托税收风险管理系统，生成风险跟踪台账，督促基层单位化险销号，确保企业应享早享退税红利；在税款退库环节，则设立政策效应分析台账，税收网格员跟踪回访退税资金使用情况，通过逐级汇总分析，为党委政府经济决策提供有效参考。

二、设计了排险关口前移的环节机制

着眼防范退税风险,运用风控模型对所有退税企业开展风险标准化初筛,统一划定低中高特风险等级,实施风控差异化应对,由申请后的被动审核变为申请前主动排查,根据每月获取的预退税企业信息、案头预审疑点数据,及时消除风险,大幅压缩了企业申请办理的时间。

三、推行了一体集成办公的制度体系

推行了市县一体化专班机制,着眼规避重大退税风险,上收大额退税事前预审、税款退库事后抽审、重点企业政策效应分析等复杂事项,集中全市优势兵力,实行团队攻坚。基层单位主要负责企业实地核查、中小额退税审核、退税办理辅导等基础性事项。专班实行"日调度、日会商、日研判",统筹指导基层工作。

四、发挥了数据合成应用的技术优势

深入践行"以数治税"理念,组建团队研发大数据运算程序,承担"一账清"账本的指标信息维护量。以留抵退税风险防控为着力点,以联合构建留抵退税风险分析模型,依托"金三"系统、增值税电子底账海量数据,实现风险疑点的自动筛查、风险企业的精准定位和靶向定险。

阳泉市税务局的"一账清"工作法在留抵退税工作的落实中发挥了重要作用,既能推进全领域、全环节、全流程的"以数治税",极大地便利了纳税人,显著提升了纳税人的税法遵从度、税收获得感和社会满意度,确保了税收政策落地生根、切实生效;又能切实为基层税务机关减环节、减难度、减负担、减问题、减风险,全面提升了税务机关税种管理的数据质量、监管质量、服务质量。该工作法对其他政策的落实以及工作的推进有很强的借鉴和参考意义。

案例思考

一、结合案例，谈谈"一账清"工作法在推进县级税务局税费管理现代化建设方面有何借鉴意义？

要点提示：

县级税务局作为税务系统贯彻落实党的路线方针政策和党中央决策部署的"最后一公里"，作为直接服务纳税人缴费人的"最前沿一线"，传递着中央惠民政策，代表着政府形象，是进一步深化税收征管改革、推进新时代税收治理的"关键一环"。"一账清"工作法"强化数智融合、聚焦服务质效、规范内部治理"的工作理念和举措，对提升县局税费管理现代化水平具有很强的借鉴意义。

（1）**高度重视数智建设**。基层数据资源不够、整合能力不强、查询权限不足，严重限制了在政策落实中的数据化应用。伴随着数字经济的迅速兴起，税收治理经历了"经验管税"和"以票管税"时期，正在加速向"以数治税"迈进，税收大数据已经成为推动智慧税务建设的重要驱动力。《关于进一步深化税收征管改革的意见》指出，充分运用大数据、云计算、人工智能、移动互联网等现代信息技术，着力推进内外部涉税数据汇聚联通、线上线下有机贯通。积极顺应税收改革发展的潮流，牢牢把握"以数治税"这条主线，以税收数据赋能为抓手，依托大数据信息技术优势，全面推进税收征管数字化升级和智能化改造，以"数字化台账"建设为重点，开展涉税数据分析处理，切实将税收大数据"金山银山"中蕴藏的存量优势更好转化为服务经济发展的增量动能，全方位提高税务执法、服务、监管的数字化能力。

（2）**持续聚焦服务质效**。加快推进"非接触式"办税和政策快享"一站式"，探索创建集智能导税、资料预审、简事快办、体验式办税等功能于一体的"十分钟"便民办税服务圈，聚焦打造政策服务专区，广泛收集意见建议，不断提升服务质效，依托现代化服务设备，集政策查询、视频学习、咨询交流等功能为一体，实现政策宣传长效、高效，学习掌握"一站"享受。大力推广政策智能"云辅导"，实现"精准推送、智能交互、办问协同、全程互动"；探索办税窗口"云课堂"直播，实现税收业务高频纳税人、缴费人全覆盖;积极推广税费业务线上"云办理",给予纳税人缴费人沉浸式办税缴费新体验。深入推进"枫桥式"税务所(分局、办税大厅)建设,践行好"晋江经验",将执法的刚性和服务的柔性结合起来,做到政治效果、法律效果、社会效果的统一。

(3)**不断夯实治理基础**。通过构建以专班为主导、市县一体联动的工作格局,有效整合市县资源,实现政策落实扎口管理,打破县级局力量分散、单兵作战、各管一块、推诿扯皮的管理壁垒,显著提升服务的能力和效率,全方位提升县级税务部门战斗力。通过把台账管理贯穿税费业务全流程,进一步厘清市县两级、部门之间职责分工,优化市县两级"资源池",为基层工作减压赋能。通过盯账、查账,形成管理闭环、规范操作、约束干部,做到一次入账责任清、二次算账底数清、账上流转落实清、对账跟进成效清。通过坚持党务政务业务一体推进,探索"支部建在团队"的党业融合新模式,凝聚力量、统一指挥、团队作战,通过支部管业务、管团队、管资源,引领推动县级税费服务管理现代化重点任务高效落实。

二、在税收工作中,如何将"一账清"的工作理念具体应用到其他政策优惠的落实中,以更好地提升基层政策落实的水平和能力?

要点提示:

"一账清"有力地保障了2022年大规模留抵退税政策的高质量落实,同时又在增值税加计抵减政策落实中发挥了显著的作用,其"做账、管账、算账"的工作理念在其他税收政策优惠的落实过程中有着广阔的应用空间。

(1)**闭环设账,集中攻关,推动红利落袋更"准"**。实行事前、事中、事后闭环设账:事前,第一时间发现、研判、排查纳税人在登记、发票、申报环节以及特定行业和重点企业的涉税风险,及时精准开展事前辅导;事中,精准把握纳税人税收优惠办理进度,第一时间打通办税流程的痛点、堵点、断点;事后,第一时间阻断、处置错享风险。聚合市县两级优势资源,组建市县"一体化"落实工作专班,形成两级联动落实"一套账"、集中攻关打好"攻坚战"的工作格局。实现"精准锁定、随申随审、快审快退"的全链条政策落地服务,推动税收优惠政策应享尽享、愿享尽享。

（2）**智能管账,内外协同,促使政策落地更"快"**。充分运用税收大数据,上线"线上智能账单",账本信息实现"智能汇算、实时生成",同时精准对接总局、省局相关软件模块功能,大幅缩减人工录入量和基层操作负担,实现政策管理的智能化。建立多部门会商机制,形成内外协同落实"一套账"、联合会商解决"断堵点"的工作格局。

（3）**精细算账,矩阵管控,保障企业预期更"稳"**。建立市县两级联动算账、片长与网格员协同作战的工作矩阵,形成矩阵管控落实"一套账"、精细服务算好"红利账"的工作格局。根据每家企业退税信息开展实时算账,让看不见的"红利账单"及时兑现为看得见的"真金白银",便利企业第一时间用好资金、投入运营,进一步强化政策确定性,稳定市场主体预期,使企业资金用途更清晰、政策效应分析更精准,有力提振了市场主体发展信心。

（供稿：国家税务总局阳泉市税务局　杨志隆　郭瑛）

聚"五气"打好惠企"组合拳"

——宁夏落实落细组合式税费支持政策

案例背景

2022年,为了稳定宏观经济大盘、应对经济下行压力、提振市场信心,党中央、国务院因时应势进行跨周期和逆周期调节,实施更大规模的组合式减税降费政策。

国家税务总局为了深入贯彻落实党中央、国务院关于实施新的组合式税费支持政策的重大决策部署,提出了"快退税款、狠打骗退、严查内错、欢迎外督、持续宣传"五措并举的工作策略,为确保政策高效落地明确了工作要求和实施方法。国家税务总局宁夏回族自治区税务局主动出击、积极作为,强化责任担当,精准靶向发力,对落实减税降费政策作出专门部署,将其作为一项政治任务扛牢抓实。国家税务总局宁夏回族自治区税务局第二税务分局(以下简称宁夏第二税务分局)作为宁夏大企业税费征收管理部门,紧扣国家税务总局和宁夏税务局的工作要求,围绕"税收优惠促发展、惠企利民向未来"主题,坚持以习近平新时代中国特色社会主义思想为指导,聚焦市场主体"急难愁盼"问题,坚决落实党中央、国务院关于新的组合式税费支持政策和稳经济"一揽子"政策及接续措施,坚持"五措并举"工作策略,快速响应、精准服务,确保各项税费优惠政策落实到位,助力企业提动能、复元气,帮助市场主体渡难关,让减税降费的红利直达快享。

主要做法

自大规模增值税留抵退税等新的组合式税费支持政策实施以来，宁夏第二税务分局坚决扛牢政治责任，全方位落实落细组合式税费支持政策，初步探索出聚"五气"助推政策落实的新路径。

一、精心部署，细谋划快行动鼓"士气"

宁夏区税务局第二税务分局坚持党建引领，积极探索党建与业务深度融合，以"党建赋能·税收远航"为支部品牌，以"五个着力"支部工作法为抓手，紧紧围绕税收主责主业，深入推进精确执法、精细服务、精准监管、精诚共治，以党建强促进业务强，带动队伍强，把党的基层组织建设活力转化为服务税收的内生动力，构筑起以党建促进税收的坚强堡垒。

一是坚持"严"的主基调。建立预审、辅导、受理申报、审核、督察督办、风险防控等环节的全流程闭环管理工作机制。严肃工作态度、严明纪律作风、严格督导检查，确保组合式税费支持政策落实不讲条件、不打折扣、不走过场。

二是跑出"快"的加速度。全局人员快速进入状态，以"首战即决战，决战必决胜"的信心，以"今天再晚也是早，明天再早也是晚"的效率意识，快速建立健全工作机制，宣传辅导快速跟进到位，跑出退税减税的"加速度"，吹响政策落实的"冲锋号"。

三是打出"实"的组合拳。统筹谋划实、工作导向实、统筹调度实，发扬实干作风，积极谋划管用实用的"真招""实招"，确保工作落到实处。认真开展"一把手走流程"和纳税人代表"体验师"活动，多视角、全方位检验退税流程，以"沉浸式"体验在服务实践中查找问题，补齐短板，提升质效。

四是抓住"细"的突破口。细化责任、细分数据、细致配合，坚持从细节入手、从小处着眼，以小切口破题，真正解决问题、干出成效，确保退税不漏一户，不差一分。

二、精准分析,政策组合拳叠加发力增"底气"

紧密结合税源特点,不断加强数据挖掘运用能力,有效提升分析应用水平。

一是提前开展数据测算,全面掌握企业留抵税额总体情况。根据以前年度数据,结合行业企业类型提前摸清底数,开展数据测算,组织开展退税减税政策的数据统计、报表编制。通过对测算出的整体数据分行业、分类型、分时段进行摸排梳理,精准测算留抵退税预计规模以及对收入的影响情况。保证政策落实有抓手,做到心中有数。

二是在企业划型"标签"的基础上,综合运用税源管理数据及《分户清册》和系统打标情况,建立《分类分批分期计划台账》,按照退税户数、退税规模、退税时间安排等因素,分批次对各类纳税人精准分类。逐户开展企业划型"标签"校核确认工作,提高划型"标签"准确性和精细度。高效开展纳税信用等级评定工作,精准识别企业纳税信用详情及风险点,让守信纳税人充分享受政策红利。

三是开展政策精准匹配,用最快速度做好政策落地衔接。基于纳税人的申报数据、发票数据、税务登记信息等大数据全量分析,确定筛选条件,识别符合政策条件的企业。对精准识别出的适用留抵退税政策的企业,采取远程视频、走访入户、电话问询等方式,为企业精准推送税惠政策"套餐",确保纳税人懂政策、能申报、会操作,实现税费优惠政策的精准滴灌。

三、精细服务,助市场主体爬坡过坎增"勇气"

针对企业情况,进行"一户一指引",帮企业算好"政策优惠账",让企业切切实实享受到税收优惠政策利好。

一是做好新政策落实的统计核算、账单推送、效应分析和税款退库工作,算准"政策落实账",算好"发展效应账",算清"税费红利账",精准推送红利账单,让纳税人缴费人的获得感更明显。同时,加强与国库及同级财政部门沟通,确保退税流程各环节顺畅有序,退税资金及时足额兑付,企业留抵退税资金直达快享。

二是积极深化智慧办税，让"无接触""不见面"办税成为常态，探索打造"零跑动"办税服务大厅。并通过对电子税务局等信息系统优化升级，实现纳税人"一键办税"，畅通"非接触式"办理渠道。创新大企业"税企直连"服务，促进政策落实速度更快、体验更好，确保纳税人缴费人应享快享，用"智慧指数"换取纳税人缴费人的"便利指数"。

三是选派业务精、政策熟的骨干人员组成"税务管家团队"，加强风险防控力量，开展风险分析研判，强化事前事中风险预警应对，完善事后风险管理，将风险防控嵌入留抵退税办理全流程，为退税减税工作护航增效。积极探索税收网格化服务格局，当好"一对一"服务企业的"店小二"，让市场主体享受到真金白银、真心实意的扶持帮助，为市场主体爬坡过坎注入"强心剂"，为市场主体渡过难关提供税务托举。

四、精诚宣导，深入浅出互动交流接"地气"

在组合式税费支持政策正式公布后第一时间开展宣传辅导。疫情防控的形势，阻挡了税务干部上门送政策的脚步，却未能阻挡政策宣传的心。

一是采用微信群"广"发布、钉钉互动平台"精"推送、电话"点"解读等方式积极开展宣传辅导，对所辖纳税人缴费人进行推送提醒提示。政策宣传既面向企业财务人员，又面向企业法人高管，既讲解基本内容，又讲政策的重点难点，用点面结合的全方位培训和精细化辅导，确保纳税人懂政策、能申报、会操作，确保宣传到位。

二是向符合条件的纳税人邮寄宣传资料"大礼包"，通过《致纳税人的一封信》认真解读政策红利，将税收优惠政策送到纳税人缴费人的"指尖"，确保政策宣传辅导全面覆盖。

三是在线上进行税企沟通，问计问需，全方位收集纳税人缴费人有关问题和诉求信息32条，建立健全"问题专办—问题收集—问题督办—问题反馈"工作机制，形成工作闭环，推动纳税人缴费人反映的疑难问题及时解决到位，在建立起合作互信的税企关系基础上，也让税务干部干事创业更接地气。

五、精确督导，拓展深化总结完善聚"人气"

加大督导指导力度，强力有序推进工作责任落实落细。

一是分类别建立政策享受及落实台账清册，设立问题解答台账，将疑点、难点问题做好解答记录，跟踪组合式税费支持政策落实情况。

二是加大考核力度，充分运用绩效考核指标，既督导政策落实不到位的问题，也督查落实错位的问题。将税务总局、宁夏税务局通报的关于骗取留抵退税典型案例和关于增值税留抵退税政策落实工作中内外勾结、失职渎职受到责任追究有关典型案例作为问题导向，举一反三，全面进行自查整改和完善，用心用情推动税费政策红利落地见效。

三是加强对企业税收优惠申报的审核、监控，对"应享未享""违规享受"等问题靶向定位、即时应对，确保问题响应快速有效。同时，为进一步提升综合效应，及时学习总结其他地区在组合式税费支持政策落实过程中的亮点做法，为进一步深化组合式税费支持政策落地落细提供思路，明晰举措。打造"经验交流、信息共享、队伍锻炼"的平台，推动税收工作高质量发展。

▶ 工作成效

宁夏第二税务分局坚持把落实落细组合式税费支持政策工作作为一项重要政治任务来抓，树牢以纳税人缴费人为中心的服务理念，扛牢为民办实事解民忧的责任使命，打好惠企"组合拳"，退税减税降费工作不断取得新成效。

一、从整体情况看，留抵退税政策效应凸显，市场获得感显著增强

宁夏第二税务分局扛牢政治责任，牢固树立落实退税减税政策、服务纳税人的理念，确保各项退税减税降费政策落实落细。2022年度，宁夏第二税务分局新增减税降费及退税缓税缓费58915.80万元。主要包括三部分：一是累计退到纳税人账户的增值税留抵退税款达26009.95万元（24户），超过

2021年全年办理留抵退税规模的4.5倍，以"真金白银"为市场主体送上"及时雨"，直接为市场主体提供现金流，为企业发展注入新的活力，增强实体经济韧性。二是新增减税降费13110.76万元。其中，新增减税5475.5万元，新增降费7635.26万元。分政策项目看，增值税小规模纳税人"六税两费"优惠15.56万元；小规模纳税人减征增值税优惠9.28万元（5户）；小规模纳税人3%征收率销售额免征增值税35.46万元（5户）；生产、生活性服务业增值税加计抵减政策新增减税5309.14万元（7户）；银行业不良债权以物抵债税收优惠102.42万元（13户）；其他政策减税3.64万元；继续实施的阶段性降低工伤、失业保险费率政策，新增降费7635.26万元（164户）。三是累计办理阶段性缓缴社保费19795.09万元。向24户已享受留抵退税政策的企业逐户发放《关于留抵退税政策效应反馈的调查问卷》，了解企业退税资金用途及企业退税感言。反馈结果显示，随着留抵退税政策的不断深化落实，红利持续释放，市场主体获得感强，企业活力得到激发。22户企业表示"税负程度有所下降"，表明当前一系列减税降费政策指向精准，能够获得绝大部分企业的认可和支持，并使企业主观上感受到了实实在在的获得感。某保险公司表示，"以前留抵税额只能挂在账上逐步冲抵增值税额，如今1000多万元的留抵退税现金'红包'直接送到企业手中，缓解了企业现金流压力，退税款立即用于日常运营和工资薪酬支出等，有效增强了发展后劲"。

二、从企业规模看，小微企业受惠面较大，大型企业退税红利最高

小微企业由于抗风险性较弱，受疫情影响更为明显。此次大规模减税降费政策中，新增政策着重偏向于小微企业，旨在帮扶小微企业渡过难关。从企业此次享受留抵退税政策的受惠面和受惠额度来看，小微企业对留抵退税政策的受惠面较大，户数占比72%；大型企业对留抵退税政策的受惠红利最高，仅中国某股份有限公司宁夏回族自治区分公司一户企业就享受留抵退税17707万元。从企业注册类型看，内资企业退税户数占比96%，受惠面大。完成内资企业留抵退税审核24户，金额26007.81万元，占留抵退税总金额的99.99%；外资企业审核退税1户，金额2.13万元；从企业规模看，微型企业户数最多，大型企业退税额最高。从留抵退税户数来看，微型企业户数占

总户数的 64%，小型企业户数占比 8%，小微企业退税户数合计占比 72%，受惠面较广。从留抵退税金额来看，大型企业退税金额占比 90%，退税额最高，小型企业和中型企业退税金额占比分别为 0.8% 和 1.7%，户均退税金额较小，微型企业退税金额占比 7.5%。从行业类型看，通信业退税金额最大。宁夏第二税务分局主要负责银川三区注册登记的金融保险业、电信业和证券业、彩票业的税费征收管理工作，基于管户行业特点，留抵退税共覆盖除彩票业以外的全部行业，其中通信业退税金额过亿元，证券业涉及户数最多，但退税金额最少。通信业退税 7 户，退税金额最高，达到 23437 万元；保险业退税 6 户，退税金额 1228.59 万元；银行业退税 2 户，退税金额 744.23 万元；证券业退税 9 户，退税金额 46.78 万元。

三、从执行效果看，留抵退税政策影响积极，有力提振市场主体信心

随着大规模增值税留抵退税政策的深入落实，一笔笔留抵退税款为市场主体持续发展提供了真金白银的支持，有效释放了政策红利，提振了市场主体发展信心，为宏观经济大盘提供了有力支撑。经过调研 25 户企业了解，企业退税资金多数用来日常运营，这不仅有助于企业缓解资金压力，渡过难关，更有益于企业优化资源配置，激发创新活力。从退税用途看，有 9 户企业用于生产经营，6 户企业将退税用于日常支出，4 户企业用于支付工资，4 户企业用于偿还欠款、技术研发等，2 户企业用于购买设备或原材料。享受留抵退税政策后，12 户企业表示企业的税负明显减轻，9 户企业表示增加了企业的可用现金流，有效缓解了企业当前的资金压力，4 户企业表示享受留抵退税政策后，增加了企业的生产研发投入，使得企业扩大再生产加速企业转型升级，并拓展了业务市场。某通信公司收到 3600 余万元留抵退税款后，将其 80% 用于东数西算、数据中心、算力网络建设和提升 5G 网络覆盖，助力宁夏打造通信行业 5G 精品网络标杆。新的组合式税费支持政策为企业创造了更宽松便利的税收环境和营商环境，进一步激发了社会就业创业热情，对助推地区信息技术、互联网等行业的发展及改善民生、夯实基础起到积极促进作用。

案例评析

宁夏第二税务分局以聚"五气"为重要举措,坚持发挥组合式税费支持政策"退、减、缓、免"多管齐下的综合效应,将"真金白银"精准落至企业,助企纾困成效较为明显,具有学习借鉴意义。

一、提高政治站位,坚持党建引领是做好退税减税降费工作的政治基础

宁夏第二税务分局把抓好新的组合式税费支持政策落实作为建强政治机关的实际行动,坚决扛牢政策落实的政治责任,特别是在落实留抵退税政策中,坚决贯彻税务总局提出的"快退税款、狠打骗退、严查内错、欢迎外督、持续宣传"五措并举要求,确保政策落准落好。将落实退税减税工作与党建深度融合,打造了宁夏第二税务分局"党建赋能·税收远航"支部党建品牌,这是推动退税减税降费工作行稳致远的根本基础。

二、学深吃透政策,精准宣传辅导是落实退税减税降费工作的关键所在

鉴于组合式税费优惠政策多的特点,宁夏第二税务分局通过学习吃透政策,做到精准宣传精准辅导。同时,依托税收大数据对可能符合退税条件的纳税人进行全面摸排,为宣传辅导、政策落实、效益分析等提供可靠依据,这是促进退税减税降费工作提质增效的关键。

三、健全工作机制,强化部门协作是做好退税减税降费工作的核心动力

退税减税降费工作不是哪一个部门在单打独斗,宁夏第二税务分局通过健全机制,将多部门的力量聚集,形成了强大的工作合力,完善了退税减税降费工作的闭环管理,确保落实措施又快又稳,风险防范更精更准,问题整改客观到位,这是退税减税降费工作协调快捷顺畅的动力所在。

四、加强收入预判,主动汇报沟通是做好退税减税降费工作的必然要求

宁夏第二税务分局依托政府牵头的政策落实协调机制,主动向地方党政领导汇报收入形势和困难,厘清了组织收入"减与收""降与升"的关系,算好了组织收入账、退税减税账,让地方党政领导真切感受到宁夏税务部门抓早、抓细、抓实组织收入的行动和举措,最大限度争取到了对做好退税减税降费工作的理解和支持。

五、严格内外督导,注重严查狠打是做好退税减税降费工作的强大保障

随着退税减税降费工作的有序推进,宁夏第二税务分局重点关注了纳税人隐匿销售收入、减少销项税额、进行虚假申报等违法手段,精准识别了问题线索,以零容忍的态度狠打严查辖区内骗取留抵退税等违法行为,以实际行动为退税减税降费工作保驾护航。

● 案例思考

一、结合本案例,谈谈组合式税费支持政策对稳定宏观经济大盘有什么现实意义?

要点提示:

(1)**有力减轻企业负担**。退税,让企业资金从"纸上"落到"账上",激发了新的发展活力。减税,则为企业爬坡过坎时卸下包袱,加快了跑的速度。组合式税费支持政策能够降低企业制度性交易成本,使企业有更多的资金投入扩大再生产,有助于投资乘数效应的发挥,形成良性循环。尤其是针对数量大、分布广的中小微企业出台大力度的减免税和延缓纳税举措,有助于缓解其资金短缺、抗风险能力弱等问题,有效为企业减负。

(2)**激发市场主体活力**。组合式税费支持政策有助于在生产、交换环节"做大蛋糕",有利于促进商品要素资源更加畅通流动,提升资源配置效率,进一步巩固和扩展市场资源优势,建设高效规范、公平竞争、充分开放的全

国统一大市场。组合式税费支持政策能够通过改变商品相对价格影响部分领域成本利润，鼓励企业更加重视通过产业结构升级、创新驱动发展提高企业效益，助力供给侧结构性改革，进而使社会生产力水平实现整体跃升。

（3）**推进税收治理能力现代化**。组合式税费支持政策有助于进一步理顺政府与市场的关系、逆周期调节与跨周期调节的关系。实施新的组合式税费支持政策，减税与退税并举，退税资金直达企业，有助于营造要素资源自由流动、公平竞争的市场环境。通过税费调整实现社会总供给和总需求的均衡，短期性税费缓缴和长期性减税降费有机结合，强化逆周期和跨周期宏观调控作用，熨平经济波动，保持市场预期基本稳定，实现稳增长与防风险长期均衡。

二、联系税收工作实际，谈谈如何进一步做好退税减税工作？

（1）**强化党建引领，严格落实政策**。要提高站位、全力保障退税减税政策落实落细。将退税减税作为一项严肃的政治责任，切实扛牢扛实，杜绝虚化空转。坚持以纳税人缴费人满意为核心任务，充分发挥党建引领作用，推动党建与税收工作融合共促，切实做好政策落实的跟踪、统计、分析、总结等工作，助力企业缓压力、复元气、添信心。

（2）**强化统筹管理，形成工作闭环**。要聚焦主责、提升税种精细化管理水平。在源头管理中，加大政策宣传辅导力度，持续夯实税源管理基础，强化动态和关联管控。在日常管理中，制定各税种规范管理流程，推动形成闭环管理长效机制。在后续管理中，加强税种管理风险防控，推动形成"政策宣传—税源管理—过程跟进—分析管控"的全流程链条化管理体系，不断提升税种管理水平。

（3）**强化宣传辅导，加大落实力度**。运用好"纳税人学堂""大企业税费服务"等平台的宣传辅导作用，加大对企业财务人员的宣传辅导力度，对疑难问题实时答疑，持续推进落实，改进作风提升质效。重点围绕税务总局政策解读口径、涉税数据填报要求，做到能学会用，更好地为纳税人提供政策解读与纳税服务，提高纳税人满意度，提升纳税人对于减税红利的获得感。

（4）**强化多方监管，做好风险防控**。牢固树立"早退、快退、退稳、退准"

的意识,在依法规范、高效快捷地为纳税人办理退税的同时,依托税收大数据,利用"云分析",进一步健全以"信用+风险"为基础的税务监管新体系,将风险防控措施嵌入各项退税业务办理的全过程,通过进销发票比对分析、"五员"任职情况分析等举措,重拳打击利用政策骗取留抵退税等违法行为。切实做到既统筹把握退税进度、提高退税速度,又确保退税质效、有效防范风险。

(5)**强化创先争优,促进工作质效**。针对工作中存在的难点、堵点、痛点问题,改革创新、攻坚克难,打造亮点经验。推动税务执法、服务和监管的理念方式手段变革,创新机制、创新方法,提升工作综合效益、扩大社会影响面,提高广大纳税人缴费人和社会各界的认可度,形成可推广示范的创新做法,切实为经济社会发展贡献税务力量。

(供稿:国家税务总局宁夏回族自治区税务局第二税务分局 刘娅)

让税收红利以最快速度激发市场活力
——辽宁沈抚改革创新示范区"快"字当头落实减税降费

案例背景

退税减税降费是助企纾困最公平、最直接、最有效的举措。2022年，税务部门自觉提高站位，将落实好党中央、国务院出台的一系列税费支持政策作为重大的政治任务，坚决扛牢政治责任，在各级地方党委政府的领导和协调下，在财政、人民银行、公安等部门的大力支持下，克服时间紧、任务重、工作量大等困难，采取"快退税款、狠打骗退、严查内错、欢迎外督、持续宣传"五措并举的工作策略，将政策红利精准快捷送到纳税人缴费人手中，确保了减税降费新政落地到位。

从辽宁层面看，为了贯彻落实习近平总书记"9·28"重要讲话[①]精神，全力打造东北地区投资营商环境的标杆区，需要落实好更大力度的组合式减税降费政策，加大对中小微企业、个体工商户、制造业等支持力度，确保政策效应更好更快传导到基层、企业和项目。从沈抚示范区层面看，2018年9月，国务院批复《沈抚改革创新示范区建设方案》后，沈抚示范区着力优化政务环境顶层设计，构建"亲、清"政商关系，全力打造办事方便、法治良好、成本竞争力强、生态宜居的市场化、法治化、国际化营商环境。

---

① 2018年9月28日，中共中央总书记、国家主席、中央军委主席习近平在东北三省考察期间，主持召开深入推进东北振兴座谈会并发表重要讲话。

沈抚示范区重点发展的以数字经济和人工智能企业，经孵化后面临资金短缺压力瓶颈，需要通过减税降费帮助其深层次地减负并平稳运行。

主要做法

为企减负，刻不容缓。国家税务总局沈抚改革创新示范区税务局（以下简称沈抚示范区税务局）坚持以"政策推送快、退税申请快、风险诊断快、资金到账快、疑难解决快"作为关键，优化指挥调度，压实各方面责任，着力提高执行效率、协同效率，保证各项减税降费措施迅速落实到位。

一、信息整合，政策推送快

从 2018 年开始，在减税降费方面最主要的就是深化增值税改革。2019 年再次降低部分行业的税率，调整部分出口退税率，改变不动产抵扣方式和部分行业的加计扣除，降低纳税人税负水平和负担。2022 年，从年初出台新的组合式税费支持政策，到 5 月份将大规模增值税留抵退税扩围到批发和零售业等 7 个行业，阶段性减征部分乘用车车辆购置税，再到 8 月份以来实施制造业中小微企业延续缓缴部分税费、支持企业创新阶段性减税等税费支持政策。步步扩围、次次加力，体现了党中央、国务院让亿万市场主体过上"好日子"的魄力与决心。

沈抚示范区税务局充分运用智慧税务建设成果，以数据效用的深度挖掘、跨部门数据资源链接和场景化应用融合为驱动，高度集中整合各类税费支持政策，在电子税务局创新建设信息互动中心，建立包括税费种类、行业类型、地域范围等 9 类 4200 余个标签的标签体系，向纳税人分类精准推送留抵退税政策，从退税类型、时间安排、资金规模、地域分布等维度分层归类，引导符合条件的纳税人及时申请减免退税。

二、链路打通，退税申请快

创新服务模式，在电子税务局搭建由机器人、一线人员、专家团队共同参与的"在线导办"平台，为纳税人提供集咨询、导税、预审于一体的沉浸式导办服务，并利用大数据对咨询问题进行实时归集分析，形成"智能咨询＋人工咨询＋专家团队＋用户评价"全流程线上闭环服务模式，及时解答处理各类问题。同时，积极打通纳税人、税务、银行、国库间"链路"，实现全链条、跨部门的电子化秒级数据传递；持续优化"智能算税"功能，增值税留抵退税100%实现了申请表"选择预填"、退税数据"自动计算"，大大增强纳税人端数据填报精准度。地方"六税两费"减免数据，100%实现了"预填申报表和政策判定"功能。

三、诊断先行，退税审核快

制定《沈抚示范区留抵退税引导实施方案》，滚动更新退税企业清册，市、区两级税务部门上下联动，双向验证各月可退税资源，分行业、分类型辅导企业做好退税准备。针对大额留抵税额企业和重点扶持行业企业分别开展单户分析和行业分析，梳理摸排共性风险，按风险等级、退税规模分级分类开展预审工作，逐户摸排、逐项核实、逐户辅导。建立留抵退税重大事项审核团队和抽查复核团队，对已退税企业开展抽检复核，及时引导政策适用错误纳税人办理更正申报及进项转出，做到"无风险早退快退、有风险严防严管"，持续提高退税审核效率。

2022年以来，沈抚示范区税务局对享受研发费加计扣除的制造业、科技型中小企业的企业所得税汇算信息，通过大数据进行分析研判后，对符合退税条件的纳税人制作《事中审核单》传递给审批岗，不再下发调查巡查任务，对671户纳税人提交9055万元的退税申请"极速退库"。单户平均退税时长从先前的4.5个工作日降为0.6个工作日。退税资金直达快享，助力市场主体纾困发展，有效地缓解了企业现金流压力。

四、接口直联，资金到账快

为提升退付效率，积极对接市财政局、人行营管部，建立"财税银直联快办"工作机制，税务局按月分行业、分区域监控和测算留抵退税规模，第一时间将测算结果提供给市财政局，并持续跟踪办理情况，按日通报审核、开票、发送国库数量，月底前进行对账，并提出下月退税总体及各区预计规模；市财政局按照逐月预拨、滚动清算原则及时将库款预拨各区；各级国库部门开辟退税绿色通道，增加业务标识，明确对留抵退税业务即来、即审、即办，区分不同情况制定应急预案，确保资金第一时间直达企业账户。"税务人员上午远程辅导我们提交了退税申请，退税资金下午就到账了，退税速度真是太快了！"沈阳某科技有限公司财务经理感慨地说。

五、服务下沉，难点解决快

抓实问题整改，做到精准发力。沈抚示范区税务局"一把手"和班子成员下沉企业和基层税务机关，对高风险"红名单"26户、中度风险"黄名单"307户，及时制定针对性解决措施。指导基层税务机关做精做细税费服务，助推减税降费政策红利直达快享。特事特办及时化解重大问题，依托快速反应机制，对重大问题由退税减税办统筹研究提出意见。本级能够解决的，限期向企业做好答复、解决；本级无法解决的，第一时间向上级反馈，争取政策指导，为企业解决现实困难。

● 工作成效

沈抚示范区税务局"快"字当头落实减税降费，切实在第一时间将"真金白银"打入制造业和中小微企业账户，税收红利的快速释放不断提升企业的获得感，激发了市场主体发展活力，促进了新动能加速成长。

一、有效缓解了企业经营压力

税费支持政策特别是留抵退税政策，以"真金白银"直接减轻了企业税费负担和资金压力，助力企业渡过难关。沈抚示范区税务局对2000户重点税源企业的调查显示，2022年，企业每百元营业收入税费负担下降2.9%，其中受疫情影响较大的交通运输业、住宿餐饮业分别下降18.4%和19.2%，负担显著减轻。

二、增强了市场主体活力

系列税费支持政策落地见效，税收营商环境进一步优化，有力增强市场主体活力。2022年，沈抚示范区新办涉税市场主体2316户。截至2022年末，沈抚示范区市场主体总量达到64017户，较2021年末增长14.9%。

三、助力了制造业平稳运行

在系列税费支持政策作用下，2022年，沈抚示范区制造业重点税源企业每百元营业收入税费负担同比下降4.9%，帮助企业轻装上阵。增值税发票数据显示，2022年，沈抚示范区制造业企业销售收入同比增长6.8%。

四、促进了新动能加速成长

增值税发票数据显示，2022年，沈抚示范区高技术产业销售收入同比增长15.9%。特别是享受留抵退税的高技术企业销售收入同比增长11.5%，比没有享受留抵退税的高技术企业高3.1个百分点。

◆ 案例评析

营商环境是市场经济的培育之土，好的营商环境就是生产力、竞争力。各地通过落实降本减负惠企政策，优化税收营商环境，为企业降本减负，激发市场活力，让群众有更多获得感。

一、"快"字当头尽早落实减税降费政策，为的是下好激发市场主体活力的"先手棋"

落实组合式减税降费政策不能等待观望，落实快本身就体现着态度上的诚、行动上的真。许多政策是纾困解难甚至是救急的，政策早落实才能早见效，才能是"及时雨"而不是马后炮。"快"字当头，是以人民为中心的生动实践，彰显了利企惠民的坚定决心。沈抚示范区税务局2022年实施新的组合式税费支持政策，小微企业是受益主体，各项税费支持政策为小微企业累计新增减税降费11亿元，直接减轻了企业经济负担，催生了大量市场主体。

二、"快"字当头全方位落实减税降费政策，依托于各级税务机关服务效率的大幅提高

一是优化办事流程。对现有的办事流程进行梳理和优化，去除冗余环节，简化办事手续。二是降低办事成本。税务机关通过减少办事环节和时间，降低企业和群众的办事成本。三是加强信息化建设。建立一体化政务服务平台，实现网上办事、移动办事，以提高办事的便捷性和效率。四是加强部门之间的协作。打破信息壁垒，实现信息共享，让数据在各部门之间自由流动，避免重复采集和验证。

三、"快"字当头精准落实减税降费政策，需要对企业差异化的政策诉求提前预判、预审

基层税务机关需要对每一项政策都制定一个精准推送方案，根据不同企业以及在不同时段的差异化政策诉求，分类进行推送，进一步提高政策推送精准度。将好政策不折不扣落实到疫后重振各个环节，原原本本交到群众和企业手中，确保执行政策不走样、不缩水、不偏差，使广大群众和企业真正从政策中得到满满的获得感。

案例思考

一、结合本案例,谈谈税务机关如何在落实税费支持政策工作中充分体现坚持以人民为中心的发展思想?

要点提示:

(1)**把握总体工作导向性**。坚持问题导向,着力解决推进留抵退税政策工作中少数地方存在的统筹不全面、落实不精准、服务不精细,政策执行一刀切、简单化等问题,不断提升留抵退税落实工作质效。要坚持目标导向,把是否有利于稳住宏观经济大盘、是否有利于助力市场主体纾困发展、是否有利于增强人民群众和企业获得感作为检验留抵退税工作成效的重要标准,确保党中央、国务院决策部署发挥最大正效应。

(2)**确保退税进度及时性**。充分利用好"一册三表"摸清摸实退税资源,加快退税办理进度。在工作中,不得简单以防控风险为由限制中低风险纳税人正常办理退税。要充分尊重纳税人退税意愿,坚决纠正政策执行"一刀切"等现象,不得为了片面追求退税进度或完成退税覆盖率等强制纳税人办理退税。对自愿放弃退税的纳税人,在确保宣传辅导到位的基础上,做好放弃退税原因记录。

二、结合本案例,谈谈税务部门如何做好防范和化解留抵退税风险应对工作?

要点提示:

(1)**强化打防结合,精准分类应对**。坚持打防并举、防范在先,在税收监管各环节实现信息互通、结果共享、风险联防,提升一体化风险防控能力。运用税收大数据开展风险分析和精准选案,实现分类应对:对于通过虚开发票、隐匿收入等手段主观恶意骗取留抵退税行为,予以严厉打击,决不姑息;对于因计算错误等造成违规的一般过错行为,予以辅导纠正;对于无风险的企业愿退快退、应免尽免,积极支持企业纾困发展。

(2)**加强部门协作,形成打击合力**。依托税务、公安、检察、海关、人民银行、外汇管理六部门联合打击虚开骗税工作机制,在数据共享、分析研判、联合打击和工作督导等方面深度合作,形成更有效打击团伙性虚开骗税违法犯罪的工作合力。

(3)**曝光典型案例,强化警示震慑**。重点曝光聚焦跨区域、团伙性、上下游串联和黑中介参与谋划的虚开骗税违法案件。同时,坚持一案双查,发扬自我革命的精神,曝光税务部门税务人员失职失责、违法违纪的典型案例,发挥警示震慑作用。运用"一册三表"深入分析可退税资源,精准掌握退税规模,完善"分类分级、人机结合"预审措施。坚持"问题导向、台账清查、存量清零、增量随清"原则,快速有力开展风险应对,探索出"部门联建抓统筹、资源联合抓保障、查办联动抓关键"的税警协作路径,及时查处骗取退税违法案件释放严厉打击涉税违法行为强烈信号。

三、结合本案例,谈谈在服务企业及时准确地获得税费支持政策方面税务机关应如何发挥好作用?

(1)**政策宣传辅导更精准**。各级税务机关面向不同政策适用主体,分批开展精准推送,分类进行专项辅导,帮助纳税人缴费人算清算细税费支持政策红利账。针对燃煤发电、航空、铁路、货运等特殊和困难行业企业,摸情况、问需求、细辅导,引导企业尽快申请享受政策,助其缓解经营压力。

(2)**解决急难问题更快捷**。建立纳税缴费服务投诉分析改进闭环机制,进一步压实责任,推动构建上下级、部门间纵向贯通、横向联动的纳税人缴费人诉求响应良性互动工作格局,及时分析解决纳税缴费服务投诉反映的问题,提高税费服务质效,推动纳税人缴费人"急难愁盼"问题得到及时有效解决,促进纳税人缴费人满意度和获得感提升。

(3)**降低办税成本更有力**。全面实行税务行政许可事项清单管理,将原有的6个税务行政许可事项减少至1个;调整优化部分文书内容,将税务行政许可文书样式由15种减少至12种;优化纳税人延期缴纳税款等税务事项办理程序,取消法制审核等环节,降低市场主体制度性交易成本,激发市场活力。

（4）服务区域发展更主动。以统一规范税务行政处罚裁量基准、统一规范税费政策执行口径、统一规范税费征管服务标准等重点事项为切入点，进一步推进统一区域税务执法标准，加强税务执法区域协同。同时，发挥税收职能作用，围绕东北振兴推出税收服务征管一体化措施，增强服务国家区域协调发展战略的主动性和精准性。

（供稿：国家税务总局沈抚改革创新示范区税务局　付德　李灿）

数据赋能税费政策红利精准释放

——南京建邺区依托"以数治税"推动税费政策落地

● 案例背景

2022年,实施更大规模减税降费是党中央、国务院作出的重大决策部署,是践行以人民为中心的发展思想的生动体现,是厚植强国之基的制度安排。大规模留抵退税作为新一轮组合式税费支持政策的"重头戏",规模体量大、覆盖主体多、工作链条长,既要做到早退、快退,也要确保退税质效,做到退稳、退准。国税地税机构合并以来,基层税务部门一直面临着人员数量不断减少和管辖税户逐年增加的现实矛盾,且政策落实、提示提醒等工作的主要手段还停留在靠人工打电话阶段。各项税费政策有力有效落实面临较大挑战。

国家税务总局南京市建邺区税务局(以下简称建邺区税务局)现有在职干部178人,近三年内退休人员33人;管辖税户7.08万户,比2018年增加2.7万户,2022年新增税户1万户。针对人力资源不足、审核要点复杂的困难情况,建邺区税务局逐步梳理出留抵退税工作推进过程中的堵点、难点,最终依托BIEE智能数据分析平台创新建立抵退税单户要点审核模型,提升了该项工作的审核质效,并将大数据思维深植基层税收工作,将"以数治税"作为提升税收治理能力的关键变量,积极落实"四能四不要"要求,促进基层工作减负提效、税费政策精准落实、内部风险有效防控,有力推动经济运行率先整体好转。

主要做法

2021年，中共中央办公厅、国务院办公厅印发的《关于进一步深化税收征管改革的意见》强调，要建设具有高集成功能、高安全性能、高应用效能的智慧税务。智慧税务内生于"以数治税"的管理实践，作为税收现代化的有力支撑，建邺区税务局抓住落实大规模留抵退税这一关键契机，从提升政策审核效能入手，以点到面，逐步铺开大数据应用领域，减轻基层税务干部工作负担，推进各项税费优惠政策落细落实。

一、精确瞄准，政策一页全览，直击退税审核要点

为解决大规模留抵退税工作推进过程中存在的问题，建邺区税务局成立工作专班，组建"政策+技术"团队，依托省税务局数据优势和BIEE智能数据分析平台，建立留抵退税单户要点审核模型。

一是依托数据专家，提升模型科学性。建邺区税务局组建"政策+技术"团队，梳理优化版操作指引审核要点，主动与市局、省局专家沟通，用专业标准提升模型科学性。考虑操作便捷、数据运行速度等需求，在省局、市局的指导下，建邺区税务局将模型重点放到合规性审核和风险类审核两个方面：合规性审核方面，突出对企业预填数据、政策条件进行审核，抓取企业增值税申报数据、接收和开具增值税发票数据，将进销发票归集分析，便于审核人员直观对照申报和发票数据进行实际经营行业的判断；风险分析方面，突出对企业是否存在暂停退税情形以及退税金额计算是否准确的判断，比如调取企业上下游发票及海关报关单近4年的数据，以饼状图、柱形图进行展示，辅助审核人员判断。

二是要点一表展示，提升审核准确性。为保证退税审核环节更精准，该模型集合金税三期的指标监控、一户式数据赋能、纳税人申报开票数据、《退（抵）税申请表》等模块数据，一表体现进项构成比例、期末留抵税额以及存量、增量留抵税额等关键数据项，避免因审核多系统切换、数据赋能模块缺失、申请表无法查看等无法精确审核留抵退税信息的情况，审核准确率得到保障。

三是注重纵横比对，提升操作便捷性。模型分为"基础信息""政策适用""审核重点""审核退税计算"4个模块，点击对应模块直接切换，企业税号、申请时间自动带出，通过对同期数据、往期数据的抓取、横纵比对，提升基层审核便捷性。横向角度，模型可以调取纳税人申请表填写营业收入、资产总额，与系统登记进行比对，直接反馈是否一致，是否会影响企业划型，减少审核环节的人为因素干扰。纵向角度，该模型可展示2019年3月留抵税额、前期申请、审批存量留抵退税记录等数据，辅助审核人员进行判断，避免出现企业有存量留抵退税、符合退税条件却未申请情况，严格落实应退尽退工作要求。

二、精细跟踪，依托智能分析，切实加强风险防控

为留抵退税和减税降费的"真金白银"精准落到纳税人"钱袋子"，建邺区税务局充分发挥"一表展示"模型优势，拓宽应用场景，织牢风险防线。

一是聚焦工作审核效率。模型推广后，建邺区税务局留抵退税单户审核时间从120分钟缩减到20分钟。同步叠加以数字化税企服务智能平台、智能语音电话、智能短信为载体的"税企沟通三通道"精准推送，让更多纳税人最快速度了解留抵退税政策，既缓解基层工作压力，也将留抵退税政策红利充分释放。

二是聚焦任务复查质量。充分利用模型，对已办退税企业开展复查复审工作，建邺区税务局成立两级复查复审团队——以部门为单位成立复查复审工作组，实现简易流程、一般流程全覆盖，受理、审核两个环节全覆盖；建邺区税务局法制科牵头组建复查复审工作团队，在对金额较大留抵退税、内外部推送疑点数据、专项风险任务应对质量等方面抽查、复查工作中，利用模型对风险点进行全面详细分析，提高复查复审工作质量。

三是聚焦全面风险防控。结合督审、风险各条线指标模型，进一步织密风险防控网。积极参与市局重点领域监管指标尤其是留抵退税指标建设工作，将批发零售行业进销品目不一致、非制造业等行业大中型企业不应享受而享受留抵退税、退税企业进项异常增加、风险任务期间办理留抵退税、稽查案件期间办理留抵退税等指标融进模型中，结合"一表展示"对留抵退税纳税

人风险进行全景扫描，发现风险疑点迅速进行处置。预判风险防范措施，通过提示提醒控低风险，情报采集录中风险，做到"低中"并进，做到留抵退税管理跟得上、风险防得住。

三、精准推广，以大数据为媒，减负提效优化治理

在模型审核功能实现应用的基础上，建邺区税务局大力推广 BIEE 智能分析工具应用，深化以数字化税企服务智能平台、智能语音电话、智能短信为载体的"税企沟通三通道"（以下简称"三通道"）应用，将基层干部从大量同质化的重复劳动中解放出来，实现由传统"人海战术"向"数据赋能"转变，实现工作效率和质量"双提升"。

一是着力整合"数据资产"，实现一表展示。依托 BIEE 大数据平台，整合优化数据资产，对各平台现有查询统计功能模块进行再优化，对各业务条线需求量大的查询统计功能进行软件开发再创新。以土地增值税清算为切口，构建智能税费联动审核模块，按年度展示与房地产交易环节和保有环节相关联的增值税、企业所得税、印花税、环保税等税费种计税依据和申报缴纳情况，进一步加强各环节、各税种间的联动管理，实现税费管理由"单管"到"共管"的方式转变。

二是着力打造"数据产品"，形成工作指引。建邺区税务局以个人所得税、企业所得税汇算清缴工作为契机，制定智能汇算工作指引，采用"智能推送＋人工兜底"方式开展汇算。针对纳税人的不同情况，通过涉税数据分析，设计普适性和差异化的政策推送模板，提前规划不同时间节点，运用"三通道"开展阶段性、差异化信息推送。对征管基础数据有误的纳税人缴费人，由税源管理科兜底联系，查漏补缺，持续提升汇算质效。

三是着力挖掘"数据价值"，推进动态管理。跟进"三通道"推送成效，围绕信息接收人是否打开、收听、阅读推送信息以及收听阅读时长等情况，开展二次分析，对未有效阅读的纳税人缴费人进行沟通调研，分析原因，不断完善推送方式和内容。此外，基于金税三期系统、内控监督平台、省局任务统筹平台等机内任务，定期开展任务量和完成质量分析，根据分析结果合理调整人员配置，盘活人力资源。

工作成效

"以数治税"顺应了税收现代化发展的必然趋势,符合时代之需、民心所向。依托大数据应用进行的各类智慧税务建设的尝试,建邺区税务局在税费优惠政策直达快享、风险防控主动识别、数据人才队伍建设等方面都取得显著成效。

一、线上线下税费智达更"准"

立足"政在身边"政策落实品牌升级,建邺区税务局运用大数据工具强化纳税人需求分析,促进政策宣传辅导从"广撒网"到"精聚焦",税费优惠政策直达快享。

一是聚焦"适用分析",实现政策准确找人。分政策适用条件筛查符合条件的纳税人,按户归集梳理纳税人可以享受政策菜单,为符合政策条件的纳税人添加标签,通过"三通道"向纳税人精准推送个性化可享受政策菜单指引,引导纳税人快速掌握,推动从"人找政策"向"政策找人"的转变。2023年1月1日以来,通过数字化税企服务智能平台累计推送政策消息377.15万条,拨打智能语音电话1.26万户次,发送提示提醒短信37.92万条。

二是聚焦"偏好分析",推动主动释疑宣讲。分析12366咨询大数据,充分运用"三通道"、征纳互动服务等方式,对来电咨询类型、关键字等偏好分析,形成对纳税人的需求定位,定制个性化宣传内容,从源头化解和多渠道响应纳税人缴费人需求,推动咨询服务从"被动解答"向"主动释疑"、从"以人工为主"向"智能先行人工兜底"转型升级。建邺区税务局制定出台《"智答先锋"党建争先活动方案》,按月晒榜,用智能化手段推动纳税人缴费人咨询服务体验感和满意度"两个提升"。

三是聚焦"产业分析",瞄准服务产业集群。一方面,分析辖区内各街道、园区的产业结构以及各楼宇的产业集群,分行业、分类别整理相关税费政策,形成有针对性的税政指导手册;专家团队参与建邺高新区"莫莫"下午茶等活动,对接辖区内典型企业、领跑企业,宣讲"10条政策措施"和"10条服务举措"。另一方面,对接建邺区金鱼嘴基金街区、"012"科创森林成长计划,对基金行业、初创科技型企业进行点对点政策帮扶。

二、全链防范风险智控更"实"

建邺区税务局充分发挥内控信息化优势,运用"大数据"理念落实"周清月结季督察"内控工作机制,通过"指标建模"实现执法风险"智能防控",完成从"被动应对风险"到"主动识别风险"。

一是事前风险识别更准。通过分政策类型为符合政策条件纳税人开展身份验证,积极搭建政策落实类纳税人数据库,将企业细分类型,对其减免优惠身份资格进行动态监控。定期筛选梳理因实际经营业务发生变化,应享未享企业清册;对企业情况发生变化不再适用优惠政策的,加强监控,避免政策适用错误。通过大数据动态分析,不断更新政策落实数据库,通过数据比对,生成享受单个或多个叠加政策纳税人清册,便于日常征管、纳税服务和风险识别。

二是事中风险控制更实。以"全面扫描+精准复审"的管理模式,从确保政策落实角度开发指标扫描数据产品,分析形成应享未享和错误享受政策两类企业名单,开展分类处置。定期利用 BIEE 分析工具排查推动税费优惠政策落实中存在的风险点,结合日常预警、阻断的风险以及外部督察审计发现的问题,制定"六税两费"不应享而享、"房土两税"未足额缴纳、留抵退税等领域内控防控指引,探索完善南京市税务局内控指引 1.0 基层版本,做到"督审一个点,规范一个面"。

三是事后监督控错纠偏更全。建立事后跟踪智能反馈体系,在组织疑点数据核实工作时,积极思考可以按固定频率、规范要求定期开展的内控自检项目,把握规律性,既见"树木",又见"森林"。开展重点风险链式排查,将风险防控措施嵌入政策优惠办理全过程,通过大数据平台搭建"退税后短期内状态异常企业分析工具",加强对享受政策企业的征管状态监控,延长监督周期。通过全链防控,建邺区税务局政策落实质量持续提高,风险疑点占比逐年降低。在省局开展的省政府一号文件专项督察中,建邺区税务局涉及的疑点数量低于全市平均占比。

三、青年人才培养路径更"广"

建邺区税务局将理论与实操相结合，将大数据应用能力作为干部队伍能力培养的重要板块，让更多基层税务干部多掌握一门技能、多提升一级效能、多一个展现平台。

一是专项业务技能进一步提升。在连续 3 年组织 BIEE 专题培训班的基础上，建邺区税务局积极与地方工会部门开展合作，承办南京市职工职业（行业）技能大赛，调动干部学用大数据热情，3 名干部分获"南京市技术能手""南京市青年岗位能手""南京市五一创新能手"称号，激励更多干部在 BIEE 使用上主动学、准确用、提效率。

二是青年培养成果进一步显现。不断优化青穗班"青苗工程"培养体系，按年定期开展 BIEE 平台运用专题课，为新入职公务员配备业务导师，发挥传、帮、带、管作用，以"师徒结对、言传身教"的方式促进新入职公务员建功立"邺"。区局 3 人入选省局"青年才俊"，1 人入选市局"宁税青优"，2 人获评市局 2022 年度"优秀公职律师"荣誉称号，1 人获评"南京市优秀共青团员"。

三是争先进步思想进一步树牢。深化"税润河西　红扬建邺"党建品牌内涵，结合品牌建设计划，在个人所得税汇算清缴、电子发票上线、风险管理、税费咨询服务等税收重点工作中分别开展"智算先锋""数电先锋""智税先锋""智答先锋"等党建争先活动，制订争先方案，明确工作要求，按月晒榜亮成绩，对汇总排名前列的干部授予"先锋"称号，并作为"流动红旗党支部"评选重要依据，将党建工作深度嵌入税收重点工作。

案例评析

税收治理是国家治理能力的具体体现，大数据是提升税收治理能力的重要战略资源。从《关于进一步深化税收征管改革的意见》提出"到 2023 年实现从'以票管税'向'以数治税'分类精准监管转变，到 2025 年基本建成功能强大的智慧税务"的宏伟蓝图以来，建设智慧税务，加快推动税收数字化、智能化转型升级，已成为全面深化税收征管改革，支撑中国式现代化税务实践的破局关键和时代重任。

一、"以数治税"推动税收征管更高效

积极构建部门协同安全高效的税收大数据交互资源体系，实现数据共享、交互运用，打造数字化税源管理体系，着力构建"高精准"的基础税源管理体系，推动税收工作从传统的"依靠经验""人工判断""重复操作"向"依靠数据""智能判断""自动运行"转变。建邺区税务局的留抵退税审核模型集合纳税人申报开票数据、《退（抵）税申请表》等模块数据，一表展现进项构成比例、期末留抵税额以及存量、增量留抵税额等关键数据项，实现自动判断退税基本条件、提示风险信息，极大减少人为因素干扰，提高审核的精准性。

二、"以数治税"推动营商环境更优化

深化"以数治税"能够进一步推动税费服务方式变革，促进税费政策落实的精准度，为纳税人缴费人提供更加高效便捷的税费服务，对优化营商环境有着至关重要的意义。建邺区税务局依托税收大数据精准筛选符合条件的纳税人缴费人，依托数字化税企服务智能平台、智能语音电话、智能短信为载体，"税企沟通三通道"精准推送政策辅导。建邺区税务局的留抵退税一表展示模型推广后，留抵退税单户审核时间更是从120分钟大幅缩减到20分钟，确保留抵退税政策红利以最快速度和最高精准度直达市场主体。

三、"以数治税"推动风险管理更精准

依托海量的数据和信息化技术，探索建立税收大数据可视化应用，实时统筹推送风险信息，变传统的事后税收风险管理为事前、事中、事后全流程动态风险闭环管控，提升税收风险管理质效。建邺区税务局的留抵退税一表展示模型结合督审、风险各条线指标，进一步织密风险防控网。

案例思考

一、如何理解"以数治税"在中国式现代化税务实践中的价值和作用？

要点提示：

（1）党的二十大对加快建设数字中国作出重要部署。税收是经济之根基、国家之血脉。税收大数据对经济社会发展深层次各领域影响重大、意义深远。加快税收数据赋能，深挖税收大数据"金山银库"潜力，不断推动"以数治税"向现代化迈进，是实现税收自身发展和主动面向中国式现代化的内涵逻辑要求。

（2）"以数治税"是中国式现代化税务实践的本质特征。随着互联网运用普及和大数据等技术快速发展，数据治理已成为推动经济高质量发展、促进完善政府服务与管理的重要手段。税务部门掌握着海量税收数据，在运用数字化智能化手段认识发展规律、畅通经济循环、助力行政决策等方面有先天优势和深厚基础，让税费数据根据应用需要实现可归集、可比较、可连接、可聚合，源源不断为数字中国建设提供必要的数据支持，既是实现税收现代化的内涵特征，也是推动中国式现代化的本质要求。

（3）"以数治税"是高质量推进中国式现代化税务实践的内在需求。中共中央办公厅、国务院办公厅印发的《关于进一步深化税收征管改革的意见》以发票电子化改革为突破口、以税收大数据为驱动力，全面推进税收征管数字化升级和智能化改造等举措，开启了"以数治税"税收治理的新变革。面对数字化发展的新趋势、中国式现代化的新要求和税收征管改革的新任务，税务部门只有紧跟步伐、主动适应，注重把"以数治税"作为提升税收治理能力的"关键变量"，坚持向数据要生产力、要工作效率、要实际成效，才能不断提升中国式现代化税务实践的质量和效能。

（4）"以数治税"是更好践行和体现人民性的现实需要。税务部门服务千万企业纳税人、数亿自然人纳税人和数十亿的缴费人，是离市场主体最近、为百姓服务最直接、与群众打交道次数最多的政府部门之一，税收管理服务直接关乎纳税人缴费人满意度、关乎人民群众切身利益。当前，随着经济发展阶段不断跨越，纳税人缴费人对办税缴费方式多样化、便捷化的需求也愈加强烈，亟须税务部门发挥新要素、新技术、新手段的作用，在更广范围、更深程度利用涉税信息数据资源，推动税收治理体系变革，构建现代化纳税服务和税收征管体系。

二、如何运用大数据思维不断提升"以数治税"的服务能力和水平？

要点提示：

（1）大数据在我国国家治理领域的运用逐步深入，日益成为推进国家治理现代化的重要方式和手段。税务部门应更加深刻地领悟到推进中国式现代化税务实践与全面建设社会主义现代化国家的内在关系，进一步找准税收大数据在服务立足新发展阶段、贯彻新发展理念、构建新发展格局中的着力点，进一步盘活数据资源、挖掘数据价值、拓展数据应用，不断探索"以数治税"的新路径、新渠道。

（2）**打造高智慧含量的税收大数据分析产品**。进一步深入挖掘税收大数据"金山银库"，集成整合各类分析产品，形成涵盖常态性基本产品、动态性升级产品、差异性比较产品、风险性预警产品、应急性定制产品的分析产品体系，打造更有针对性、更具权威性、更高认可度的拳头产品，以更高质量的税收数据、更多元的数据分析成果，服务中国式现代化。

（3）**培养具有数字创新思维的数据应用人才**。立足税务机关工作实际，集中培养数据治理先锋团队，以交流学习、集中培训等方式培养一批专业人才，以点带面逐步提升全系统数据处理水平。深入推进"2010"数字人才培育计划，基于"素质、能力、潜力"三个维度，对中层干部、业务骨干、青年后备分层分类实行动态管理及系统化培养，大力开展分级分类培训，积极探索工学结合的学习模式。认真抓好各种形式的"比业务、比能力、比技能"岗位练兵，努力营造实干出人才、实干出成果的良好氛围。构建数据应用人才"选育用管"制度机制。优化综合型数据人才的资源调配，围绕壮大各类人才队伍和突出战略性、综合性人才培养，落实大数据应用专家团队建设规划。

（4）**构建高运转效率的税收大数据加工机制**。以 5C 指标为抓手，提高税费数据质量，拓宽数据应用渠道，利用平台技术、网络安全技术等途径助力打破部门间、政企间等数据壁垒,提升税收治理能力。通过电子税务局、征纳沟通平台推送基础信息供纳税人核实确认,利用公安、市场监管等第三方数据开展数据真实性校验,改进纳税人涉税数据变更方法,提高数据变更便利性,提高基础数据质量。紧紧围绕全面推进税收征管数字化升级和智能化改造,建立更加高效的需求响应机制,不断拓宽分析领域、深化数据应用,形成以决策需求为导向的数据供给和产品供给。

(供稿:国家税务总局南京市建邺区税务局 刘颖 张梦)

第三篇　风险防控

习近平总书记强调："要加强对各种风险源的调查研判，提高动态监测、实时预警能力，推进风险防控工作科学化、精细化，对各种可能的风险及其原因都要心中有数、对症下药、综合施策，出手及时有力，力争把风险化解在源头。"① 我国经济发展面临需求收缩、供给冲击、预期转弱三重压力，2022 年，党中央、国务院作出了实施新的组合式税费支持政策和大规模增值税留抵退税政策的重要决策部署。税务部门作为政策落实的主责部门，在坚决打赢打好退税减税降费特别是大规模留抵退税这场硬仗中，创造性地提出"快退税款、狠打骗退、严查内错、欢迎外督、持续宣传"五措并举的工作策略，并将探索和创新税收风险防控寓于其中，以强化税收风险管理为导向，以现代信息技术为依托，扎扎实实地推进各项税收政策落实，有效地释放了税收政策红利，持续显现了税收政策的积极效应，对于提振市场主体信心、激发市场主体活力发挥了积极作用，谱写了新时代税务部门服务"国之大者"的壮丽篇章。

本篇收录的 6 个风险防控方面的典型案例均从不同角度展示了税务机关在进一步强化风险防控、落实减税降费政策方面的一些探索，展现了税收风险防控在推进落实减税降费政策中的重要作用。如国家税务总局湖南省税务局绘好"三张图"，第一时间"挂图作战"；盯好"三张表"，第一时间"对表推进"；架好"三张网"，第一时间"联网防控"；打好"组合拳"，跑出"加速度"。以上措施实现了"快退、退准"的预期目标，留抵退税资金精准直达市场主体，为湖南经济稳中向好提供了有力支撑。国家税务总局北京市税务局稽查局充分发挥税务稽查打击涉税违法犯罪、防范税收风险、促进税收治理的职能作用，采取一系列有力措施，形成"制度先行，打防并

---

① 2015 年 10 月 29 日，习近平在党的十八届五中全会第二次全体会议上的讲话。

重、内外联动，精选快查，严打震慑"的工作方法，对骗取留抵退税等各类违法违规行为，露头就打、打早打小、打准打狠，及时曝光威慑，为大规模留抵退税政策落快、落稳、落准保驾护航，不仅有效地规范了北京地区税收经济秩序，提振了市场主体发展信心，也促进了税收治理能力的提升，为落实减税降费政策长效工作机制的建立积累了宝贵经验。国家税务总局广州市税务局认真贯彻上级关于留抵退税工作的决策部署，一方面坚决落实留抵退税政策；另一方面严防虚开骗税骗退，做到"两手抓"。针对纳税人户数多、留抵退税行业较复杂等难点，紧紧依托税收大数据，进一步完善"从大数据走向大算法、从局部扫描到360°体检"的新型动态精准监管机制和留抵退税风险防控体系，创新推出增值税留抵退税风险防控"123"战法，强化事前、事中、事后监控闭环管理，及时发现涉税风险疑点，并根据风险等级采取差异化风险应对，确保留抵退税政策"快准稳好"落地生根。国家税务总局深圳市福田区税务局为确保留抵退税政策落快、落稳、落准，深入分析了政策落实中存在风险易发的三个方面主要原因：制度设计复杂，法律法规不完善；准确计算留抵税额难度大，骗取留抵退税操作简便、红利诱惑大；增值税日常监管不到位，风险防控体系不健全。在严格落实"五措并举"工作策略的基础上，深圳市福田区税务局积极争取多方协力支持，厘清风险职责，强化内外防控，创新留抵退税风险防控工作策略，确保留抵退税既要退得快，让市场主体直达快享政策红利，又要退得准，让助企纾困的资金"活水"发挥精准滴灌作用。国家税务总局威海市税务局确定了"政策落实、风险防控、监督执纪"三道防控重点关口，充分发挥税收大数据作用，以"人机结合""分类应对"为抓手，风险防控质效显著提升。以此为基础，威海市税务局逐步构建起"3+2+3+2"全链条风险防控体系（统筹"三个维度"、盯住"两个层面"、严把"三道关口"、用好"两个抓手"），织密了留抵退税风险"防护网"，确保了留抵退税工作又快又好又稳。国家税务总局湖南省税务局稽查局发挥作为全省落实"狠打骗退"牵头单位的责任，按照"打早打小、露头就打"的工作要求，从讲政治的高度对骗取留抵退税违法行为零容忍、严打击，营造公平正义的税收环境，为大规模留抵退税政策落实落细落准提供了坚强保障。

推进税收风险防控管理是提高税收治理质效的基础，也是有效落实减税降费政策的重要保障。上述 6 个案例具有一定的代表性，对于各地税务机关加强风险防控做好税收政策落实工作具有一定的借鉴和参考意义。特别是这些案例聚焦留抵退税领域风险防控和监管，一方面保障了"退"税精准到位；另一方面打击涉税不法行为也做到稳准快狠，"两手抓、两手硬"使税收新政落地有效，有效地提高了风险防控的应用能力，也有力地服务了经济运行。可以预见，随着深入推进"精确执法、精细服务、精准监管、精诚共治"，必将进一步增强以风险管理为导向的主体意识，更加突出地发挥税收风险防控在组织税收收入、规范税收管理、促进严格执法中的重要支撑和预警作用，进一步压实风险防控管理责任，真正把风险防控落实到税收治理的各项工作之中，构建健康和可持续发展的税收环境。

留抵退税资金精准直达市场主体
——湖南"三图作战 三表推进 三网联防"切实防范退税风险

案例背景

2022年,我国经济面临需求收缩、供给冲击、预期转弱三重压力。党中央、国务院统筹国内国际两个大局、因时应势地作出了实施大规模留抵退税政策等系列组合式减税降费缓税重大决策。这是强化跨周期和逆周期调节的重要举措,是稳定宏观经济大盘的强力支撑,也是助企纾困、提振信心的直接有效办法。对于税务部门来说,这是一场重要的政治大考、能力大考、民生大考、治理大考。从落实情况看,全国增值税留抵退税规模超过前三年总和,政策落地不断提速,2022年全年退税规模超过2.4万亿元,为应对经济下行压力、稳住宏观经济大盘起到了关键性作用。

在充分发挥留抵退税对经济促进作用的同时,切实防范政策风险成为留抵退税工作的重中之重。对此,国家税务总局提出"快退税款、狠打骗退、严查内错、欢迎外督、持续宣传"五措并举的工作策略,确保退税资金高效、精准直达市场主体。"五措并举"落实留抵退税政策的工作策略是提升税收治理能力的创新,是进一步深化税收征管改革的生动实践。精准落实留抵退税政策、有效防控退税风险,要进一步落实中共中央办公厅、国务院办公厅印发的《关于进一步深化税收征管改革的意见》,深化税收大数据共享应用,加强部门协作和社会协同,建立健全以"信用+风险"为基础的新型监管机制,依法严厉打击骗取留抵退税违法犯罪行为。同时,要按照科学化、智能化的要求,在增值税发票管理、申报管理、风险管理各环节、全流程形成管理闭环，实现申请简便、辅导到位、审核迅速、衔接高效，让合规退税畅通无阻，让虚假骗税寸步难行。

◐ 主要做法

国家税务总局湖南省税务局深入贯彻落实党中央、国务院决策部署，全面落实税务总局"五措并举"工作策略，建好机制，层层压实责任；定好规范，完善制度办法；退好税款，确保直达快享；守好关口，把风险防在退税前；防好风险，狠打骗取退税；聚好合力，强化协同推进，全方位打通留抵退税各个环节，实现决策、执行、监督的有机统一。

一、绘好"三张图"，第一时间"挂图作战"

突出实时响应，部署"作战图"。 落实税务总局部署要求，先后制定湖南省《增值税期末留抵退税分类分批分期引导实施方案》《留抵退税一体化风险防控工作方案》《留抵退税审核工作要点》《留抵退税审核常见问题及应对》等，一体形成"作战图"，供基层按图索骥。

突出划型管理，规范"流程图"。 针对行业变更、企业划型维护等重大风险点，召开局长专题会议研究调整优化工作流程，明确系统划型维护，应由主管税务机关税源管理部门2名经办人核实确认，向本级留抵退税工作团队提交调查报告，经团队会审同意，并由分管局领导签署"同意维护"意见，方可调整划型，切实把风险降到最低。

突出协同攻坚，落实"施工图"。 省市县三级组建留抵退税工作团队，建立分类分级、集体审核、上下联动的工作机制，承担审核、划型、抽查、分析、应对等具体工作职责。三级分析团队上下联动，定期对已审核通过的留抵退税申请开展"回头看"，加强对高风险行业、特定风险事项的风险分析。

二、盯好"三张表",第一时间"对表推进"

盘清"底数表",全程跟进。 湖南省税务局先后组织7轮数据摸排,在对强制风险指标、增值税发票风险等4项内容预筛查基础上,清分数据78万余条,指导各地进一步摸清退税意愿、风险等情况。建立纳税人分户清单,实施"保姆式"辅导、"清单式退税""销号式"管理,做到"应退尽退"。

把握"日程表",快步推进。 加强实时监控,湖南省税务局每日对留抵退税办理情况进行分析,制作"应退未退"明细表,指导基层税务机关对纳税人进行精准政策辅导。按日开展重点企业的大额退税资金安排、大额疑难退税研判、重大退税风险排查。

拉快"进度表",齐头并进。 依靠地方党委政府,建立财政、税务、人民银行跨部门会商机制,打通留抵退税受理、核准、开票、退库各环节,实现核准数、开票数、退库数一致,确保退税资金快速到账。

三、架好"三张网",第一时间"联网防控"

织密"过滤网",把好事前预审关。 以《留抵退税预审表》为抓手,严格落实4个方面25项重点预审任务"不漏项",列举16个审核常见问题、30个典型案例作参照,通过"四看"对拟申请退税纳税人全面体检,努力将风险"筛"出来、把隐患"滤"出来,做到早发现、早干预、早排除,通过预审发现16类风险疑点,排除超10亿元的退税隐患。一是重点看,审查行业与规模类型判定是否正确。尤其重点关注行业登记和主营业务发生变化的纳税人、兼营不同业务的纳税人。二是细致看,分析退税条件是否合规。着重区分不同行业、不同类型纳税人以及新老政策、增量和存量,与退税要件逐一精准对标。三是关联看,梳理日常涉税事项办理是否规范。对税收风险高发行业,存在基础登记信息和增值税申报异常、取得异常扣税凭证等日常税收管理风险,要跟进分析、细致梳理。四是深入看,查证企业生产经营是否正常。重点关注长期未生产经营或者生产经营时断时续、无固定经营地址、"两头在外"、投入期超长的纳税人,案头分析、实地查证同步展开。

织就"防护网",把严事中会审关。 以一户式2.0数据赋能全员操作培训为基础，坚决执行最规范的流程、认真落实最严格的审查，织就环环相扣、级级联动"防护网"，全面压实"审什么、怎么审、如何把严审查关口"的各方责任。一是"固定＋机动"双轮推动。既有固定会审团队"流水线"作业，又同时根据任务需要组建"预备队"展开攻坚，各部门协同配合、高效会审。货劳税部门审核纳税人进项构成比例、行业销售额占比以及是否享受即征即退和先征后返（退）政策；纳服部门审核纳税人纳税信用等级情况；征管、收核部门审核纳税人行业和划型调整信息、营业收入和资产总额；风险管理部门审核纳税人涉税风险信息等。二是"必选＋自选"双管齐下。申请退税金额500万元以上的批发零售业、房地产开发经营业纳税人作为会审必选纳税人；根据本地税源实际确定的高风险行业纳税人、大额留抵退税纳税人，以及日常管理中其他重点纳税人作为会审自选纳税人。三是"系统＋实地"双重校验。充分运用税务登记信息、申报缴税信息、进销发票信息以及风险指令信息初步识别审核疑点，并结合日常管理经验、实地核查纳税人生产经营情况进行判别。四是"主管＋上级"双向发力。一般情况由主管税务机关本级会审；对重大疑难问题、重大风险纳税人由上级局提级会审，有效解决基层单位会审有关疑点难点问题。

织好"安全网"，把牢事后复审关。以"一册三表"为基础，对已退税纳税人县市区局进行逐户销号、全面自查，省、市两级进行重点抽查，有关监督部门实施不定期风险复查。一是主管机关开展"全面看＋回头看"。根据本单位退税情况，动态更新"一册三表"。通过留抵退税纳税人清册、全量表、分析表中纳税人资格条件、风险情况、退税意愿等基础数据，对已退税情况进一步开展"回头看"，进行一定比例抽查的同时重点复核未退税纳税人不申请退税理由合理性、涉税风险疑点相关分析应对进程等情况，防范政策执行错误风险。二是上级单位组织"重点查"。省局、市局对照"一册三表"，对敏感行业纳税人和退税金额大、退税风险大的纳税人等进行重点抽查，重点关注平台企业、房地产企业、家族企业等重点企业以及划型异常、退税资格异常、进项增长异常等重要疑点，开展风险扫描并下发风险疑点。三是监督部门实施"严格盯"。督察内审、稽查和纪检部门各司其职，对留抵退税政策落实进行一体化监督。督察内审部门及时推送风险提示和内控建议，督促落实整改；稽查部门对骗取留抵退税的，做到"露头就打、打早打小"；纪检部门提前介入督审、稽查，督促落实"一案双查"，严格追究失职、违纪责任。

工作成效

湖南省税务局坚持"快退税款、狠打骗退、严查内错、欢迎外督、持续宣传"五措并举的工作策略，打好"组合拳"，跑出"加速度"，实现了"快退、退准"的预期目标，留抵退税资金精准直达市场主体，为湖南经济稳中向好提供了有力支撑。

一、退税效应好

2022年湖南省共计办理增值税留抵退税685亿元，惠及4.9万户纳税人，享受退税红利的户数超过前三年总和的20倍，退税金额是前三年总和的3倍。一是助力实体经济平稳运行。2022年全省制造业企业共退税194亿元，帮助企业盘活流动资金。增值税发票数据显示，2022年湖南省制造业一般纳税人中获得留抵退税的企业销售收入同比增长14.8%，比无退税企业高出6.5个百分点。二是助力小微企业纾困。2022年全省小微企业和旅游、住宿餐饮、交通运输等受疫情冲击较大的困难行业，分别退税316亿元、68亿元。增值税申报数据显示，2022年小微企业一般纳税人申报的销售收入同比增长25.2%，比上年度加快7.9个百分点；困难行业一般纳税人申报的销售收入同比增长3.9%。三是助力新旧动能转换。2022年全省科技服务业、软件信息服务业退税19亿元，两行业一般纳税人销售收入同比增长25.5%，比全部行业的增速快18个百分点。

二、退税流程优

大规模留抵退税政策实施以来，湖南省税务局采取有力措施，统筹加快留抵退税进度和加强风险防控，有力推动政策红利精准高效直达市场主体。在纳税人申请退税前，税务部门主动对纳税人基础信息、经营信息、申报信息、风险状况等进行预先审核,掌握退税底数;纳税人申请退税后,第一时间运用预审结果直接办理退税,压缩办理时间。2022年制造业留抵退税到账平均时间压缩至2个工作日以内,较2021年同期提速一倍以上。

三、风险防得住

健全"信用+风险"动态监管体系,将风险防控措施嵌入政策落实全过程。强化事前风险研判、事中审核校验、事后风险扫描全链条管理,2022年完成留抵退税风险应对任务3796户,缴回留抵退税款10.8亿元。狠打骗退守牢"红线",坚持"骗税必严打""违法必严惩",2022年查实骗取留抵退税企业250户,涉及留抵退税款2.9亿元;公开曝光20起典型案件。严查内错把牢"底线",完善科学规范、过程留痕、督考一体化的内部控制机制,对税务人员内外勾结、通同作弊骗取留抵退税等行为强化"一案双查",督察累计发现各类问题898个,执法过错责任追究49人次。

案例评析

维护国家税收安全、经济秩序和社会公平正义,是税务部门的基本职责。面对2万亿元留抵退税"真金白银",不法分子受利益驱动,通过虚开虚增、虚构条件等方式骗取留抵退税的冲动也大大增加,有的不法分子在挖空心思钻空子、找漏洞,甚至团伙化、跨区域实施犯罪。如果税务部门不"严防""狠打",政策"红包"就会落入不法分子"腰包"。因此,税务部门始终绷紧依法治税、防范执法风险这根弦,在事前、事中、事后开展全流程风险防控,让虚假骗税寸步难行。

一、严格退税审核,做好退税前防范

留抵退税审核环节是退税风险的起点,留抵退税审得严,就把风险排除在萌芽。一是建立团队审核机制。集中税政、风控、税源、征管等部门业务骨干,组建留抵退税审核专业化团队,通过集体会商,查找和处置风险疑点。

二是健全审核流程。注重"预审提醒",通过预先对有留抵税额的企业开展风险扫描,筛查高风险纳税人,对中低风险纳税人提醒申报。聚焦"审核校验",对中低风险纳税人严格按照操作指引审核,压实审核团队职责;对审核过程中评级为中高风险、暂停退税的纳税人,抓紧全面开展风险分析或应对。三是改进审核方法。坚持人机结合,实行信息系统大数据审核与人工复核相结合的审核模式,既注重运用多维度指标的风险提示功能,又注重发挥税务干部更了解企业实际情况的优势。

二、强化分析应对,筑牢风险"防火墙"

强化留抵退税一体化风险防控,加强退税后风险分析和抽查复核,发现疑点即刻处置,有利于及时堵截风险,将税款损失降到最低。一是依托"一户式"管理岗责体系、操作规范和系统功能,开发留抵退税风险防控指标模型,从进、销两个端口加强源头风险管理。二是开展留抵退税风险分析应对。依托税收大数据,结合湖南省小微企业多、房地产企业占比大等实际情况,对留抵退税纳税人风险全景扫描、细化标识、精准推送、有效应对。三是加强退税后"抽查复核",对申请退税后已审核退库的,按照一定比例进行抽查,对批发零售、房地产等行业适当提高抽样复核的比例和数量。

三、加强稽查打击,严打骗取退税

税务稽查部门发挥"最后一道防线"作用,将护航大规模增值税留抵退税工作作为政治任务扛牢抓实。一是精准选案,快速查处。结合地区、行业、企业特点,加强沟通协调,收集疑点问题,挖掘风险线索,实现精准选案,组织精干力量,全力快查快结。二是分类处置,从严打击。对恶意造假骗取留抵退税的企业,依法从严查办,按规定将其纳税信用直接降为D级,采取限制发票领用、提高检查频次等措施,同时依法全面检查其近3年各项税收缴纳情况,并延伸检查其上下游企业。涉嫌犯罪的,移交司法机关依法追究刑事责任。三是公开曝光一批违法犯罪案件,持续释放"骗税必严打""违法必严惩"的强烈信号,营造良好的社会舆论氛围,始终保持狠打骗税的高压态势，形成有效震慑。

案例思考

一、结合本案例，谈谈随着增值税留抵退税工作进入常态化阶段，税务部门应如何进一步防范化解增值税留抵退税风险？

要点提示：
防范化解增值税留抵退税风险需从完善机制、流程、能力三方面入手。

（1）**进一步健全留抵退税风险防控机制**。进一步发挥制度管根本管长远作用，突出统筹性、整体性、系统性，从全局高度优化留抵退税风险监管制度框架体系，全面梳理增值税政策管理、风险管理、税源管理、督查审计、稽查管理等工作中与留抵退税相关的基本职责、基本要求、基本规范，优化整合形成相关岗责体系、制度规定和风险防控指引。

（2）**进一步完善留抵退税风险防控流程**。加强退税审批风险统筹评估，依托系统指标和征管实践对企业退税风险进行科学定级，实施分类精准管理，对退税数额较大、属于高风险行业的退税申请，应统筹提升风险等级升级应对举措，对退税数额较小、属于低风险行业的退税审批可优化简便退税流程，加快办理。同时进一步严格事后监管，完善由风控、税费种管理、征管、督审、纪检、稽查等部门协调联动的退税复核工作机制，加强对退税风险的监控。

（3）**进一步提升留抵退税风险防控能力**。目前税务系统税源及风险管理专业人员总量不多、结构断层、年龄老化、专才紧缺等问题突出，建议结合税务总局素质提升工程，重点培养一批综合掌握税收政策、熟悉申报及征管系统、擅长风险指标取数的复合型高端人才，强化风险分析力量，推动精准综合分析下的退税风险监管。同时更要持续优化对基层税务机关尤其是税源管理部门的人力资源配置，常态化开展全员业务能力基础培训，完善基层绩效考评管理，推动组织绩效与个人绩效融合衔接，鼓励干部担当作为、履职尽责，实现风险防控责任和考核全覆盖。

二、结合案例,谈谈在退税减税工作中如何具体运用"五措并举"工作策略?

要点提示:

为确保退税减税政策高效落实、规范落实,应重点从五个方面着力。

(1)**着力联动配合**。加强上下联动,积极向党委、政府汇报情况,及时指导下级税务机关有力有序开展工作;加强协同推进,与财政、人民银行等职能部门加强沟通,形成政策落实工作合力。

(2)**着力打击违法**。分析研究涉税违法犯罪手段,研判走势,及时发现苗头性、趋势性问题,对违法犯罪行为做到"露头就打、打早打小"。

(3)**着力风险防控**。紧盯事前、事中、事后三个环节工作,规范操作流程,完善系统监控指标,形成分类精准智控、分级快速处置的全流程风险防控机制。

(4)**着力内外监督**。对退税减税工作实施督察全覆盖,形成监督闭环;落实一案双查,存在违规违纪问题的按规定移交纪检部门处理,严格依规问责追责;全面汇总内外部监督发现的问题,建立台账,督促落实整改。

(5)**着力优化服务**。持续开展政策精准推送、"清单式"辅导,确保纳税人应知尽知,及时收集、反馈、解决纳税人的诉求和意见建议。

(供稿:国家税务总局湖南省税务局　曾光辉　李亚群　倪思超)

发挥稽查利剑作用
护航留抵退税政策落实落地

——北京严查快打骗取留抵退税行为

● 案例背景

2022年，我国实施大规模增值税留抵退税政策是党中央、国务院在复杂严峻的国内外形势下，应对经济下行压力、稳住宏观经济大盘的关键举措，对支持小微企业和制造业等行业发展，提振市场主体信心、激发市场主体活力具有重大意义。对于落实增值税留抵退税政策的税务部门而言，严格抓好留抵退税政策落实既是一件政治大事、经济大事，也是一件税务大事、风险大事。要使税收政策红利真正落实到符合条件的市场主体口袋中，一方面"退"要精准到位，另一方面"打"也要稳准快狠。"退"和"打"是落实好这项政策必须毫不偏废的"两手"，只有"两手抓、两手硬"才能确保政策落实落地。国家税务总局北京市税务局党委强调，要积极发挥税务稽查利剑作用，在退税监管上下大功夫、狠功夫、硬功夫，精准筛选案源，严查快处，持续加大打击骗取留抵退税工作力度，织牢风险防控网，将宝贵资金退给守法企业，为政策顺利实施保驾护航。

● 主要做法

北京市税务局稽查局坚决贯彻落实税务总局和北京市税务局的决策部署，充分发挥税务稽查打击涉税违法犯罪、防范税收风险、促进税收治理的职能作用，按照"快退税款、狠打骗税、严查内错、欢迎外督、持续宣传"的工作要求，采取一系列有力措施，形成"制度先行，打防并重，内外联动，精选快查，严打震慑"的工作方法，对骗取留抵退税等各类违法违规行为，露头就打、打早打小、打准打狠、及时曝光威慑，为大规模留抵退税政策落快、落稳、落准保驾护航。

一、党建引领，凝聚护航攻坚合力

政治建设统领，严防系统风险。北京市税务局始终坚持以党的政治建设为统领，将落实留抵退税等税费优惠政策作为重中之重，牢固树立"看北京首先要从政治上看"的理念，将党建与落实退税减税降费同谋划、同部署、同落实。北京市税务局党委高度重视打击骗取留抵退税工作，严防发生系统性、行业性骗取留抵退税风险。专项工作开展期间，北京市税务局主要负责同志先后8次在稽查工作专报或签报上作出批示，肯定稽查局以及北京市六部门联合打击工作成果，并要求进一步加大打击骗取留抵退税工作力度，对内对外做好统筹，继续发挥有效防范退税风险、促进安全平稳退税的职能作用。北京市税务局稽查局相关领导下基层、走流程，及时解决政策落实中的各类问题，层层压实责任，整体协同推进，确保各项工作始终沿着正确的方向，高质高效地开展。

积极主动汇报，争取支持指导。按照税务总局"五个必汇报"工作要求，北京市税务局退税减税办统筹梳理各工作组工作情况，向北京市人民政府报送《国家税务总局北京市税务局关于增值税留抵退税政策落实情况报告》，其中汇报了北京税务稽查部门强化退税风险防控、北京市六部门联合打击骗取留抵退税工作开展情况，进一步争取市政府的工作指导和支持。

北京市税务局设立主要负责同志任组长的退税减税政策落实工作领导小组，专门下设稽查工作组，制发《国家税务总局北京市税务局打击骗取增值税留抵退税违法行为工作方案》，统筹部署全市稽查部门打击工作。

二、纵合横通，部门联动打好攻坚"主动仗"

横向联动，构建一体化风险防控体系。横向强化部门联动，制定《国家税务总局北京市税务局打击骗取增值税留抵退税违法行为工作方案》，联合货物和劳务税（以下简称为货劳）、大数据和税收风险防控部门（以下简称数风部门）成立稽查工作组，联合分析案源，对于已申请、未退税的高风险企业"分级分类"处理，形成"低风险风控核查、高风险稽查检查、未退税联合阻断"的立体选案查处工作机制，提升选案查办能力。根据留抵退税政策落实推进和扩围提速的情况，联合货劳、数风部门重点关注大中型企业、新增重点行业、敏感商品、团伙虚开等事项，加强政策预研和风险预判，研判风险指标，共同开展高风险企业案源选取，预防行业性、系统性风险，筑牢"一体化"风险防控体系。依托"管查互动"机制，在留抵退税工作上充分发挥"征管＋稽查"的合作优势，通过定期座谈、发送《税务稽查建议》等方式，持续扩大管查互动合作纵深，开展发票、纳税申报、日常管理等多维度信息整合，甄别留抵退税风险企业，精准防控骗取留抵退税行为。

纵向联通，层层压实工作责任。按照防范打击骗取留抵退税工作要求，成立打击骗取留抵退税工作专班，稽查局局长抓落实，分管领导靠前指挥，积极做好增值税留抵退税工作的整体规划、统筹指挥、组织协调，树立"快退""狠打""严查"工作目标，明确工作任务、工作方案及任务分工表，为全力打击骗取留抵退税工作定向、定标、定航，一日一调度，一日一汇报。把打击骗取留抵退税工作作为一项政治任务，上下齐动员，确保留抵退税政策落实落好。

三、同心共治，优势互补落实打击措施

坚决贯彻《关于进一步发挥六部门联合打击机制作用 加大狠打骗取留抵退税违法行为的若干措施》精神，建立北京六部门工作联席会机制，深入学习领会文件精神，依托税警联合办公室，建立工作专班，按照"侦查一体、优势互补、快速联动"的要求，理顺部门合成作战工作流程，规范行政执法和刑事司法衔接。北京市税务局、公安局等六部门充分发挥协作机制作用，提高工作质效，始终保持对骗取留抵退税严查狠打的高压态势，聚焦团伙性虚开发票骗取留抵退税行为，集中优势力量，开展全链条打击。

畅通信息共享，多部门常态化精准选案。充分发挥多部门协作机制作用，

畅通与公安、人行等部门间的信息沟通渠道，依托税收大数据，开展常态化选案工作，构建"大数据筛选+关联分析+联合研判"的选案模式。截至2022年12月底，联合分析数据194万余条，对2.5万户次企业进行大数据穿透，精准锁定疑点，对涉嫌骗税企业实时监控，力争早发现、早防范、早打击。

紧盯重点领域，全链条高压打击涉税违法。围绕黄金、电解铜等重点商品，结合税务总局下发案源线索，摧毁"5·25"职业虚开团伙。该团伙将"黄金制品"发票转变为"现代服务、信息服务、人力资源服务"，涉及虚开发票价税合计56.22亿元。北京市税务局稽查局联合公安机关开展全链条、一体化打击，抓获犯罪嫌疑人113人，起到警示震慑作用。

集中优势力量，提升打击质效以快制胜。北京市税警检三部门聚焦虚开发票骗取留抵退税违法犯罪行为，采取警税联合办案、检察院提前介入方式，仅用时7日即破获北京首例虚开团伙骗取留抵退税案，抓获犯罪嫌疑人4人，做到"快立、快查、快结"，坚决不让退税"红包"落入不法分子"腰包"。聚焦团伙式、跨区域骗取留抵退税大案，不断加大打击力度。与公安部门联合召开会议60余次，畅通数据共享和情报交换渠道，推进部门间联合研判，做到信息互通、职责互补、良性互动，联合调查取证，进一步加强执法合作，形成打击合力。

四、筑牢堤坝，打好治理"组合拳"

坚持"风险导向，打防结合，精准执法"的工作理念，强化统筹协调，精准排查风险疑点，积极引导纳税人及时纠正不规范涉税行为，为北京市经济税收秩序提供良好治理基础。

无风险不打扰，完善风险管理闭环。强化风险分析，稽查联合数风等部门共同打造"风险识别—任务推送—分析应对—结果运用"的风险管理闭环，区分不同风险等级开展差异化应对，对无风险企业决不打扰，对中低风险企业及时提醒自查整改，对高风险企业立案检查、精确打击。

"说理式"执法，持续引导提升税法遵从度。通过开展全环节告知提示、全过程释法释疑，融合法理、事理、情理，对检查事由、处理标准、处罚依据、后续防范建议等进行充分说明，满足了纳税人的知情权，有效维护了纳税人的合法权益，引导实现税法遵从。

发挥稽查治理效能，做好以查促管相关工作。在严厉打击骗取留抵退税工作的同时，及时总结已查办骗取留抵退税案件的成果经验，通过个案分析、类案分析、综合分析等形式，从地区特点、行业特点、违法类型、手段、发展趋势等方面入手，提出实用性、针对性、有效性强的稽查建议。向税务总局稽查局报送行业分析报告 10 份，工作信息 50 余条；向北京市税务局领导报送《关于打击骗取留抵退税工作阶段情况的分析报告》《关于 2022 年常态化打击团伙型虚开、骗税及骗取留抵退税案件的阶段性报告》；向区（地区）税务局发送《税务稽查建议》8 份。

五、过程管控，助力提升指标质效

充分发挥"分片包干"督导机制，采取"领导包干、跟踪督办、定期会诊、限期结案"工作思路，北京市税务局稽查局领导班子对口直联督导跨区域稽查局，对重点案件"包协调、包督办、包时限"，进行 18 次实地督导，35 次会议督导，研究案件情况，解决疑难问题，确保按规定时限结案。建立定期通报制度，明确各级责任主体和完成时限，进一步压实工作责任，全面提升工作质效。

➡ 工作成效

北京市税务局稽查部门连续实施并不断加力的打击骗取留抵退税政策效应成效显著，不仅有效规范了北京地区税收经济秩序，提振了市场主体发展信心，也促进了税收治理能力的提升，为长效工作机制的建立积累了宝贵经验。

一、坚持税务稽查工作党建引领是做好护航工作的坚实基础

北京市税务局稽查局坚持以党建为引领，积极落实税务总局稽查局《关

于进一步发挥党建引领作用　坚决打好打赢护航留抵退税政策落实攻坚战的通知》要求，充分发挥党组织作用，"一把手"靠前指挥，班子成员督导跟进，聚力抓改革促落实，取得了纲举目张的效果。充分发挥基层党组织的战斗堡垒作用和党员干部的先锋模范作用，以支部建设为载体，党建业务一起抓，一体融合，使党建成为推动打击骗取留抵退税工作的动力源。

二、优化完善工作机制是高效落实政策的重要支撑

按照"五措并举"工作策略，北京税务稽查系统组建了北京市税务局和跨区税务局"一把手"挂帅的打击骗取留抵退税工作领导小组，坚持工作部署、指挥调度、监督检查一体推进，实现工作运转集约化、系统化、高效化，确保落实上级精神一贯到底，日常执法规范统一，既有效减轻基层负担，又确保政策执行不走样。

三、构建协同共治格局是护航政策落地的关键所在

一方面，主动向地方党委、政府汇报工作，主动配合接受外部监督，高位推动工作开展和问题解决；另一方面，加强与相关部门的沟通配合，不断完善数据共享和工作协同机制，充分发挥六部门常态化打击虚开骗税工作机制作用，在数据共享、问题处置、应急响应等一系列事项处理上均形成长效工作机制，更加有力地维护经济税收秩序和国家税收安全。2022年，北京市税务局稽查系统查补留抵退税及其他税款损失3.55亿元，联合公安机关破获虚开发票骗取留抵退税团伙7个，挽回留抵退税及其他税款损失1600余万元，抓捕犯罪嫌疑人161人，有力打击和震慑了涉税犯罪分子，曝光25起骗取留抵退税典型案件，向全社会释放对骗取留抵退税严查重处的强烈信号。相关工作得到税务总局、公安部、市政府领导的高度肯定。公安部经侦局3次发来贺电表彰，全国六部委打击虚开骗税领导小组办公室发来2封贺信表示祝贺。北京市税务局稽查局等7个部门荣获全国打击骗取留抵退税工作先进集体。

四、强化风险一体防控是政策落准落稳的有力保障

一方面,积极探索运用信息化手段,不断丰富精准选案模型,集中力量狠打骗取留抵退税违法行为,坚决不让政策"红包"落入不法分子"腰包";另一方面,坚持风险一体化防控工作思路,积极落实"四个有人管",加大部门联动工作力度,通过构建多方位、立体化的风险防控体系,既向社会释放出严打信号,增强对不法分子的震慑效应,也进一步增强了以查促管,查管互动工作成效。

● 案例评析

进一步强化组织机制建设,建立健全以"信用+风险"为基础的新型监管机制,加强重点领域的风险防控和监督,对做好打击骗取留抵退税工作、全面提升税收监管效能、护航组合式税费支持政策落实落地有着重要意义。

一、强化部署督导

坚强有力的组织领导是开展好打击骗取留抵退税,护航政策落实落地的重要基础。在2022年打击骗取留抵退税专项工作中,北京市税务局稽查局积极落实税务总局和北京市税务局工作部署,从上到下高度重视,将打击工作和落实税费优惠政策一体布置,一体推进,"退税减税办—稽查工作组—工作专班"三级联动,"分片包干"深化督导,层层压实责任,取得良好工作实效。

二、深化内外部协作

将稽查打击工作全面融入全流程一体化风险防控体系,形成内审外查、防控骗取留抵退税风险的闭环管理机制,坚决守住不发生规模性、行业性、区域性重大偷税、骗税风险的底线;充分发挥各部门常态化打击虚开骗税工作机制,充分发挥各自职能优势,形成打击合力,提升打击质效,形成外部

协作、内部协同、上下协力的全覆盖、一体化工作格局。

三、提升治理效能

及时总结骗取留抵退税案例和经验做法，研究探寻骗取留抵退税的违法类型、手段特点、变化趋势、案发规律和产生原因，及时提出完善政策措施、加强增值税日常管理和强化税收征管的工作建议，充分发挥以查促管、以查促治的治理型稽查职能作用。通过典型案例总结及行业综合分析，完善建立风险指标信息库，联合数风部门做到风险数据精准监管、精准预警，变"事后打"为"事中阻""事前防"，加快完善新型动态精准监管和风险防范机制，积极探索构建"打防一体化"大监管格局，拓展稽查案件查办效果，提升稽查治理效能。

四、加强舆论引导

加强舆论监督与引导，将宣传工作与打击犯罪工作同部署、同谋划、同推进，密切关注和掌握舆情动态，对突发舆情事件及时做好处置引导工作。及时宣传重大战果和典型案件，展示打击成效。对骗取留抵退税违法犯罪典型案例及时曝光，有效震慑不法分子，维护税法权威，进一步营造公平法治的税收环境。

● 案例思考

一、结合本案例，谈谈多部门联合机制在打击骗取留抵退税中所发挥的作用。

要点提示：

（1）畅通信息共享，多部门常态化精准选案。充分发挥多部门协作机制作用，依托税收大数据，开展常态化选案工作，构建"大数据筛选＋关联分析＋联合研判"的选案模式。

（2）紧盯重点领域，全链条高压打击涉税违法。紧紧围绕留抵退税政策实施进程，强化分析行业特征和各类骗取留抵退税违法手段，围绕批发零售等涉税违法高发行业，黄金票等涉税违法高发领域，对于发现的团伙性骗取留抵退税案件实施全链条打击，打出威慑，打出成效。

（3）集中优势力量，提升打击质效以快制胜。畅通数据共享和情报交换渠道，推进部门间联合研判，做到信息互通、职责互补、良性互动，联合调查取证，进一步加强执法合作，形成打击合力。

二、结合税收实际工作，谈谈如何发挥稽查在构建一体化税收风险防控体系中的作用？

要点提示：

（1）强化风险分析，打造风险管理闭环。稽查联合数风等部门共同打造"风险识别—任务推送—分析应对—结果运用"的风险管理闭环，区分不同风险等级开展差异化应对，对无风险企业决不打扰，对中低风险企业及时提醒自查整改，对高风险企业立案检查、精确打击。

（2）及时总结经验，深化稽查以查促管。及时总结打击涉税违法案例和经验做法，研究探寻违法类型、手段特点、变化趋势、案发规律和产生原因，及时提出完善政策措施、加强增值税日常管理和强化税收征管的工作建议，充分发挥以查促管、以查促治的治理型稽查职能作用。

（3）加强风险预判，提升稽查治理效能。建立完善风险指标信息库，联合风控部门做到风险数据精准监管、精准预警，变"事后打"为"事中阻""事前防"，加快完善新型动态精准监管和风险防范机制，积极探索构建"打防一体化"大监管格局，扩大稽查案件查办效果，提升稽查治理效能。

（供稿：国家税务总局北京市税务局稽查局 张福伟）

用税收大数据筑牢留抵退税风险"防火墙"
——广州创新推出"123"战法护航留抵退税政策落地

● 案例背景

2022年，党中央、国务院做出实施新的组合式税费支持政策的决策部署，大规模增值税留抵退税政策作为其中的"重头戏"，是应对经济下行压力、稳住宏观经济大盘的关键性举措。本次留抵退税规模大、范围广、难度高，时间紧、任务重、社会关注度高。为贯彻党中央、国务院关于大规模增值税留抵退税的决策部署，在国家税务总局及国家税务总局广东省税务局的正确领导下，国家税务总局广州市税务局认真贯彻上级关于留抵退税工作的决策部署，聚焦"快退税款、狠打骗税、严查内错、欢迎外督、持续宣传"五措并举的工作策略。广州市税务局一方面坚决落实留抵退税政策，另一方面严防虚开骗税骗退，做到"两手抓"。针对纳税人户数多，留抵行业复杂等难点，广州市税务局依托税收大数据，进一步完善"从大数据走向大算法，从局部扫描到360°体检"的新型动态精准监管机制和留抵退税风险防控体系，创新提出增值税留抵退税风险防控"123"战法，强化事前、事中、事后监控闭环管理，及时发现风险疑点，根据风险等级采取差异化风险应对，确保留抵退税政策"快准稳好"落地生根。

● 主要做法

广州市税务局推出"123"战法，即依托"一套算法模型"，创建"两张体检表"，筑牢留抵退税"事前风险感应防线、事中审核把关防线、事后跟踪应对防线"三道防线，通过强化闭环监控管理，采取差异化方式，及时应对处置各类风险疑点，确保留抵退税工作服务做得好、管理跟得上、风险防得住。

一、依托"一套算法模型"，推动"局部扫描"转向"全景建模"

围绕"严密防范骗取增值税留抵退税违法行为"，稳慎有序、安全高效推进留抵退税的工作目标，广州市税务局深入研判增值税发票风险点，参考骗取留抵退税稽查典型案例，细研税务总局通报的骗取留抵退税常见手段，整合公安、海关和金融等部门共享数据，围绕"票、货、表、人""上下游企业""敏感商品进项"三个风险分析支点，打造了第一版增值税留抵退税风险防控算法模型，并坚持边应用边完善，于2022年4月上旬升级形成风险指标2.0版，包括了18个指标和26个分析维度。2.0版本模型具有以下特点：一是指标架构更加完善，并根据留抵退税金额大小，对指标评分赋予不同的权重，持续增强评分体系科学性，切实提高风险应对精准度。二是分析维度更加丰富，跟踪指标实际运行验证情况，修正风险指标阈值和维度，对部分指标参数进行了调整，持续优化风险防控模型。三是纳税人定位更加精准，调整了指标内容，针对前期个别指标判断条件缺失情况进行补充，使各类指标更加科学合理，更加全面反映实际风险情况。

二、创建"两张体检表"，以全方位穿透式风险体检提升企业"免疫力"

梳理风险体检"评分表"，做好企业经营行为"X光扫描"。在提炼出留抵退税风险监控指标后，广州市税务局从"金三"、防伪税控、稽查协查等系统中，提取符合条件的存量纳税人的基本信息，定位疑点数据，综合考虑指标类别和风险关联度进行赋分，形成对纳税人逐户开展精准定位的基础数据。一方面，对于直接造成纳税人进项增加或销项减少等风险较高情形赋予较高分值，如填列其他抵扣凭证、负数销售收入较大等疑点；另一方面，对纳税人行为存在疑点，但并非直接或立即造成进销项发生异常变动的风险指标赋予较低分值，如法定代表人变更、自然人关联任职等疑点。根据赋分规则，对截至最新税款所属期存在留抵台账的纳税人，逐一扫描生成"体检评分表"。

运用企业健康"报告表"，做好企业健康状态"动态评级"。依托广东省大数据应用平台，将风险扫描和评分结果进行归集展示，逐户生成"健康报告表"。通过"检查项目"展现扫描疑点，立足"检查结果"得出分析结论，根据"得分情况"确定风险程度。依据综合得分情况，对符合条件的企业逐户生成健康"报告表"，依托每户企业的综合得分进行动态赋分评级，将企业分成"重点监控""重点关注""一般关注""日常管理"四个管理级别，为下一步对纳税人进行"分类精准监控、分级快速处置"打下防控基础。

三、打造"三道风险防线"，确保留抵退税政策落实"快准稳好"

强化差异化监控，筑牢事前风险感应防线。对符合留抵退税条件的纳税人，结合"分四类差异化管理+重点票流分析"模式，开展事前防控，通过"全面体检"切实做到"打早打小""打防结合"。"重点监控"类企业属于存在较大风险的企业，在日常税收管理中纳入重点监控范围的高风险企业。对于此类企业，运行征收、风控、稽查联动机制，协同稽查力量开展重点核查。"重点关注"类企业属于存在一定风险，值得重点关注的中风险企业。对于此类企业，下发风险任务，由风险应对部门及时开展案头分析和风险快速应对，发现疑点无法排除的应采取限制性措施暂缓留抵退税办理。"一般关注"类企业属于风险程度较低的低风险企业。对于此类企业，通过税费核查系统开展核查工作，由税源管理部门在1个月内开展案头分析和风险快速应对；对企业加强针对性辅导，辅导过程中发现疑点无法排除的应采取限制性措施暂缓留抵退税办理。"日常管理"类企业属于尚未发现存在风险的其他企业。对于此类企业，积极辅导企业应享尽享留抵退税政策，并按现行规定对企业尽快进行退税审核。

用好"五层穿透法"，依托一户式2.0系统，结合广州市税务局退税企业风险定位开展退税前精准分析。重点分析留抵退税企业购销双方发票流向，沿发票链条上下两个流向追溯5层，厘清纳税人生产经营情况、发票上下游风险企业分布、业务链条的来龙去脉，实现溯源式核查，做到进项追到头，销项查到底，切实在留抵退税事前审核环节把好打虚防骗关口。

强化规范化处置，筑牢事中审核把关防线。对申请留抵退税的纳税人，在畅通渠道、提速增效的基础上，由专班开展风险等级排序，按照"分类精准监控、分级快速处置"的工作思路，实施事中防控，做到快速反应，兼顾服务管理，为留抵退税政策落实到位保驾护航。

对"重点监控"类企业，凡采取限制性措施暂缓留抵退税办理的，同时限制企业注销、迁移，及时开展风险应对，重点关注留抵退税真实性和合理性，疑点排除后继续办理退税审核。对"重点关注"和"一般关注"类企业，按现行规定开展留抵退税事前审核，同时分别在10个工作日和1个月内完成风险疑点核查应对，发现疑点无法排除的，采取限制性措施暂缓留抵退税办理，对已经退税的及时开展追缴工作。对"日常管理"类企业，积极压缩退税办理时长，使税收红利"直达快享"，持续优化税收营商环境。

强化精准化治理，筑牢事后跟踪应对防线。留抵退税事后防控遵循市、区"两级分析"和征管、稽查"两端应对"方案，坚持对轻症"开药汤"、重症"动手术"，充分发挥留抵退税风险防控专班和快速反应工作小组力量，依托大数据开展全面分析，强化事后跟踪防范。广州市税务局层面，按月动态扫描分类数据的基础上，深入开展事后分析。一是对不符合留抵退税政策的企业进行专题风险分析，统筹各征管单位对风险疑点企业进行快速识别、快速推送、快速应对；二是对于恶意骗取留抵退税、团伙作案嫌疑的判定为高风险，及时移送稽查部门快速打击；三是畅通意见反馈渠道，分析骗取留抵退税的新情况、新动向、新问题，不断完善"留抵退税风险监控"模型和系统，切实强化留抵退税风险管理工作薄弱环节。区税务局层面，在对广州市税务局分析下发风险任务和税费核查任务及时开展分析应对的基础上，结合区域特征开展风险防控。

工作成效

在2022年大规模留抵退税实践中，广州市税务局将"123"战法全量嵌入留抵退税业务流程，2022年4—12月共发现划型或行业错误等问题近2000户，涉及留抵税额约30亿元（其中涉及隐瞒收入、虚增进项问题核减留抵税额约 16 亿元），全力护航留抵退税快准稳好，坚决防止政策"红包"落入不法分子"腰包"。

一、"全面扫描 + 分级分类"筑牢事前防线

在 2022 年 4 月 1 日实施大规模增值税留抵退税前，加强事前工作统筹，提取有存量留抵退税的纳税人，基于第一版算法模型（1.0 版）进行指标疑点定位和风险赋分，查找出风险疑点纳税人，提升风险防控靶向性，为留抵退税工作启动保驾护航。根据指标的风险等级情况赋予不同分值，风险越高指标分值越大；同时根据留抵退税金额大小对指标分值赋予不同的权重系数，金额越大系数越高，逐户形成"体检评分表"。2022 年 3 月所属期存在留抵税额的纳税人进行全身体检，其中分值为 0～20 分的占 90.36%，20～40 分的占 9.20%，40～50 分的占 0.36%，50 分以上的占 0.08%。

二、"快速打击 + 回头跟踪"兜牢事后防线

征管、稽查两端应对，深入开展事后监管。 强化六部门协作，用好广州税警联合税案指挥中心、情报研判中心、联合办案中心，创新"快查—快打—联防"三维立体战法。广州市税务局稽查局护航留抵退税行动涉及立案检查企业 128 户，查补和挽回税款损失 2.72 亿元，追回退税款及进项税额转出 2.33 亿元。先后开展"护航系列"6 次团伙专案收网行动，打掉团伙 22 个，现场抓获犯罪嫌疑人 189 人，涉案金额 65.47 亿元，3 个团伙专案全网曝光，其中"护航 4 号"作为典型案例在全国六部门联合打击骗取留抵退税工作交流会上得到通报，"护航 5 号"获国家六部门贺信肯定。广州市留抵退税案件立案户数、查实与查结户数、挽损金额以及打击团伙数量均列全省第一。

两个"百分百"落实留抵退税风险"回头看"。 对广州市留抵退税纳税人采取人机结合，通过大数据机器学习算法对全部留抵退税企业进行风险评分分类，通过"计算机 + 人工"实现大额退税百分百团队深调研、所有新政退税企业百分百"回头看"，以"快速打击 + 回头跟踪"兜牢事后防线，快查狠打骗取留抵退税行为，确保实现留抵退税风险防控的工作目标。2022 年

4—12月，共计挽回损失约10亿元。

案例评析

广州市税务局通过盘清企业划型账、行业认定账、退库资金账，实现留抵退税精准化、规范化、科学化，确保企业税惠直达快享的同时，还创新推出留抵退税风险防控广州"123"战法，筑牢风险"防火墙"，严密防范和打击骗取留抵退税行为，力争做好"服务上来了，管理也要跟得上"。在今后留抵退税常态化的政策背景下，其经验做法值得推荐。

一、工作谋划赶得早

在工作实践中，广州市税务局遵循"下好先手棋、打好主动仗"的原则，充分运用大数据思维，让税务机关掌握的海量数据活起来、用起来，在2022年4月1日大规模留抵退税全面铺开落地之前，开发相应的系统功能模块，创新推出了留抵退税风险防控"123"战法1.0版，即依托"一套算法模型"，创建"两张体检表"，构筑"三道风险防线"，对退税风险进行全链条、全环节、全流程防控。通过"三全"闭环监控管理，采取差异化方式，及时应对处置各类风险疑点，确保留抵退税工作"服务做得好、管理跟得上、风险防得住"。

二、政策落地效果好

在工作实践中，广州市税务局坚持一手抓快速退税，创新推出了留抵退税风险防控广州"123"战法，即依托"一套算法模型"，构筑"全面扫描+分级分类"事前防线、"团队审核+差异监控"事中防线、"回头跟踪+快速打击"事后防线等三道防线，对退税风险进行全链条防控，全力护航留抵退税快准稳好。留抵退税广州"123"战法相关做法、成效在税务总局《退税减税政策落实工作简报》予以推介，并在全省推广使用，做法嵌入进应用系统，常态化下仍可继续发挥作用。2022年5月20日，广州市税务局在全国留抵退税政策落实工作交流会上作经验分享。广州市税务留抵退税风险防控"123"战法的生动实践和显著成效也得到了上级机关的充分肯定，2022年下半年，该战法已被广东省税务局全盘吸纳并全省推广运用，让"广州经验"发挥了巨大的正外部效应。

三、长效机制跟得上

在经济下行压力加大、疫情叠加的背景下，增值税留抵退税政策预期会在今后一个时期继续施行。广州市税务局围绕"税收现代化服务中国式现代化"主题，从党业融合、服务经济发展和税收改革、创新税费服务顺应纳税人缴费人期待、严打偷税骗税等方面，既总结增值税留抵退税工作经验，又突破总结所限形成启示探索，体现前瞻性、长效性、务实性。在确保规范、高效、快捷地为纳税人办理留抵退税、保障纳税人充分享受留抵退税政策红利的同时，防范和打击虚构留抵、虚增留抵、利用优惠政策套取、团伙式骗取留抵退税等违法行为，力求营造公平公正的良好税收营商环境，维护规范有序的税收征管秩序。

● 案例思考

一、结合本案例，谈谈在减税降费工作中推行"123"战法对深化税收征管改革有何价值和现实意义？

要点提示：

落实好退税降费工作不仅是深化税收征管改革的重要内容，也是中国式现代化税务实践的具体表现。推进中国式现代化税务实践，就是要使税收业务在党业融合、服务经济发展和税收改革、创新税费服务等方面顺应纳税人缴费人期待，以新时代高质量税收业务工作赋能中国发展。本案例建设扎根于2022年组合式减税降费政策的"重头戏"——大规模增值税留抵退税工作，推动理论与实践紧密结合，将学习贯彻党的二十大精神成果转化为做好税收工作、服务"国之大者"的力量源泉，充分展现税务部门服务中国式现代化的实际成效。同时,应不断积累经验,进一步深化税收征管改革,助力稳定经济大盘,争取在更好提升服务国家治理效能上取得新的更大突破。

二、结合本案例,谈谈广州"123"战法在哪些方面还需要进一步优化?

要点提示:

(1)**增值税留抵退税风险本质上是增值税管理存在的综合性风险**。从风险特征来看,政策风险与发票风险交织,隐蔽性较强。一是正常经营企业真假掺杂、虚假抵扣的甄别核查难度较大。留抵退税可能加大虚开发票和隐瞒收入的动机,进项难以把握,不开票收入也很难核实,带来一定的风险。二是服务类发票没有货物流可以核查,仅凭合同、银行流水确认其业务真实性的难度大。服务类发票具有发票票面要素没有标准、不同类型的服务计算单位和计费标准不一、发票缺少链条式逻辑、时间跨度长、票面金额小、发票份数多的特点。由此导致核查服务行业企业业务真实性难度大。从留抵退税常态化风险管理上看,人力资源配备和专业化、梯度化团队不足。目前,税收风险管理在人才方面有两处短板:一是通晓某一税种的骨干有,但将各税种融会贯通的人才较少;二是熟悉税收政策的干部往往不熟悉风险指标取数规则与指标语句撰写,而熟悉系统且能撰写指标语句的信息岗干部又不熟悉税收政策,两者兼备的人才较少。从治理难度上看,不同税种之间缺乏联动,存在治理脱节问题。目前大数据应用于留抵退税风险防控上,还存在大数据思维意识不强、应用系统比较分散、税种联动防控机制尚未健全的问题。以上问题都会不同程度地影响留抵退税政策效应,需要我们在实践中不断探索、解决和完善。

(2)**深化完善留抵退税风险防控体系**。建议从以下几个方面入手完善:一是聚焦"事前排查"环节开展预先研判。二是深挖数据宝藏、加强事中事后审核分析。三是夯实主体责任,加强日常风险管理和监控。四是税费种联动,加强数据风险部门的统筹分析。五是建强风控团队,分梯次加强专业化团队培养。

(供稿:国家税务总局广州市税务局　焦照华　孙金刚　马骏)

"快稳准好"落实留抵退税政策

——深圳福田区打造全链条风险防控体系

案例背景

增值税是我国第一大税种,在筹集国家财政收入方面发挥着重要的作用。2019年,为深化增值税改革,助推经济高质量发展,我国逐步建立了增值税期末留抵税额退税制度。2022年,为进一步稳定宏观经济大盘,助力市场主体纾困发展,党中央、国务院审时度势,推出新的组合式税费支持政策,其中,大规模增值税留抵退税政策因其规模大、辐射面广、社会关注度高,成为各项税费支持政策中的"重头戏"。

深圳市商事主体数量居全国大中城市前列,民营经济活跃度高,受疫情影响,原材料价格及人力成本的上涨,部分企业资金压力凸显,遇到了前所未有的生存压力,帮助这类企业纾困不只是为了"救急",更是着眼于长远,持续激发企业内生动力。经前期测算,国家税务总局深圳市福田区税务局2022年留抵退税纳税人总量为14392户,其中微型企业9748户。增值税留抵退税政策落实时间紧、任务重,给深圳市福田区税务局带来了巨大挑战,在保证审批时效的同时,如何做好税收风险防控工作是摆在面前的一大难题。

留抵退税政策推广和执行过程中,风险易发的主要原因有以下三点:

一是制度设计复杂,法律法规不完善。从政策法规层面来看,企业划型、行业划分标准复杂,纳税人和税务人员难以精准掌握微型、小型、中型、大型企业的分类标准。同时,企业税务登记的所属行业常与实际经营的行业不一致,给税务机关快速判断企业登记行业是否正确带来困难。此外,税收征收管理法中暂未设立"骗取留抵退税"这一税收违法行为类型,法律层面震慑不足。

二是准确计算留抵税额难度大，骗取留抵退税操作简便且红利诱惑大。从纳税人层面来看，一方面，留抵税额形成很可能是长期经营的沉淀，涉及多次较为复杂的进项转出、按比例分摊等情况，部分企业自身核算能力较差，无法准确计算其留抵税额；另一方面，与传统骗取出口退税违法行为相比，申请留抵退税同样可以从国库中提现，且不涉及海关、外汇等部门的监管，所需申报资料少，无须操纵配票、假收汇等复杂环节，违法成本低。

三是增值税日常监管不到位，风险防控体系不健全。从税务机关层面来看，留抵退税风险由增值税管理风险转化而来，具体形式包括企业隐瞒收入、虚构交易虚增进项、未按规定进行进项转出等。税务部门数据来源渠道不够丰富，征管资源有限，日常监管中难以彻底解决"空壳"企业及富余票充足企业对外虚开为下游企业虚增进项，以及商贸、餐饮住宿等主要面向个人消费者的行业隐瞒未开票收入等风险的识别及应对问题。

为确保留抵退税政策落快落稳落准，深圳市福田区税务局在严格落实"五措并举"工作策略的基础上，争取多方协力，厘清风险职责，强化内外防控，创新形成留抵退税风险防控工作策略，在落实大规模留抵退税政策上确保留抵退税既要退得快，让市场主体直达快享政策红利；又要退得准，让助企纾困的资金"活水"发挥精准滴灌作用。2022年至2023年9月，深圳市福田区税务局累计为1.21万户纳税人办理留抵退税超过125亿元，为增强企业生产经营现金流提供了有力保障。其间，共推送留抵退税风险任务144批2179户次，涉及留抵税额65.78亿元，共阻断留抵退税1326户次，涉及留抵税额29.72亿元，防范风险成效显著。

主要做法

深圳市福田区税务局坚决扛牢政治责任，全力推动留抵退税政策落实落地，在建立"1+1+1+3+10"工作机制，创新"三分法"辅导方式的基础上，通过运用风险分级管理，深化内外部门联动，实现闭环管理，压实内控监督责任，一体防范内外风险，严防风险确保"快稳准好"。

一、成立工作专班,创新"三分法"辅导方式,对标对表抓好任务落实

打造"1+1+1+3+10"工作机制,深圳市福田区税务局党委靠前指挥,第一时间成立退税减税政策落实工作领导小组和工作专班并实体运作,形成"分片包干、各司其职、上下联动"的工作格局,加强与地方沟通联系,主动向区委区政府汇报落实情况5次,深化与区财政、人行等部门协同,全力推动政策落实。总结往年减税降费工作中的经验教训,创新"三分法"辅导方式,即以"时间分区""企业分类""辅导分批"对有存量及新增留抵税额的纳税人进行分级分类,研判退税工作量,分析工作难点,评估风险点,完善工作预案,为落实政策打好基础。以政策清单、企业清单、责任清单"三张表"为工作抓手,完善落实机制,做好任务分解细化,明确"责任书"、制定"施工图",对标对表抓好任务推进和落实。

二、建设专项指标,创建企业风险分析,实施退税企业分级管理

一是梳理政策清单,建立风险指标。深入分析期末留抵退税新政策实施后的潜在风险,综合深圳市福田区税务局风险指标库、审批业务横向传导疑点、智税竞赛和稽查局专项行动的经验做法,建设涵盖5大类30项风险指标的留抵退税专项风险分析综合模型,退税风险防范指标体系初步形成。二是关注共性疑点,提升指标精度。重点关注审批不通过的留抵退税企业、稽查共享的高风险留抵退税企业等存在的共性风险疑点,如申请留抵退税主体是否符合资格要求、是否存在"空壳"或"变壳"公司等异常主体、是否违规取得大量进项发票、是否留抵税额激增等,结合财务报表和所得税申报风险特征,持续提升指标模型精准性和有效性,将退税风险指标拓展至48项。三是进行指标赋分,实现分级管理。在综合指标从登记主体、发票特征、申报数据等方面开展风险分析的基础上,针对高中低风险特征指标分别赋分,同步形成风险特征行为分析,实现留抵退税企业的精准风险分级,并应用于事前宣传辅导、事中审批处置、事后风险应对各环节。

三、采取"自动+人工"审批，搭建信息共享平台，提高退税审批效率

采取"自动+人工"审批方式，将风险分析数据传导至审批中心，运用自动化技术将审批流程串联起来，在加强抽查复核的基础上，对低风险企业实现文书自动审批；对中风险企业针对风险特征进行人工审批，将深圳市福田区税务局特色留抵退税风险指标嵌入"数据小智"平台，定期更新维护，实现疑点数据的实时查询，进一步减少退税审批人员查询系统开展数据比对和风险排查的时长，避免人为因素的延误，提高退税审批效率和精准性；对发现的高风险纳税人一律实施阻断，及时移交稽查部门处理，并加大典型案例曝光力度。

四、促进内外部信息交换，拓宽风险信息来源，构建留抵退税管理闭环

一是推动审批与风控的双向联动。一方面，将退税审批发现的疑点企业快速传导至风险部门，及时推送风险排除任务，深入分析疑点企业特征，优化指标阈值，不断完善留抵退税专项风险指标体系；另一方面，及时根据风险应对中发现的问题，对退税审批工作提出风险防范意见，实现风险管理对审批工作的"反哺"作用。二是建立管查互动风险防线。交换留抵退税风险防控指标，横向传导稽查局"立案待检查企业"与深圳市福田区税务局"高风险企业"信息，做到信息共享。成立留抵退税风险排查专班，联合税政、退税审核部门，与第一稽查局共同开展留抵退税风险排查工作。坚持以风险为导向，综合运用税务管理、风险分析和稽查办案的方法，通过了解企业的业务模式、核查留抵税款成因、针对性约谈等手段，以集体审议的形式开展风险识别研判。

五、运用"内控+风控"多维监督，压实风控、法制、纪检部门责任，推动内外风险一体布防

发挥风险管理部门职能监督、法制部门督查内审以及纪检部门专责监督作用，以强有力的监督倒逼责任严明、工作到位。一是抓紧抓实风险防控。

坚持快速反应原则，实现疑点当天分析、任务当天推送分配、应对七个工作日完成。二是聚焦重点开展监督。针对企业系统划型错误、电子税务局预填行业类型及纳税信用等级等信息错误、审批留抵退税时系统未提示在办风险任务等导致的风险，要求审批部门加强风险识别，聚焦留抵退税相关指标的人工审核，并向上级反馈意见建议。三是建立传导机制。建立留抵退税风险纵向及横向传导机制，针对核查发现的风险，及时上报市局；针对上级及内部督查核查发现的风险，第一时间传导至风险部门、征管部门、审批中心等，确保信息共享、风险共防；纪检机构派员参与重点纳税人留抵退税审批的集体合议，将纪检专责监督挺在退税环节之前，重点监督审批的程序与实质是否符合相关政策规定与工作指引，压紧压实政策落实主体责任。

六、设立专业应对部门，打造"1+3+N"运作模式，提升风险应对质效

成立专业风险应对所。集中配置熟悉税收政策、征管流程、财务会计、约谈技巧、第三方信息查询运用等方面能力的人员，强化风险的应对能力，建立以风险管理部门统筹，以属地税务所低风险应对为基础，以专业风险应对所中风险应对为重点，以专业化税源管理科所风险应对为支撑的风险防控体系，充分发挥法制、税政、征管等部门的专业优势，加强风险任务应对的业务指导和沟通协调，有效处理纳税人的异议和疑难问题，提高风险应对的规范性、专业性、准确性。

● 工作成效

深圳市福田区税务局建成较为完善的留抵退税专项指标模型，创新征管方式，前移风险识别环节，组建专业化部门应对留抵退税风险任务，并与税务稽查部门联合开展风险排查，精准识别风险企业，高效阻断异常留抵退税申请。

一、筑牢风险防线，提升审批效率

搭建涵盖5大类48项风险指标模型，加强退税风险识别应对。截至2023

年 9 月,深圳市福田区税务局共推送留抵退税风险任务 144 批 2179 户次,共阻断留抵退税风险纳税人 1326 户次;累计为 1.21 万户纳税人办理留抵退税127.04 亿元,为增强企业生产经营现金流提供了保障,有力支持了各类市场主体纾困发展。

二、借助外部力量,实现风控前置

为打击虚假经营地址企业利用留抵退税骗取税款,提高工作效率,2021年 3 月以来,深圳市福田区税务局利用顺丰向企业发送待签收税务宣传事项,并同步核实企业挂牌和经营地址情况,共下户 4376 户次,其中 726 户次涉及留抵退税企业。截至 5 月 20 日,顺丰下户企业已有 392 户提交了留抵退税申请,共阻断留抵退税申请 133 户 1412.51 万元。

三、探索网格管理,提升应对质效

运用基础物理网格与特色虚拟网格相结合的工作思路,充分发挥"属地所+专业化税源管理科+专业化风险应对所"分类应对优势,做到工作"有标准""有分工""有团队",形成标准统一、业务专业、质效提升的良好工作局面。实行专业化风险应对以来,深圳市福田区税务局在打击骗税行为、传导涉税风险、提高监管准确性等方面采取多项措施,持续提升风险管理工作成效,累计移交涉嫌虚开骗税团伙 6 个、涉及企业 113 户、发票金额超 6 亿元;发现涉嫌虚开出口骗税团伙 1 个、涉及企业 11 户、出口退税额超 0.9 亿元。

四、深化管查互动,严格税收监管

一方面,与深圳市税务局稽查局开展留抵退税风险防控座谈,交换双方留抵退税风险防控指标,对第一稽查局传导的立案待检查企业横向传导至深圳市福田区税务局审核部门进行阻断,将深圳市福田区税务局留抵退税风险核查中发现的高风险企业移交第一稽查局,实现双向联动,严密防范涉税风险;另一方面,成立留抵退税风险排查专班,联合税政、退税审核部门,与第一稽查局共同开展留抵退税风险排查工作。坚持以风险为导向，综合运用税务管理、风险分析和稽查办案的方法，通过了解企业的业务模式、核查留抵税款成因、针对性约谈等手段，以集体审议的形式开展风险识别研判。其间，共对辖区 152 户留抵退税企业开展风险排查，成功阻断 65 户异常留抵退税申请，涉及留抵税额 2.12 亿元，有力护航退税减税，风险防控体系作用得到有力彰显。

案例评析

构建全链条留抵退税风险管理体系是增值税留抵退税制度落实落细的重要保障，在目前留抵退税制度常态化运行的背景下，总结有效做法，克服防控不精准、征管资源不充足等难点痛点，对进一步提升留抵退税管理水平具有现实意义。

一、坚持问题为导向，以分类精准监管提升防控效率

坚持问题导向是马克思主义的鲜明特点，注重以问题为导向的实践精神是我们党一贯坚持的优良传统，只有找准解决问题的突破口、立足点，才能以较小的成本和代价撬动工作提升质效。深圳市福田区税务局面对退税任务重、时间紧、人力有限的难题，积极分析骗税纳税人行为特征，综合运用内外部数据，构建覆盖全面的留抵退税综合风险指标模型体系，实现对全量纳税人的风险评级。对低风险纳税人以事后风险分析和风险提示提醒为主，帮助纳税人主动消除风险；对申请退税的中风险纳税人暂不通过退税审批，并就触发指标推送风险核查任务，待其风险排除后予以退税；对申请退税的高风险纳税人一律不予审批通过，移交稽查部门核查处理，并对其加大典型案例曝光力度。着力将征管资源聚焦向中高风险纳税人，通过对防控重点开展风险验证和应对，缓解即时审核的压力，并引导低风险纳税人自主修正风险，减轻风险应对压力，确保退得准。

二、坚持系统观念，充分发挥各部门工作合力

万事万物是相互联系、相互依存的。只有用普遍联系的、全面系统的、发展变化的观点观察事物，才能把握事物发展规律。为最大限度发挥好留抵退税风险防控体系的作用，深圳市福田区税务局凝聚合力狠抓落实。一是加强审批部门与风控部门的双向联动，一方面，通过审批部门横向传导的疑点充实调整风险指标图谱；另一方面，通过风控部门提出的征管建议，优化完善审批指引，防范审批风险，形成管理闭环。二是深化管查互动，探索联合办案新路径，推动应对部门与稽查部门开展联合风控，发挥稽查部门经验和手段优势，确保风险应对质量。同时，积极探索"深圳市福田区税务局风险推送—稽查个案核查—风险指标验证反馈—征管机制完善"的互动模式，形成风险联合防控体系。

三、坚持守正创新，推进纳税人满意度和应对质效双提升

守正创新体现着马克思主义唯物论和辩证法的根本要求，揭示了马克思主义认识世界和改造世界的原则方法，要求我们在守住根本的基础上发挥主观能动性，与时俱进、推陈出新。实施退税减税降费是践行以人民为中心的发展思想的生动实践，退税减税降费政策既利企业又惠个人，既利经济又惠民生，是当前应对经济下行压力的重要手段，也是我国进行跨周期和逆周期调节的重要举措。深圳市福田区税务局在充分认识实施退税减税政策重大意义的基础上，积极引入自动化技术等智慧税务应用，实现自动审核，提高审批效率，提升纳税人满意度和获得感。同时，创新运用基础物理网格与特色虚拟网格相结合的工作思路，建立专业化风险应对所，配置高应对水平人才队伍，统一本地疑点排查指引和风险任务应对指引，明确风险应对的重点、路径和方法，提升留抵退税风险应对质量。

案例思考

一、结合本案例,谈谈如何在留抵退税常态化背景下建立风险防控机制?

要点提示:

(1)国家的减税降费政策持续加力,并结合税制改革不断形成制度性安排,彰显了党中央、国务院非凡的政治魄力和强烈的责任担当,保持了宏观调控连续性、稳定性、可持续性的政策定力,为助力经济社会高质量发展,护航中国经济行稳致远注入了动力。税务部门应牢固树立统筹加快退税进度和加强风险防控的理念,坚决不让留抵退税"红包"落入不法分子"腰包"。

(2)建立完善的留抵退税风险防控机制。一是深刻领会上级部门工作要求,成立工作领导小组和工作专班,总结工作经验教训,研判退税工作量,分析工作难点和风险点,为落实政策打好基础。二是健全风险识别指标体系,通过对风险纳税人开展案头分析,收集审批部门横向传导疑点和稽查查处案件的作案手法,提炼风险特征,建设覆盖全面的留抵退税风险指标模型库,实现对纳税人的分类管理。三是强化技术及信息支撑,将风险指标模型内嵌系统,方便风险信息的实时查询,为审批及风险应对提供辅助支撑。四是应深化部门协作。组建包括法制、征管、税政、风控、稽查各类专业人员的留抵退税审核专班和风险排查专班,及时解决各种疑难问题,并定期提出征管意见,形成管理闭环。五是加强任务应对。成立专业化风险应对部门,集中配置熟悉税收政策、征管流程、财务会计、约谈技巧、第三方信息查询运用等方面能力的人员,增强一线风险应对力量,提升任务应对质量。六是加强内控监督。充分发挥风控、法制、督审及纪检部门监督作用,抓紧抓实风险防控,确保任务及时推送及任务应对有效;聚焦企业系统划型错误、电子税务局预填行业类型及纳税信用等级等重点审批风险开展监督,以强力监督倒逼责任严明、工作到位。

二、联系税收工作实际，简述如何加强税务部门风险管理人才队伍建设？

要点提示：

（1）实施科学精准的税务监管，维护经济税收秩序，是税务部门的重要职责，深化税收征管改革对税务部门提出了实现从"以票管税"向"以数治税"分类精准监管转变的新目标，这对税务干部的税收风险管理素质和能力提出了更高要求。

（2）应立足风险管理人员队伍现状和岗位特点，制定并实施风险人才培养计划，持续探索创新培养方法，强化多维度锻炼和能力培养。一是加强政治引领。组织学习宣传贯彻党的二十大精神系列沙龙，开展习近平经济思想主题学习研讨，引导风险管理干部形成做到"三个表率、一个模范"的政治自觉、思想自觉和行动自觉。二是聚焦能力培育。加大税务师、注册会计师、法律职业资格证书备考支持力度，为干部备考"三师"创造良好的学习条件和备考环境，增加专业人才储备；开展风险条线专项业务培训，开展模拟攻防演练，坚持"训战结合"培训模式，常态化开展练兵比武，不断提升风险队伍的专业能力；开展数字化人才专项培养，对近两年入职的有数学、统计、计算机等专业背景的公务员开展信息化专项培训，将参训人员分配到风控部门进行跟班轮训，并组建深圳市福田区税务局数据团队，定期举办数智沙龙，全面提升青年干部的数字化学用思维。三是激发干事活力。对重点风险管理工作采取项目制、揭榜挂帅等方式，为有热情、有才能、有想法的干部提供施展才能的舞台；创建各类展示栏目，多鼓励青年干部走上讲台分享实战经验和工作思考，围绕重点工作提出意见建议，为青年干部提供自我展示的机会；大力选用优秀人才，运用各项人才分析指标形成人才画像，以此精准分析人才、科学识别人才、合理任用人才。

（供稿：国家税务总局深圳市福田区税务局　孙国应）

留抵退税"一分不能差"

——山东威海"3+2+3+2"织密留抵退税风险防控网

案例背景

2022年,全国税务部门积极响应党中央、国务院实施的大规模增值税留抵退税等新的组合式税费支持政策,创造性地提出"快退税款、狠打骗退、严查内错、欢迎外督、持续宣传"五措并举工作策略,确保了各项税费支持政策"快准稳好"落地生根,为应对经济下行压力、稳住宏观经济大盘作出了积极的贡献。特别是税务部门牢固树立"以数治税"理念,强化"退税有风险"意识,加强风险防控,相继出台了《留抵退税一体化风险防控工作方案》《留抵退税风险防控操作指引(1.0版)》和《国家税务总局山东省税务局增值税留抵退税政策落实风险管理工作方案》,有效防范化解留抵退税风险,既快速把市场主体期盼的"及时雨"落到位,又精准把不法分子动起的"歪心思"防到位,坚决斩断伸向退税资金的黑手,为政策落地保驾护航。

自2022年4月1日大规模留抵退税工作实施以来,党中央、国务院审时度势,先后两次发文要求进一步加快退税进度,并要求全年政策在上半年"大头落地"。从税务机关层面来看,纳税人中留抵退税户数较多,既要保证按时退税,又要有效防范退税减税风险,而基层税务机关征管力量相对薄弱;从信息技术层面来看,由于纳税企业的具体情况不同,风险防控模型、大数据监控等手段的精准化水平还需要进一步提高。这些因素也造成了基层税务机关在推行留抵退税工作中存在许多实际问题及风险隐患。例如:事前,存在企业类型、户数多以及风险评定情况与实际有差异的风险;事中,存在审核户数较多导致实地审核时间相对较长的问题;事后,存在企业复核标准不明确的问题；等等。

随着留抵退税体量的增加、进度的加快，国家税务总局威海市税务局仅在 2022 年 4—6 月短短三个月的时间，就为威海市 4201 户纳税人办理留抵退税 42 亿元，面临的风险防控压力非常大，工作的艰巨性和风险性都明显增加。工作初期，威海市税务局以"抽查复核"作为风险防控的主要手段，围绕"链条管理、精准监控、疑点核实"三个方面，初步打造了"管、控、核"退税风险闭环管理机制，通过细致梳理风险特征规律、深入挖掘风险疑点线索、不断提升退税复核工作质量与比例，及时消除风险隐患，有效提高退税审核和风险防控质效。在税务总局总结推广"2+N"制度规范后，威海市税务局严格落实"2+N"制度要求，聚焦"退税过程、内外一体、进度质量"三个维度，完善制度机制，防范退税风险。同时，针对留抵退税工作涉及多个部门的实际，威海市税务局强化共治理念，积极争取财政局、人民银行等外部门共同防控退税风险，在全市税务系统形成了内外"两个层面"互通防风险的良好局面。随着留抵退税工作的不断推进，威海市税务局逐渐确定了"政策落实、风险防控、监督执纪"三道防控重点关口，充分发挥税收大数据作用，以"人机结合""分类应对"为抓手，风险防控质效显著提升。至此，威海市税务局逐步构建起"3+2+3+2"全链条风险防控体系（统筹"三个维度"、盯住"两个层面"、严把"三道关口"、用好"两个抓手"），织密了留抵退税风险"防护网"，确保了留抵退税工作又快又好又稳。

主要做法

威海市税务局坚持"三张表""四个有人管"工作理念，聚焦"快退、狠打、严查、外督、长宣"，以"严真细实快"的工作作风，创新构建"3+2+3+2"全链条风险防控体系，进一步压实留抵退税工作责任，提升工作质效。

一、树立系统思维，统筹"三个维度"，优化机制防风险

严格落实"2+N"制度要求，聚焦"退税过程、内外一体、进度质量"三

个维度，完善制度机制，防范退税风险。

强化退税过程统筹。聚焦"事前审核、事中比对和事后复盘"，实现退税全周期过程统筹、防风险无缝连接，推动风险管控全覆盖。首先，完善事前审核机制。灵活运用留抵退税企业库风险指标模型，对申请退税企业"全身扫描"，过滤风险企业，及时阻断退税申请；将应用系统中提取的静态数据和日常管理中获取的动态信息有机结合，精准分析判定退税企业风险类型和等级。其次，完善事中比对机制。以留抵退税审核团队为主，依托金税三期"一户式查询"模块和省局大数据平台，对疑点纳税人的登记信息、发票进销项、留抵申报数据进行关联比对，提升疑点核实的精准度和有效性。最后，完善事后复盘机制。对已办理退税的纳税人推进事后复盘，重点关注退税金额较大和虚开虚抵风险高发行业，对是否存在虚增进项、商贸企业"两头在外"、大量取得代开专票、政策实施前进项陡增四大类问题开展数据分析，确保防得住、打得准。

强化内外一体统筹。树牢系统观念和协同理念，聚焦"外部共治+内部闭环"，助力风险防控一体推进、精准联控，督促退税高效稳妥。一方面，突出政府领导，抓好外部统筹。严格落实"五个必汇报"要求，建立包括市长、常务副市长在内的财税工作专班及工作群，实现各部门间24小时沟通。与财政、人民银行建立退税落实快速响应机制，确保留抵退税业务"即来即审、即办即退"。实行警税情报联合研判，做到案源共筛、案件共查、案例共享，实行一体化打击。另一方面，责任落实闭环，抓好内部统筹。组建由风控牵头，货劳为主，征管、纳服、法制等各条线配合、税种管理部门36名业务骨干构成的退税审核团队和风险防控团队，建立"做精风险识别、做细统筹组织、做实风险应对"的一体化精准联控机制，按照"明晰企业划型—开展政策培训—制发办税台账—精准辅导办理—实时跟踪反馈"的闭环式机制扎实推进工作。

强化进度质量统筹。统筹"速度和质量"，在跟进退税速度的基础上，通过集体研判、稽查打击，进一步提升退税质量，督促退税工作又快又好。一方面，加快进度，确保退得快。依托税收大数据对退税进度慢的基层单位开展分析，通过日调度日通报、定期召开工作推进会等方式，分类分地区开展精准调度。另一方面，提升质量，确保退得好。坚持分类精准智控、分级应对处置，对核实属于申报质量问题且不影响退税计算的"非实质性"问题的，由税务网格员"非接触"提醒辅导，提升退税效率；对识别发现存在"实质性"疑点的，可能影响退税与否或退税金额的，采取团队专项评估，突出问题研判"精准"。对退税风险较大的企业开展团队集体研判，阻断退税流程，避免风险后置；对可能存在虚开骗取留抵退税的线索，联动市局风险部门双层审核，移交稽查处理，查处一件、整肃一批，确保留抵退税退得快、退得准。

二、坚持共享理念，盯住"两个层面"，内外互通防风险

推动数据赋能，以税务总局审核操作指引和各级督查、审计、稽查、风险应对过程中发现的问题清单为抓手，持续开展全面风险排查复核工作，同时，实现"内部、外部"共享，提高风险防范水平。

盯住外部共享，聚力"数据测算和政策分析"。一是抓实数据测算，促进涉税共享。在担起主责的同时，依托上级下发的数据，提前做好退税资金测算，并及时共享数据信息，积极争取财政局、人民银行等部门配合，做好退税资金保障。二是开展效应分析，实现以税咨政。为了解企业经营状况和留抵退税微观效应，选取不同行业类型纳税人，开展抽样调查，研判退税资金使用效应，并将分析结果及时向地方政府汇报，形成对税收走势和税收征管的先导性、指向性研判，发挥以税咨政作用。

盯住内部共享，聚力"常态交流与统一口径"。一是开展常态化数据交流。在共享省市局测算数据的基础上，组织威海市税务系统税源管理单位对辖区企业进行筛选分析，明确符合政策的企业名单，并定期交流分类测算进度、工作中遇到的问题难点和解决方法，互为参考借鉴。二是统一政策执行口径。党委每周召开工作调度会议，对集中发现的问题，及时讨论明确，统一执行口径，达到纠错调整、阻断退税的效果。

三、筑牢底线意识，严把"三道关口"，内控监督防风险

综合运用考核、督办、内审、纪检等形式，严把"政策落实、风险防控、

监督执纪"三道关口，确保不留风险隐患。

严把"政策落实"关口，跟踪监督问效。一方面，将政策落实纳入绩效考评、工作督办范围，构建"全链条督办、全要素考核、全方位评议、全流程服务、全结果运用"的"督考评服用"五位一体工作落实机制，确保政策落实有监督、有保障；另一方面，由工作组牵头，"重点办、督查办、考核办"三办合一办公室对退税工作完成情况进行统筹协调、按时提醒、评价考核。

严把"风险防控"关口，强化管控质效。一方面，实时跟踪监控，组建退税抽查工作团队，有序开展抽查复盘，同时定期开展效应分析，重点关注企业实现税款变化情况、经营发展态势，发现问题及时研判；另一方面，做实协同联控，以风险指标共建为抓手，以"各条线提需求—风险按需建指标、扫疑点—货劳部门确认"为路径，统筹运用监控结果，确保风险发现、推送有人管，提升联动共治效能。

严把"监督执纪"关口，加强风险应对。一是依托"内审监督"，持续传导压力。开展退税任务自查自纠，就政策制度落实不到位、工作流程衔接不通畅等问题开展督导。发现"未到退税期限提前申请留抵退税；企业少计收入，导致划型错误，错误享受；全部为免税或简易销售，错误享受退税"3类问题，涉及纳税人9户。二是聚焦"责任追究"，抓实部门联动。纪检、法制部门同向发力，牵头各部门建立留抵退税一体化综合监督机制，纪检组监督退税进度，时时跟进督导，法制部门发挥督审职能，有效提升风险应对规范性，确保退税环节环环相扣、高效推进。

四、突出问题导向，用好"两个抓手"，全面复核防风险

聚焦"人机结合"将风险清单式逐项筛出，按照高中低风险排序，分类处置风险，实现风险精准管理。

用好"人机结合"抓手，全面排查风险。将人机结合作为留抵退税复核的关键抓手，通过健全指标矩阵、明确要点清单、建强审核团队，及时将留抵退税风险"筛"出来、隐患"滤"出来，确保风险防控管理到位。首先，系统扫描，"指标式"筛查风险。依托税收大数据平台风险信息，从税务登

记、发票抵扣、增值税申报、纳税信用等级4个方面，确定未开票收入为负数、进项税额应转出未转出等25项风险指标，开展疑点扫描。其次，人工核验，"清单式"排查风险。对系统筛出的疑点信息，进一步组织人工核验，针对未按规定核查纳税人申报信息、未按规定程序办理退税等27类标准，编制通用审核要点清单。最后，团队会诊，"一户式"跟踪风险。依托税费征管协同机制，对人工核验、清单排查后的疑点信息，采取团队会诊方式，进一步针对其中风险指向强的"接收虚开虚抵发票、更正以前月份申报表、申请退税前临时变更行业"等高频次疑点，以企业为单位进行会商研判。

用好"分类应对"抓手，精准处置风险。 以市、县、分局三级联动为支撑，以健全内外协作机制为抓手，对复核发现的留抵退税风险按高、中、低排序，实行分类管理，进一步提升风险处置质效。针对"高风险"，强化稽查联动。落实税务总局、省局"快享""严防""狠打"工作要求，在打击实践中总结提炼形成了"严查、快打、深挖"的"威海打法"。立案查处31户高风险企业，追回留抵退税款1.33亿元，查实率、查结率均达到100%，营造了公平公正的税收法治环境。针对"中风险"，加强风险应对。将复核发现的246户中风险企业，推送至主管税务机关开展风险应对。同时，健全"风险发现—任务推送—风险应对—改进提升"闭环机制，打造了医疗器械、船舶制造等6个风险监管模型，第一时间共享给7个区（市）局49个税源管理分局（部门），查漏补缺，规范管理，提升留抵退税风险应对水平。针对"低风险"，优化纳税辅导。将核实属于申报质量问题且不影响退税计算的"非实质性"疑点，划为"低风险"。结合"听您说·威您办"问需走访活动，依托"综治+税治"双网格联动工作机制，由政府网格员辅助税务网格员，实施一次性入户调查、一站式政策辅导、一揽子需求采集，已对2396户企业开展税务约谈、纳税辅导，解答疑点151条，纳税人遵从度有效提升。

● 工作成效

"3+2+3+2"留抵退税风险防控体系成效显著，特别是在"链条防控、部门协同、建章立制"三个方面取得了突破性进展。

一、留抵退税风险在链条防控中有效化解

"3+2+3+2"留抵退税风险防控体系，贯通留抵退税事前、事中、事后全过程，实现了留抵退税风险全链条防控，有效消除了风险盲点，最大限度化解了留抵退税风险。威海市税务局依托"3+2+3+2"留抵退税全链条风险防控体系，对3042户企业开展留抵退税全量复核，通过健全指标矩阵、明确要点清单、建强审核团队，筛选退税风险，事后缴回673户企业留抵退税5.93亿元，缴回金额占退税金额10.75%，居全省第2位。

二、稽查利剑作用在部门协同中充分彰显

"3+2+3+2"留抵退税风险防控体系突出部门联动，联合公安、检察院、海关、人民银行、外汇管理局等部门力量联合开展打击，推动六部门将打击骗取留抵退税纳入常态化打击虚开骗税工作机制重点任务，实现了留抵退税风险群防、群控、群治。2022年，威海市税务局成功查处山东省第一起骗取留抵退税案件，并作为第一个典型案例予以曝光。成功破获"5.10"虚开骗取即征即退税收优惠和留抵退税案，在2022年全省六部门打击骗取留抵退税交流会上做典型发言。2022年，累计查处骗取或违规取得留抵退税企业33户，追回税款1.40亿元，查实率、查结率、挽回税款损失数均居全省第一位。

三、工作长效机制在建章立制中落实落细

留抵退税作为长期施行的一项政策，与之关联密切的发票虚开、执法不严等风险依然存在，"3+2+3+2"留抵退税全链条风险防控体系用更加规范的管理、更加全面的分析、更加快速的反应、更加深入的核查和更加严厉的打击，密织风险防控网，建立健全留抵退税风险防控的长效机制，守好了前期工作成果，夯实了后续工作基础。威海市税务局依托"3+2+3+2"留抵退税全链条风险防控体系，对流程审核、事后复核中发现存在问题的企业，认真分析问题存在的根源，查找征管中的薄弱环节，形成加强行业监管的意见建议，对原有风险监控指标模型进行完善。共形成农产品核定扣除、建筑行业差额

扣除等强化管理措施8条，完善监控指标模型4个，留抵退税风险防控长效机制不断完善。

案例评析

"3+2+3+2"留抵退税全链条风险防控体系是一套符合基层税务工作实际的好做法，形成了较好的实践成效，值得学习借鉴。

一、始终立足于有，深挖风险疑点

留抵退税工作事关重大，威海市税务能够立足于"退税有风险"的理念，立足于"一定有退税风险"的预判，深挖风险疑点。通过打造"3+2+3+2"留抵退税全链条风险防控体系，克服麻痹大意、侥幸心理，一手抓退税进度，一手抓防控风险，实现了事前、事中、事后全过程发力，有效地把风险点滤出来、解决好，将执法风险降到最低。

二、坚持系统思维，强化整体防控

留抵退税风险防控是一项长期性、系统性的工作，需要树立系统思维，强化整体防控。威海市税务局对照税务总局留抵退税"2+N"制度规范，从全国曝光的一系列风险案例中吸取经验和教训，学习借鉴兄弟省市局的经验做法，打造"3+2+3+2"留抵退税全链条风险防控体系，丰富完善了风险监控指标体系，进一步扩大了分析复查覆盖面，提高了整体防控效能；同时，把传统的监管方法用到位，综合采取了案头分析、实地核实、到上下游关联企业外调核查等传统手段，风险分析应对精准度进一步提升。

三、保持严厉打击，营造高压态势

威海市税务局借助"3+2+3+2"留抵退税全链条风险防控体系，持续擦亮稽查利剑品牌，加强与公安等部门的合作，抓住团伙式骗税、个别企业恶意造假这个主要矛盾,重点关注"一退就跑"、"借壳"骗税、发票回流等风险点,打早打小,露头就打,充分释放出"严查重处""伸手必被捉"的强烈信号,纳税遵从度进一步提升。

案例思考

一、结合本案例,谈谈加强后续监管的意义。

要点提示:

(1)**持续助力部门协同,优化营商环境。**税务部门按照退税减税政策落实协调机制,能够进一步强化与财政、人民银行深化工作配合,不断总结经验,优化工作措施,确保政策落快落准落稳。能够更精准地做好收入形势预判,跟进开展政策落实效应分析,为市委、市政府算好改革"效应账""收益账"和推动地方经济平稳运行助力。

(2)**实时跟踪后续效应,抓实组织收入。**强化留抵退税后续监管,将有力助推留抵退税政策落实,后续市场主体会逐步形成新的税款,税务部门统筹退税减税和组织收入的关系更加精准确切,有的放矢加强征管;同时能够约束税务部门自身坚守组织收入原则,努力依法应征尽征、应退尽退,为税收收入和地方财力提供增收后劲。

(3)**有效遏制骗税行为,防范财力损失。**通过后续协同联动,聚焦恶意骗税,进一步打击虚增进项、隐瞒收入、虚假申报和利用其他欺骗手段骗取留抵退税等违法行为,有助于及时追缴退税税款,营造公平法治的税收环境。

二、如何强化留抵退税风险防控工作的后续监管?

要点提示:

进一步加强规范管理,深化数据赋能,强化三级联动和部门协同,提高留抵退税风险防控质效。

(1)**聚焦已阻断风险,持续开展精准监管。**在加强留抵退税缴回环节规范化操作的基础上,充分发挥大数据平台作用,将留抵退税已阻断风险的后续监控与日常行业风险监控相结合，纳入"去流程化"疑点任务发布和处理机制。根据总结归纳的"资格不符""少计销项""多计进项"三类留抵退税风险类型，针对不同风险特征设计相应的风险监控指标，尽早固化至大数据平台，结合其他行业风险监管类指标，实现系统性的分析和应用。通过省局数据支撑、市局靠前指导和县局快速应对的三级协同联动，形成对留抵退税已阻断风险的持续监控和高效处理机制。

（2）**紧盯注销业务，集成数据规范管理**。在加强对重点退税行业、企业日常监控的基础上，以大数据平台为依托，进一步优化退税企业涉税数据的"一户式"归集。及时汇集核心征管系统、电子税务局、电子底账系统、企业所得税监控系统等系统的各类税收风险疑点信息，形成"疑点信息库"，应用于注销环节风险研判；对疑点信息无法及时汇集的，通过税费征管协同系统，建立信息传递机制，人工查询企业疑点情况，及时反馈并阻断风险退税企业即办注销业务。同时推动注销环节各项工作的规范化管理，相关业务部门强化业务协同，共同制定退税企业一般注销的税种检查事项和检查标准，制作注销业务检查模板，优化注销风险管理流程，强化注销环节风险防控。

（供稿：国家税务总局威海市税务局　丛琳）

狠打骗退 护航发展 彰显税务担当

——湖南为落实退税减税政策保驾护航

> **案例背景**

从国际情况看，新冠疫情以来全球经济在深度调整中曲折复苏，贸易保护主义、单边主义抬头；美国、英国等发达国家掀起了新一轮全球化减税浪潮；中美贸易摩擦持续发酵。从国内情况看，近年我国经济发展进入新常态，以供给侧结构性改革为主线，积极推动经济发展方式转变，不断推动经济发展由高速增长向高质量发展转变。

为应对经济下行压力，稳住宏观经济大盘，党中央、国务院审时度势作出实施新的组合式税费支持政策的决策部署。国家税务总局高度重视，高站位统筹全国退税减税政策落实，提出"快退税款、狠打骗退、严查内错、欢迎外督、持续宣传"五措并举工作策略，为各级税务部门"快准稳好"落实大规模留抵退税政策提供指引。

国家税务总局湖南省税务局第一时间成立退税减税政策落实工作领导小组，下设办公室，内设综合协调、税费政策、征管信息化、统计分析、纳税服务、宣传舆情、风控稽查、督察督办等工作组。其中，风控稽查组的主要职责是聚焦防范化解退税减税政策落实风险，按照《政策落实风险分析应对工作办法》等规定，开展问题筛查、指标编制、风险识别、疑点推送、整改指导、人工甄别等工作；督促市以下税务部门履行风险应对主体责任；严肃查处骗取税费优惠违法违规行为，特别是骗取增值税留抵退税行为。湖南省税务局稽查局作为全省落实"狠打骗退"的牵头单位，始终围绕"打早打小、露头就打"的工作要求，从讲政治的高度对骗取留抵退税违法行为零容忍、严打击，营造公平正义的税收环境，为大规模留抵退税政策落实落细落准提供坚强保障。

● 主要做法

湖南省税务局保持高度政治站位，对标对表党中央、国务院部署要求，严格按照税务总局工作安排，主动作为，建章立制，并不断融合多方合力，聚焦协同打击，大力提升打击骗取留抵退税工作效能，同时在工作中，及时总结工作经验，科学设置选案指标并不断迭代，以提升选案打击的精准性。湖南税务稽查还坚持打击与服务并重的理念，一手抓严查狠打，一手抓服务经济，真正做到无风险不打扰、有违法必追究，并通过"柔性执法"提高税务执法的社会效果。

一、突出"党建引领"，确保高政治站位，为打击骗取留抵退税工作提供正确的政治方向

湖南省税务局始终围绕"党建引领"这一中心，牢牢把握税务机关首先是政治机关的要求，彰显税务工作政治底色。工作中，省税务局党委管总把关，稽查局党支部协同跟进，确保党中央、国务院实施新的组合式税费优惠政策的重大决策部署在湖南落地生根。省局党委靠前指挥、一线调度，定期研究部署打击骗取留抵退税专项工作，省税务局稽查局成立"打击骗取留抵退税专项工作小组"临时党支部，深入开展"护航留抵退税稳落地"主题党建活动，牵头召开重大案件审理会议，组织开展各类专项工作，既有效实现党建业务的深度融合，又有力推动党员干部的力合心合。

二、建立完善组织领导、查处推进、督导考核、一案双查等体制机制，为狠打骗退护航政策落地提供保障

通过建强组织领导机制，从高位有力推动工作开展。成立由省局分管稽查工作的局领导任组长，稽查局局长任常务副组长的打击骗取留抵退税工作

领导小组，统筹协调，狠抓落实。省局稽查局抽调业务骨干组成工作专班，组建综合协调、选案分析、检查督导一组、检查督导二组、外联协作、进度报表、材料文字、专报宣传八个专项职能组，锚定职责，明确定位，推动各项工作高效开展。同时，通过优化查处推进机制，更高效保障案件检查定性工作。省局稽查局制发《打击骗取留抵退税专项工作方案》，明确工作任务，确定工作原则，细化工作任务，编写《打击骗取留抵退税违法行为检查指引》，规范检查要求，提供具体操作办法，有效落实快查严处工作要求；出台《关于骗取留抵退税案件的定性处理意见》，规范处理口径和办案流程，推动案件查实率和查结率稳中有进。加大曝光力度，2022 年湖南省税务局稽查局共曝光案例 20 起，形成严厉打击骗取留抵退税违法行为的高压态势。完善督导考核机制，为打击骗取留抵退税提供实际指导并通过考核评比推动工作开展。省局制定《打击骗取留抵退税工作督导方案》《打击骗取留抵退税专项考核细则》，采取电话、微信沟通与抽查复核同开展、会议督导与实地督导相结合等方法，对案件查办进展、案件结案进度、案例曝光情况、问题分析总结、以打促防促治等方面开展重点督导，全面推动各项工作部署在基层落地落实。深化"一案双查"机制，严查内错，与狠打骗退内外结合，确保政策落实不走样，保障留抵退税政策红利不落入不法分子口袋。湖南省税务局制定专门意见，明确稽查、督审联动工作要求，稽查会同纪检开展有关案件查处工作，从严查处失职渎职、内外勾结行为，并形成有效震慑。

三、检查打击实现"机制、信息、行动"三大融合，聚集各方打击合力，形成高效打击态势

湖南充分发挥部门联动优势，不断拓展协作的深度和广度，构建立体监管格局，实现机制、信息、行动三大融合，推进税收现代化治理体系建设。首先是通过机制上实现大融合。税务、公安、检察、法院、海关、人民银行、外汇管理等部门共同签署《联合打击虚开骗税合作备忘录》，全面优化办案流程，畅通交流渠道，加强刑行衔接，确保有效精准打击。其次是信息上实现全融合。通过建设"协同作战平台系统"信息平台，实现"票据流、资金流、货物流、人员流、信息流"一体化共享，形成资源整合、力量聚合、职能融

合的新型协同模式,实现部门信息"一网打尽"和增值利用。最后是行动上实现真融合。省级层面成立全省联合研判指挥中心,市州层面积极推进部门合作,成立税警联合研判中心,实施实体化运作,并通过联合研判指挥中心或税警联合研判中心成功打掉 4 个虚开发票骗取留抵退税团伙。

四、科学设置指标模型,提高选案打击精准度,从而达到事半功倍的效果

湖南省税务局根据税收政策实施特点及流程,分析骗取和违规退税的行为特点,同时借鉴外部门工作经验,确定退税资质、少计销项、虚增进项、叠享优惠、即退即走、团伙作案 6 个骗税模型,精选 20 个选案指标,编写数据查询语句和脚本,对不同风险指标设置不同分值,对达到特定分值的企业分别实施预警提醒、风险应对和税务稽查。同时,运用大数据提升精准性,及时总结固化选案、检查方面的方法和经验,不断探索、实践、校准、总结,循环提升查处质效,更加科学精准有效打击骗取留抵退税。

五、坚持"打击和服务"并重,不断提升稽查打击质效,促进税收营商环境持续优化

湖南坚持打击和服务并行,统筹推进打击税收违法犯罪和优化税收营商环境工作,全力服务湖南"三高四新"战略。湖南省税务局深化"放管服"改革,树立"凡入户必有风险,无风险必不入户"的理念,推进精确执法、精准监管,实现对市场主体干扰最小化、监管效能最大化。严厉打击突出重点,狠打骗退工作始终是有的放矢,不搞"一刀切",最大限度减少对正常经营企业的影响。重点是打击恶意造假、虚开发票、团伙式骗取退税的企业,特别是对骗税犯罪数额巨大、情节恶劣、危害严重的违法行为,从严从快、坚决打击,决不让骗税分子逍遥法外,确保政治效果、法律效果、社会效果有机统一。舆论引导扩大影响,良好的舆论环境能够促进政策落实落地,并获得纳税人和整个社会的有力支持。通过加大通报案件曝光力度,扩大社会影响,湖南省税务局坚持常态化曝光典型案例,营造良好的社会舆论,始终保持狠打骗税的高压态势。

工作成效

在经过半年多时间的高密度、大范围、集中式风险排查和稽查打击下,湖南省打击骗取留抵退税工作取得了明显成效,这个成效不仅体现在查处案件户数、挽回税款金额等直接成效,更多的成效体现在执法公信力的不断增强、纳税人满意度的不断提升以及税法遵从度的不断提高当中,通过打击骗取留抵退税违法行为,湖南税收营商环境得到不断改善,为经济高质量发展创造了良好的税收环境。

一、在严打高压态势中,执法公信力充分彰显

严厉打击骗取留抵退税行为是强化税收执法公信力的必然要求,是提升税收治理能力和完善税收治理体系的应有之义。部分纳税人有"企业普遍性违法,税务选择性执法"的错误心理;"不知便不罚,被发现了再补缴"的侥幸心理;"纳税与我无关,检查就是找茬"的对立心理。对此,税务部门开展严厉打击骗取留抵退税的行为,对不法分子起到了强烈的震慑效果,有效规范税收秩序,维护税法权威。2022年,湖南税务部门立案检查涉嫌骗取留抵退税企业272户,查实骗取或违规退税266户,查实率97.8%,挽回各类税收损失合计5.4亿元。其中追回留抵退税款3.2亿元,税务部门移送公安立案的骗取留抵退税企业19户。已查实的266户企业中,查实骗取留抵退税案件97户、查实违规取得退税案件161户、阻断留抵退税企业8户。上述数据表明,通过对极少数不法分子的严厉打击,确保了大多数合法市场主体的正当权益,让他们能更快更好地获得国家税费政策支持,为企业平稳健康发展提供了有力保障,税收执法的公信力不断得到提升,维护了税务部门的正面形象,也有利于税收基础性、支柱性、保障性作用的发挥。

二、在税收精诚共治中,纳税人满意度不断提升

市场主体是种子,营商环境是它生根发芽的土壤,经济发展就是土壤之上的参天大树。如果税务部门对骗取留抵退税的行为听之任之,不仅会给国家利益带来损失,更对合法合规企业造成税收不公平印象,形成"劣币驱逐良币"

的负面效应。对此，湖南税务部门联合公安、海关、人民银行等七个部门，既做好"快退"，又做好"狠打"，不仅让合法合规的企业享受政策带来的红利，又让违法违规骗取退税的企业寸步难行，营造风清气正、公平正义的营商环境。通过多部门的联动合作，社会各界协税护税的共识越来越强，各涉税主体的满意度也在不断提高。2023 年湖南省营商环境排名全国第 7，较上年同期上升 1 位，"身在湖南，办事不难"成为金字招牌；在 2022 年全国地级市纳税人缴费人满意度调查中，湖南省得分同比提升 3.5 分，位次上升 4 位。

三、在严密税收监管中，税法遵从度有效提升

纳税遵从度是纳税人对税法的遵从程度，体现的是税务部门与纳税人缴费人之间的征纳关系，考验的是税务部门的税收治理能力和水平。在严厉打击骗取留抵退税过程中，不仅使纳税人对偷逃税行为的惩罚感到惧怕，也倒逼税务部门提升以数治税能力、提高税务队伍整体业务水平。通过对典型违法案件进行查处并剖析曝光，发挥税法的强制、评价、指引、教育、预测作用，促进纳税人知法、懂法、讲法、守法，进一步提升市场主体的税法遵从度。2022 年全省办税户共计 224.9 万户，同比增加 2.3 万户，增长 11.0%。

● 案例评析

狠打骗退是为留抵退税政策落地保驾护航的重要举措，该项工作将成为税务部门常态化打击虚开骗税工作的重要一环长期开展下去。研究完善打击骗取留抵退税工作具有重要的现实意义，同时对提升税收治理能力现代化的研究具有重要的理论意义。

一、不断增强税务稽查打击能力，更好保障各项税费优惠政策落地

近年来，为减轻市场主体负担，激发市场主体活力，国家不断出台各类税费优惠政策。每一次重大税费优惠政策的落实落地，都离不开税务稽查职能作用的有效发挥。税务稽查作为税收征管的最后一道防线，承担着打击税收违法、

维护税法权威、促进纳税遵从等重要职能。一方面，税务稽查可以直接对已发生的违法行为开展打击，以纠正偏差挽回税款损失；另一方面，在稽查打击的基础上，进行案件曝光，有效震慑不法分子，使其不敢骗、不能骗、不想骗。这一作用在打击骗取留抵退税工作中得到充分体现，部分企业迫于税务稽查严查狠打骗取留抵退税的高压态势，主动申报隐瞒的收入，主动缴回不符合规定的留抵退税款。各级税务部门都把加强和改进稽查工作作为提升税收治理能力的重要手段，进一步顺工作职责和管理层级，通过"业务全面统管，人员统一调度，经费集中统筹，办案整体指挥，数据系统整合，考核一竿到底"，强化对稽查工作的省级集成管理，用管业务为抓手实现管系统、管全面，将稽查队伍拧成一股绳，实现力量整合、职能融合、资源聚合。

二、不断提升税务执法精确度，深化和提升办案打击质效

在打击骗取留抵退税工作的过程中，湖南税务部门始终秉承"精确执法"的理念，依靠税收大数据开展精准选案，强化案头分析、疑点线索精准有效，为检查环节提供精准信息。精确执法的道路没有完成时，只有进行时，各级税务部门都不断提高"以数治税"能力，尝试开发集情报分析、精准选案、集中指挥、智能办案、科学决策等功能于一体的"智慧稽查"系统。将省级情报信息中心作为智慧稽查的数据中枢、分析大脑，实现接入融合税务系统内部、外部和第三方数据资源，解决"信息孤岛"和各地数据不统一、不规范、不完整等问题，从而不断提升税收执法的精确性。

三、不断加强部门协同，为税收治理能力的提升提供支撑

税收治理不是税务部门一家之事，不能单打独斗、闭门造车，需要统筹税务部门与涉税各方力量，构建起党政领导、税务主责、部门合作、社会协同、公众参与的税收共治大格局。尤其是在打击骗取留抵退税等涉税违法犯罪工作中，税务部门要紧紧依托七部门常态化打击虚开骗税工作机制，不断拓展协作的深度和广度，构建立体监管格局，推进现代化治理体系建设。要进一步推进税费精诚共治，积极拓展部门合作边界，切实强化部门工作合力，织密税费共治"协作网"，

实现机制、信息、人员大融合，不断提升税收治理现代化能力和水平。

◆ 案例思考

一、结合本案例和税收工作实际，谈谈严厉打击骗取留抵退税违法行为对于实施大规模留抵退税有何作用和意义？

要点提示：

（1）严厉打击骗取留抵退税是税务部门坚决贯彻落实党中央、国务院决策部署的生动实践，也是一次税收治理能力的大考验。退税减税降费政策能否有效落地，关系到企业纾困发展、稳增长和保就业的成效。在本案例中，湖南税务局始终坚持"以人民为中心"的发展思想，树立政策落实最高标准、最严要求，时刻想纳税人缴费人之所想，急纳税人缴费人之所急，弘扬优良作风、严明工作纪律，严抓严管，以税务人辛苦指数换来了纳税人缴费人的满意指数。

（2）严厉打击骗取留抵退税违法行为是发挥税收政策红利效应、助力市场主体发展的必然要求。大规模留抵退税的"真金白银"，既是依法经营市场主体的"及时雨"，也是不法分子觊觎的"唐僧肉"。将留抵退税政策红利精准送到合法经营、符合条件的市场主体手中，是税务部门的应尽之责，也才能真正发挥助企业一臂之力、解企业"燃眉之急"的关键作用。必须坚决打击利欲熏心、铤而走险的不法分子，坚决防范骗取留抵退税风险，确保党中央、国务院重大决策部署落稳落地。

（3）严厉打击骗取留抵退税违法行为是应对骗税新形势、遏制违法犯罪行为的现实要求。相对于通过虚开发票赚取"点费"、通过虚假申报"少缴税款"或骗取出口退税等违法犯罪行为，骗取留抵退税所需的链条更短、环节更少、成本更低、诱惑更多、打击难度更大。如果不及时查处，并形成压倒性打击态势，不但会给不法分子留下可乘之机，给国家税款造成难以挽回的损失，甚至可能形成"破窗效应"，导致更多的人铤而走险违法犯罪。特别是随着留抵退税政策落地不断提速，严厉打击骗取留抵退税刻不容缓，必须坚决遏制骗取留抵退税违法犯罪行为，最大限度实现退税政策正效应，最大限度减少负效应。

（4）严厉打击骗取留抵退税违法行为是充分发挥稽查职能、营造公平公正市场竞争环境的法治要求。市场经济是法治经济，法治化的营商环境是促进经济高质量发展的重要基础。严厉打击骗取留抵退税违法行为，既是稽查部门充分发挥行政执法职能的职责所在，也是切实维护税法权威和税收安全、维护法治规范的经济税收秩序、打造公平公正的市场竞争环境的内在要求。

二、如何提升打击骗取留抵退税工作效能？

要点提示：

在增值税留抵退税政策已成为制度性安排的情况下，如何提升打击骗取留抵退税工作效能，持续护航政策落实落地成为全国各级税务部门面临的现实问题。

（1）立足于2022年高密度和长时间开展留抵骗税打击专项工作的经验，积极总结打防规律，依托税收大数据，不断充实完善骗取留抵退税选案指标，建立多层次、立体化的案源管理体系和案件快查联查工作机制，对各类骗取留抵退税行为快速发现、快速应对、精准打击，有力释放税务部门对骗取留抵退税严打快打的强烈信号。

（2）持续研究分析骗取留抵退税的违法类型、手段特点、变化趋势、案发规律和产生原因，及时提出完善政策措施、加强增值税日常管理和强化税收征管的工作建议，充分发挥以查促管、以查促治的"治理型"稽查职能作用。

（3）深化内外协作。将稽查打击工作全面融入全流程一体化风险防控体系，形成内审外查、防控骗取留抵退税风险的闭环管理机制，坚决守住不发生规模性、行业性、区域性重大偷税、骗税风险的底线。用好七部门常态化打击虚开骗税工作机制，充分发挥各自职能优势，凝聚打击合力，提升打击质效，形成外部协作、内部协同、上下协力的全覆盖、一体化工作格局。

（4）继续加强案件曝光。在严查快打的同时，聚焦违法情节恶劣、主观故意明显、警示作用突出的典型案例，开展立体式、不间断的曝光，持续释放"骗税必严打""违法必严惩"的强烈信号，有力震慑不法分子，展现税务部门对骗取留抵退税违法行为"零容忍"的态度和"重拳打击"的决心信心，形成严查严打的高压态势，营造"不敢、不能、不想"偷骗税的社会氛围。

（供稿：国家税务总局湖南省税务局　曾光辉　李羽中　龚帅星）

第四篇　监督执纪

监督执纪工作是全面从严治党的重要手段，也是税务系统贯彻落实党中央、国务院涉税部署，不断提升税收治理现代化不可或缺的重要环节。贯彻落实税费支持政策，既是对税务系统政治执行力的考验，也是对税务系统一体化综合监督体系有效性的检验。本篇选取的5个监督执纪的案例，都是基层税务机关将监督执纪工作深度融入税收工作本身的尝试，为推进税收治理现代化提供了有益的新鲜经验。

以什么样的方式将监督执纪的成果落地？如何防止出现监督执纪工作中的形式主义？这是始终困扰税务系统监督执纪工作的一个难题。国家税务总局昆明市税务局创新监督举措，以"履带式"监督方式推进监督执纪深度融入税收治理，充分运用"蹲点""体验式""嵌入式""推磨式"等方法开展监督检查，在避免"大水漫灌"的同时，实现了政治监督"精准滴灌"全覆盖，全力以赴推动新的组合式税费支持政策落地生根。例如："一个目标多条举措"强化政治监督；"一个闭环多个轮次"确保监督实效；"一个中心多方推进"巩固监督质效。特别是在市局党委纪检组的统一调度之下，推动各级党委形成"发现问题—精准处置—责任追究—以案促改—建章立制—规范管理—防控风险"的长效工作机制，从而有效地支持了国家减税降费等优惠政策的落实，同时也为监督执纪深度嵌入、融入税收治理积累了宝贵经验。

监督执纪工作，执行力是根本。国家税务总局东莞市税务局以提高政治执行力为重点，以"四抓"强化对税费支持政策的监督：抓深思想认识，形成行动自觉；抓牢责任落实，凝聚强大合力；抓细风险防控，协同联防联控；抓监督执纪，强化纪律保障。其主要特点是针对东莞经济社会发展和税务干部队伍的实际情况，突出重点，抓牢抓实。例如：在抓思想认识时，注意到卸除思想包袱，鼓励担当作为，推动制定落实大规模增值税留抵退税政策落地见效；在抓责任落实时，汇总货物劳务税、督察内审等部门发现的风险点，编制《东莞市税务局退税减税政策落实情况监督清单》，让基层监督更有针对性；在抓风险防控时，针对东莞经济活跃度高的特点，高度关注"与中介交往密切""近亲属经商办企业""疑似自己做生意"以及"社会交往较为活跃复杂"四类人，对经常与中介打交道的敏感岗位人员以及有申报亲属参与中介经营和经商的人员开展"一对一"谈心谈话、了解情况，推动各级纪检机构加大对涉税中介参与业务的抽查力度。同时，还建立了《违规干预打招呼登记台账》，重点对是否存在税务人员、涉税中介违规干预打招呼的情况及时做好登记，等等。这些举措有效地提高了政治执行力、增强了监督敏感度，特别是为防范利益冲突积累了宝贵经验。

清单管理是责任制的基本落实方式，但是如何制定一个科学的责任清单，却是在实践过程中的一个难题。国家税务总局舟山市定海区税务局在创新监督方式的过程中，以"全周期清单"监管优化"全方位亲清"营商环境，取得了良好的效果。如以"素质、政策、进度、共治"清单形式量化人、权、责、事监督指标，聚焦提升政策效能、实施更大力度减税降费、确保经济平稳运行、整饬工作纪律等20余项内容，形成了重要内容重点跟进、重要进展动态更新、重要情况及时呈报的"清单"监管模式。首先，以"素质清单"聚"亲清动力"，建立健全"领导干部赋能、职能中层深耕、年轻干部墩苗、纪检队伍锻造"的素质提升体系；其次，以"标准清单"实"亲清内容"，建立"看得见、抓得好、做得严"的标准；再次，以"进度清单"助"亲清发展"，实行全程动态化监督，加强成效过程管理，抓好"惠险双控"，把控好"惠情""险情"；最后，以"共治清单"优"亲清环境"，推动实施"职责明晰+部门协调"的协作机制、整合"专项布控+执法检查"的布控机制、建设"传递方式+技术创新"的防御机制、启动"纪税协作+一体纠治"的破题机制。总之，以清单"全周期"构建了减税降费"新常态"，以清单"硬项目"提升了营商环境"软实力"，以清单"新流程"构建了基层队伍"新动能"，以清单"多职能"优化了共建共治"富生态"。

税务系统一体化综合监督体系在基层如何发挥作用？国家税务总局宣城市税务局对此给出了自己的答案。该局党委纪检组立足"监督的再监督"，围绕"谁来监督""监督什么""怎么监督",牢牢抓住责任"牛鼻子",紧盯重点任务落实,找准制约税费优惠政策落实的堵点、风险点,以专责监督为抓手,持续推进一体化综合监督体系各类监督统筹衔接,完善"上下联动、左右协同、内外互动"协作机制,推动政治监督准确有效融入贯彻执行全过程各方面,切实为新的组合式税费支持政策落地落实保驾护航。通过一系列的措施,进一步提升了政治监督成效,推动了一体化综合监督精准高效,丰富了一体推进"三不腐"的实践路径,保障了留抵退税政策落实。

基层税务机关人少事多,如何既能聚集监督力量,又能抓住重点?国家税务总局临海市税务局加强监督执纪工作,形成了自己的一系列特色。主要有:夯基架梁,"三并"创业务监督,即抓落实与强监督并行、面上督与个案督并施、督人学与自己学并举;纲举目张,"三盯"促关键发力,即盯牢首要主体、盯牢关键方面、盯牢基础网络;织线成网,"三督"提执纪效能,即联动监督夯基础、定点监督精制导、协同监督扩效应,取得了明显的成效。

以上5个案例均从不同的角度对如何加强监督执纪工作,确保税费支持政策真正惠及广大纳税人给出了自己的答案。当然,这些案例本身还存在着一定的局限性,如对监督执纪的理解还存在着一定的偏差,对政治监督的把握还不够准确等。但值得肯定的是,各级税务部门在创新推动监督执纪服务,落实减税降费政策中扮演着重要角色,提供了有益的经验,也促进了税收治理水平的不断提高。监督执纪作为税收治理的重要环节和推动廉洁执法的关键要素,在高质量推进税收治理现代化的新征程上,必将为维护税收秩序、促进税制完善、提高征管效率,最终实现经济发展和社会进步发挥出更加突出的作用。

监督执纪深度融入税收治理

——云南昆明"履带式"监督护航税费支持政策落地见效

案例背景

2022年,为全面贯彻党中央、国务院决策部署,落实新的组合式税费支持政策,国家税务总局提出了"快退税款、狠打骗退、严查内错、欢迎外督、持续宣传"五措并举的工作策略,确保了新的组合式税费支持政策"快、稳、准、好"落地落实落细。2022年4月20日,中央纪委国家监委驻国家税务总局纪检监察组印发了《关于加强对税务系统落实新的组合式税费支持政策情况监督的工作方案》,要求把监督推动税务系统更好落实税费支持政策作为重大政治任务,推动税费支持政策落地见效,更好地发挥税收在国家治理中的基础性、支柱性、保障性作用。2022年4月27日,中共国家税务总局云南省税务局委员会纪律检查组印发了《关于加强新的组合式税费支持政策落实情况监督的工作方案》,围绕"三个聚焦"明确了监督检查内容。2022年5月7日,中共国家税务总局昆明市税务局委员会纪律检查组印发了《关于运用"履带式"监督持续护航新的组合式税费支持政策落细落实的工作方案》,提出要大胆创新、积极探索,将税费支持政策落实与政治监督深度融合,充分运用蹲点、体验、嵌入、"推磨"等方法在昆明市税务系统开展监督检查,避免"大水漫灌"的同时,实现政治监督"精准滴灌"全覆盖,全力以赴推动新的组合式税费支持政策落地生根。

主要做法

国家税务总局昆明市税务局党委统筹规划,加强领导,以严的监督、实的举措、铁的纪律,确保党中央、国务院关于新的组合式税费支持政策重大决策部署落地见效,全力打好打胜税费支持政策的主动战攻坚战。

一、"一个目标多条举措"强化政治监督

围绕"国之大者"更好发挥纪检机构监督保障执行、促进制度完善的作用,深度聚焦各县区税务局党委在政策落实中的政治态度、政治立场和政治担当,把监督贯穿全过程、各环节,以"履带式"监督督促昆明市税务系统坚守对党忠诚的根本要求、坚定人民至上的根本立场、坚持全面从严治党的根本保证,确保政策落实不偏向、不变通、不走样。将税费支持政策落实的监督工作细化成具体指标项目,根据政策落实进度动态制定监督检查任务清单,明确监督方式,秉持监督工作"一盘棋"的理念,统筹调配市、县两级纪检力量,组成17个监督检查组,市局党委纪检组加强对市局机关及派出机构的监督,其余16个监督检查组由各县区局纪检组长带队,抽调纪检、税政等部门业务骨干作为成员,充分利用蹲点式、体验式、"推磨式"等方式对各县区局开展多轮次监督检查。加强与退税减税办及各职能部门的沟通,实时对业务类监督任务清单进行动态化更新,推动政治监督与业务监督有力融合,督促各级党委书记履责到位、领导班子成员在各自分管领域担责到位、各职能部门尽责到位。统筹处理好政策落实和精准监督、网格管理和督促问效的关系,强化纪检机构与稽查、督察内审部门监督职责的深度融合,警示震慑、及时纠偏、严防风险,避免"大水漫灌"的同时,推动实现政治监督"精准滴灌"全覆盖。

二、"一个闭环多个轮次"确保监督实效

轮动推进、闭环管理,"履带式"监督工作步骤突出"自检自查—轮动检查、问题整改—建章立制"3个阶段,在各县区局党委自检自查、整改规

范的基础上，由16个监督检查组开展3轮次交叉监督检查，每一轮次持续2周：第1周为"检查周"，即各监督检查组入驻被检查单位开展实地检查；第2周为"整改周"，即被检查单位党委对反馈问题进行整改，以高压、轮动监督确保税费支持政策落实到位。通过查阅资料、窗口体验、列席团队审核、运用税收大数据分析和走访纳税人缴费人、地方纪委监委等方式，紧紧围绕落实留抵退税审核及风险防控操作指引、工作推进情况、纪律作风建设等方面强化监督，在被检查单位粘贴监督检查公示，及时受理纳税人缴费人投诉举报，严肃查处税务人员与不法分子内外勾结，以及在留抵退税受理、审核等环节失职失责或滥用职权等问题。市局党委委员、纪检组长运用"一线"工作法，下沉各县区局一线调研、一线检查指导工作，深入各监督检查组，督促监督检查组认真履职，坚决摒弃"你好我好大家好"的错误观念，坚决防止工作走过场、流于形式，坚决杜绝不敢、不愿监督等现象，严格廉洁纪律，严肃工作纪律。同时，在下一轮"履带式"监督中，加强对整改情况的跟踪问效，确保问题整改到位。

三、"一个中心多方推进"巩固监督质效

充分发挥市局党委纪检组统筹调度中心作用，对监督检查分组分工实施集中统一安排，3轮监督实现16个县区局交互检查全覆盖，各监督检查组与被检查单位不交叉不重复，确保监督工作的独立性严肃性。积极推动各监督检查组在检查和被检查过程中，互相学习借鉴、相互提醒规范。针对监督工作推进情况，统一汇总存在问题，及时形成工作提醒推送各监督检查组，对标对表逐项次抓好落实，确保统一思想、步调一致、形成合力。建立周例会、跟踪督办、总结提炼3项机制，建立问题整改专项台账，以《工作提醒》《督办单》《纪律检查建议书》等方式跟踪督办直至完全办结，对问题整改不及时、不彻底的及时追究责任。推动各级党委形成"发现问题—精准处置—责任追究—以案促改—建章立制—规范管理—防控风险"的长效工作机制。及时联合稽查、督察内审开展内督外查，对发现税务干部内外勾结失职失责等问题一律依法依规及时从严处置，确保税费支持政策各项工作有力有序推进、保质保量落实到位。

工作成效

新的组合式税费支持政策"履带式"监督切实做到帮助企业纾困解难、蓄能添力、提振信心,确保政策红利真正惠及市场主体,促进市场主体发展壮大,为昆明市经济社会持续发展保驾护航,相关做法受到了云南省税务局领导和昆明市纪委监委主要领导的肯定性批示。

一、税费优惠政策在监督执纪护航下直达快享

三轮"履带式"监督检查,共发现16个县区局在"快退、狠打、严查、外督、长宣"等方面存在10类392个问题。昆明市税务局党委纪检组针对发现的问题,对16个县区局党委下发《纪律检查建议书》,发现问题清单同步分送市局党委领导班子成员、退税减税办和相关职能部门,群策群力,压实责任,推动整改。在"履带式"监督的有力护航下,2022年昆明市税务系统累计新增退税减税降费及缓税缓费超261.36亿元,确保政策红利应享尽享,直达市场主体。其中,169.26亿元增值税留抵退税款退到纳税人账户,减免"六税两费"10.43亿元,办理缓税缓费36.91亿元。

二、政策红利效应在监督执纪护航下充分显现

市场主体活力逐步释放,为推动昆明稳定宏观经济大盘贡献税务力量,为企业特别是小微企业及个体工商户纾困解难、提振市场主体信心发挥了积极作用,昆明市经济整体出现复苏。从新登记纳税人来看,个体工商户增长迅猛,小微企业发展得到有力支撑;从行业看,批发零售、制造业、科学研究和技术服务业以及信息传输、软件和信息技术服务业登记户数增速明显;从企业活跃度看,享受本轮组合式税费支持政策的企业户均交易金额明显高于其他企业,反映政策红利持续释放,企业活力得到激发。企业享受政策红利后积极扩大再生产,部分制造业受惠企业原材料及能源购进增加,带来行业销售增长,盈利规模扩大。受惠企业回升的活力通过产业链传递产生溢出效应,创业、销售、投资、贸易等多项税收数据逐步开始回升,省际贸易顺

差继续扩大。主要战略发展区域中，与长江经济带、京津冀、成渝经济圈实现贸易顺差；提升城市吸引力，吸引各类生产要素向昆明集聚，提升区域经济自我造血功能。

三、税收执法刚性在监督执纪护航下不断彰显

"履带式"监督的轮动推进下，实现了督察内审、风险防控、稽查、纪检机构等税收治理手段的有机结合，在保障退税减税工作有序运转、稳步推进的同时，有效渗透、涵盖税收治理各方面，真正形成了齐抓共管的税收治理工作格局。落实新的组合式税费支持政策中，"履带式"监督推动昆明市税务系统办理退税减税督办工作任务31项，针对留抵退税过程中出现的执法过错共开展了6人次执法过错责任追究，开展留抵退税"一案双查"6件，运用"第一种形态"处理27名相关责任人员，运用"第二种形态"给予1名相关责任人员降级处分，为昆明市税务系统税收治理工作提供坚强保障。此外，"履带式"监督于2022年11月实现转段，把监督重点从新的组合式税费支持政策落实扩围到税收业务各方面，由专项监督转为日常监督，以全面深化纪检监察体制改革、落实一体化综合监督职能为契机，推进监督执纪深度融入税收治理，不断规范税收业务流程，切实压缩权力寻租空间，展现了税收执法刚性，大幅提升了税务机关执法质效。

四、税务机关形象在监督执纪护航下全面提升

"履带式"监督是实现内督外打、严防死守的有力抓手，在监督护航下，昆明市税务局将风险防控嵌入留抵退税办理全流程，建成集成统一、权责明晰、层次分明、梯度渐进的风险防控体系，对采取虚增进项、隐匿收入、虚假申报等手段骗取留抵退税违法行为"露头就打"。在税务系统内，通过总局、省局、市局三级全面全量风险扫描，共计缴回留抵退税2.78亿元，有效防范违规享受和骗取留抵退税风险。在税务系统外，对91户涉嫌违规取得留抵退税的企业进行立案检查，涉及企业享受留抵退税总额12237.45万元，追回已退留抵退税税款2157.09万元，查补入库金额5936.57万元。"内督外打"

向社会展现了税务机关刀刃向内的勇气和自我革命的决心，切实发挥了震慑作用，提升纳税人税法遵从度的同时树立了税务机关良好形象。

◆ 案例评析

"履带式"监督护航新的组合式税费支持政策落地落实是监督执纪融入税收治理的生动实践，是推进中国式现代化税务实践的创新举措。

一、生动诠释监督执纪的深刻内涵，贯穿税收业务始终

"履带式"监督把监督执纪全面贯穿到新的组合式税费支持政策落实当中，用实际行动诠释了"党中央重大决策部署到哪里，监督就跟进到哪里"的基本要求，充分发挥了全面从严治党政治引领和政治保障作用，"履带式"监督及时发现和纠正新的组合式税费支持政策贯彻执行中的温差、落差、偏差，确保党中央重大决策部署贯彻落实到位，对于落实其他税收业务重点工作有着启发意义。依托一体化综合监督体系，持续推动各业务部门发挥职能监督作用，聚焦组织收入、优化营商环境、提升纳税人满意度和深化税收征管体制改革等重点工作，不断梳理排查税收业务落实过程中可能存在的管理风险、执法风险、廉政风险，协同各监督责任主体同题共答、同频共振、同向发力，做好事前、事中、事后监督，不断完善"两权"运行的监督制约，促进内控机制有效运转，全面加大各税收业务的落实力度。

二、充分发挥监督执纪的职能作用，推动重点工作落实

"履带式"监督深化运用"四种形态"，在重点工作中开展重点案件"一案双查"，既查直接责任，又追查背后的主体责任、监督责任、领导责任落实不到位问题。通过明察暗访、问卷调查、座谈交流、查阅资料、运用税收大数据分析研判和实地走访纳税人缴费人等方式，发扬斗争精神，敢于动真碰硬，依法依规依纪对负有直接责任、管理责任的各类责任主体定性量纪，绝不姑息包庇，倒逼各级税务机关在落实重点工作时压紧压实责任，确保令

行禁止、一贯到底，以依法治税维护公平正义，为宏观经济平稳运行提供有力支撑，用税务力量支持和服务高质量发展。

三、不断创新监督执纪的方式方法，提升税收治理质效

"履带式"监督是落实新的组合式税费支持政策中创新开展的监督方式，立足"监督的再监督"职责定位进入转段阶段，但随着税收征管体制改革的不断深入，监督执纪的载体也与时俱进，不断丰富、不断创新，运用税收大数据分析、全量风险扫描等"智慧监督""精准监督"的方式发挥出巨大的作用。结合税务系统全面深化纪检监察体制改革在全系统的铺开推进，各级税务局纪检机构不断探索"组地税"等沟通协作模式，加强与地方纪委监委、审计部门等外部监督力量的沟通协作，畅通人民群众反映问题线索和意见建议的通道，不断总结汲取"履带式"监督好的经验、做法，创新出新的监督途径，推动全系统"廉洁奉公树立新风"的风尚蔚然成风。

❥ 案例思考

一、结合本案例，谈谈"履带式"监督在护航新的组合式税费支持政策落实中的现实作用和表现形式。

要点提示：

（1）昆明市税务局在落实新的组合式税费支持政策中创新推出了"履带式"监督方式，该举措搭建了监督执纪护航税收业务工作与税收治理深度融合的桥梁，为确保党中央、国务院关于新的组合式税费支持政策重大决策部署在昆明市税务系统落地见效发挥了积极作用。

（2）"履带式"监督是监督执纪融入税收治理的生动实践，它遵循"上级重大决策部署到哪里，监督检查就跟进到哪里"的基本要求，聚焦贯彻党中央、国务院决策部署，在落实新的组合式税费支持政策、深化作风纪律整治等工作上，跟进监督、精准监督、全程监督，充分发挥全面从严治党引领保障作用，为税收服务经济社会发展提供坚强纪律护航，有力地保障税收服

务"国之大者"。

（3）"履带式"监督护航新的组合式税费支持政策在昆明落地落实落细，确保党中央、国务院的重大决策部署在昆明开花结果。具体表现为：一是税费优惠政策直达快享，该退的退到位、该减的减到位、该免的免到位、该缓的缓到位，进一步优化了税收营商环境，激发了市场主体活力，帮助企业纾困解难、焕发生机，稳定市场信心和预期。二是税费政策红利不断释放，新的组合式税费支持政策为企业减轻税费负担和增加现金流，为小微企业缓解资金压力，有利于鼓励制造业企业增加投资；给企业带来有形的财富收入，提高企业资金流动性，降低企业运营成本；企业的偿债能力随之得到明显改善。三是税收治理刚性不断彰显，昆明市各级税务局党委切实履行主体责任和政治监督责任，加强对落实税费支持政策工作的组织领导、压力传导、统筹推进，做到知责、明责、履责、尽责，推动全市税务系统坚守对党忠诚的根本要求、坚定人民至上的根本立场、坚持全面从严治党的根本保证，将党中央实施税费支持政策的重大决策部署细化为具体措施并狠抓落实，确保不偏向、不变通、不走样，把监督执纪深度融入税收治理全链条，大幅提升税务机关执法质效。四是税务机关形象全面提升，通过内督外查有力打击骗取享受优惠政策的违法行为，有效防范化解各类风险，坚决打击勾结中介机构借机"打秋风"等损害纳税人缴费人利益的行为，依法治税维护公平正义，向社会各界展现了税务机关的良好形象。

二、请结合税收工作实际，谈谈如何在税收治理中更好地发挥监督执纪作用？

要点提示：

（1）充分认识监督执纪的重要意义，把监督执纪全面融入税收治理当中，有效地发挥全面从严治党、政治引领和政治保障作用；依托一体化综合监督体系，持续推动各业务部门发挥职能监督作用，促进内控机制有效运转。

（2）充分发挥监督执纪的职能作用，深化运用"四种形态"，倒逼各级税务机关在落实重点工作中压紧压实责任、加大落实力度，确保令行禁止、一贯到底，建设法治税务，维护公平正义，为宏观经济平稳运行提供有力支撑，用税务力量支持和服务高质量发展。

（3）不断创新监督执纪的方式方法，积极探索推进"智慧监督""精准监督"，结合全面深化税务系统纪检监察体制改革，加强与地方纪委监委、审计部门等外部监督力量的沟通协作，畅通人民群众反映问题线索和意见建议的通道，不断总结汲取"履带式"监督的经验、做法，在税收治理中不断打造新的"特色产品"。

（供稿：国家税务总局昆明市税务局　王曦　景涛　丁俊楠）

以有力监督为税费优惠直达快享提供保障

——广东东莞"四抓"机制护航留抵退税政策落实落细

案例背景

2022年以来,面对复杂严峻的国际环境和艰巨繁重的国内改革发展稳定任务,以习近平同志为核心的党中央高瞻远瞩、审时度势,超前部署和实施一系列税费优惠政策,进一步稳定市场预期、提振市场信心、激发市场活力。税务部门深入学习领会习近平总书记关于减税降费的重要论述,认真贯彻落实党中央、国务院决策部署,确保各项税费优惠政策不折不扣落地生根,为服务高质量发展作贡献。在一系列组合式税费支持政策中,增值税留抵退税政策是其中的"重头戏",是深化增值税改革、优化税收营商环境的"良方",是以"真金白银"为更多市场主体发展助力的"及时雨"。

广东省东莞市是粤港澳大湾区的先进制造业中心、国际制造名城,形成了电子信息、电气机械及设备、纺织服装鞋帽、食品饮料、造纸及纸制品等支柱产业。东莞市2022年GDP为11200.32亿元,常住人口达1047万,是全国第24个GDP过万亿元的城市、第15个常住人口过千万的城市。全年税费收入3439.3亿元。全市拥有各类市场主体超150万户,占全省10%、全国1%,总量居全国地级市第二位,仅次于苏州,其中符合留抵退税新政条件的企业共3.2万户。在留抵退税涉及企业户数多、实施时间紧、市场主体期待高、中介活跃度较高的情况下,东莞市税务系统在上级领导和地方党委政府的有力指导下,坚决扛牢政治责任,认真落实"快退税款、狠打骗退、严查内错、欢迎外督、持续宣传"五措并举策略,确保留抵退税政策直达快享,为稳定宏观经济大盘提供了有力支撑。特别是东莞市税务系统纪检机构高度关注工作中的执法风险和廉政风险防范,更加主动开展监督执纪工作,以严的基调、严的措施、严的氛围护航税费优惠政策在东莞落稳落好。

主要做法

东莞税务系统纪检机构立足纪检专责监督职责,深入推进政治监督具体化常态化,通过"四抓"机制确保留抵退税政策落实落优,以实际行动捍卫"两个确立"、做到"两个维护"。

一、抓深思想认识,形成行动自觉

学深领悟上级精神要求,明确目标方向。各级纪检机构通过主题联学、座谈交流、业务研讨等多种形式,组织广大纪检干部认真学习退税减税等重要会议和相关文件精神,进一步提高政治站位,准确把握政策落实和监督工作要求。督促各级领导班子落实"第一议题"制度,纪检干部列席相关党委会议、班子会议、专题会议等,推动各级领导班子和退税减税办迅速传达学习上级决策部署精神及工作要求,深刻认识税费支持政策落实是"国之大者""税之大事",牢固树立"首战即决战、决战必决胜"的坚定信念。

谈清思想认识,有效传导压力。根据工作要求和存在的风险点,开展全员谈话4轮,并对直接分管有关业务的领导和经办人员进行"一对一"重点谈话1538人次,督促各级税务机关既以高质量的政治监督和有力措施推动政策落地见效,又把防范风险贯穿政策落实的方方面面,做到"快准稳好"。

卸除思想包袱,鼓励担当作为。深刻认识税费支持政策落实的复杂性、艰巨性,推动制定落实大规模增值税留抵退税政策落地见效容错纠错、尽职免责工作指引,旗帜鲜明为敢于担当、踏实做事、不谋私利的干部撑腰鼓劲,最大限度调动和激发干部队伍干事创业的积极性、主动性和创造性。

二、抓牢责任落实,凝聚强大合力

加强专题会商,贯通"两个责任"。纪检机构通过加强与领导班子专题会商，及时传达上级有关文件精神和监督工作要求，协助督促领导班子把方向、管大局、保落实的主体责任压实到位；推动"一把手"履行好"第一责任人"责任，亲自研究重大问题、协调推进重要工作；推动东莞市税务局领导班子成员履行好分管责任，形成层层传导压力、人人落实责任的有效链条，推动"两个责任"贯通协同、同向发力。

划出监督要点，明确监督要求。汇总货劳、督审等部门发现的风险点，编制《东莞市税务局退税减税政策落实情况监督清单》，将监督重点分为组织统筹风险、政策落实风险、廉政风险和舆情风险四大类，16项工作任务33个监督要点，为基层纪检监督组开展日常监督和专项监督提供了有力抓手，让基层监督更有针对性。

校准监督"探头"，完善工作机制。结合纪检监察体制改革，充分发挥各基层纪检机构"探头"监督作用，推动各基层纪检干部履行好对税费优惠政策落实情况的监督责任，加强对留抵退税全流程管理监督，每半个月收集1次各单位落实税费优惠政策监督情况报告，尤其是监督检查发现问题数量、对本单位领导班子和各部门提出意见建议数量等情况，并及时收集监督过程中发现的重要问题线索，确保税费优惠政策在基层不打折扣落到实处。

三、抓细风险防控，协同联防联控

提升风险意识，加强分析研判。深刻把握"防风险就是促发展"的思路原则，各级纪检人员常态化列席有关工作推进会、调研座谈会，督促各级领导班子不断提升风险防范意识，对政策落实过程中可能出现的政治风险、经济风险和社会风险时刻警惕、及时应对。制定落实纪检与各职能部门的联席会议制度和联动机制，联合货物劳务部门组织纪检干部学习留抵退税相关业务知识，以及制定发布风险点防范核查指引供各单位学习参考，并推动风控和督审部门梳理留抵退风险清单。对预测退税金额较大、户数较多的基层税务部门主要负责人和纪检监督组组长开展谈话提醒，告知其按照时间节点的任务和要求，逐项细化措施，明确时间表，对标对表推进落实，确保优惠政策应享尽享，同时做好风险防控。

聚焦突出风险，强化日常监控。针对东莞经济活跃度高的特点，高度关注"与中介交往密切""近亲属经商办企业""疑似自己做生意"以及"社会交往较为活跃复杂"四类人,对经常与中介打交道的敏感岗位人员以及有申报亲属参与中介经营和经商的人员开展"一对一"谈心谈话、了解情况,推动各级纪检机构加大对涉税中介参与业务的抽查力度。建立《违规干预打招呼登记台账》,重点对是否存在税务人员、涉税中介违规干预打招呼的情况及时做好登记,由各基层纪检机构每周汇总有关情况报市局党委纪检组处置。

落实复盘抽查,防范堵塞漏洞。坚持全面监督与重点抽查相结合,根据业务量按一定比例对各单位《留抵退税事后复盘记录台账》进行抽查,查看有关责任部门是否严格落实风险防范措施,及时对重点行业、重点企业开展复盘审核,并加快进度优化风险指标,及时下发风险疑点任务或移交稽查部门立案查处。针对发现问题,督促各职能部门进一步建立健全制度,包括对留抵退税审批情况的抽查、留抵退税上报数据的实时共享加强内部监督、对留抵退税纳税人工作回访、重点工作业务执法风险和廉政风险分析、出口退税流程与监督管理规范、留抵退税审核指引和事后管理指引等。

四、抓严监督执纪,强化纪律保障

加强警示教育,严明纪律要求。始终坚持严的主基调不动摇,及时通报上级查处的涉及留抵退税违纪违法案件,持续释放严查内外勾结、失职失责等违纪违法行为的强烈信号,起到良好的惩戒教育、警示作用;做深做细做实思想政治工作,通过"婆婆嘴"多谈多讲,进一步严明"四个一律"纪律要求,表明市局党委和党委纪检组坚决态度和坚定决心,让广大干部入心入脑。

贯通内外监督,提升监督质效。对内,成立专项监督工作组,由东莞市税务局领导班子成员通过实地和电话相结合的形式,对各基层税务部门进行联系督导,做到"第一时间传达上级精神、第一时间了解监督进度、第一时间研判问题风险",不断提升精准发现问题能力和风险研判处置成效,督促各单位在按时按质完成留抵退税工作的同时,始终把纪律要求和风险防范贯穿于各个环节。对外,依托纪税协助机制,与地方纪委监委沟通交流退税减税工作 28 次，并联合市纪委监委到企业进行实地调研，推动政策及时有效传导至市场主体；同时，召开基层纪检机构纳税人座谈会 33 场，向纳税人派发《减税退税监督卡》4000 余份，并以不低于 10% 的比例对办理业务的纳税人进行实地走访和电话回访抽查，了解税务工作人员在工作中是否存在吃拿卡要报的行为，是否存在不作为、慢作为、乱作为等违反廉洁纪律的情况，防范退税过程中可能存在的廉政风险。

工作成效

增值税留抵退税政策落地以来，东莞税务系统切实发挥税收支持疫情防控和经济社会发展的职能作用，为市场主体增添动力，为东莞高质量发展注入活力，在护航"六稳""六保"中发挥了积极效应。全市税务系统各级纪检机构找准监督阵地，在东莞市税务局党委领导下，统筹各方监督力量，进一步贯通协同推进严防风险、严查内错，将严的要求传导到基层"最后一公里"，以有力举措推动留抵退税监督工作取得良好实效。

一、政治站位持续提升

通过传达学习贯彻习近平总书记关于减税降费的重要论述以及党中央、国务院关于"实施更大规模增值税留抵退税"的决策部署，教育引导全系统税务人员特别是各单位"一把手"深刻认识实施大规模留抵退税是捍卫"两个确立"、践行"两个维护"的具体行动，对助企纾困具有特别重大的意义。全体人员进一步增强了政治性、人民性，不断提高"办实事""办好事"的思想自觉、行动自觉。

二、协同发力精准施策

始终把纪律要求和风险防范贯穿于各个环节，形成层层传导压力、人人落实责任的有效链条，推动两个责任贯通协同、同向发力。通过制定监督工作方案，明确各单位各部门监督工作职责、工作内容、工作重点，督促各职能部门进一步建立健全制度 19 项。《中国纪检监察报》以《及时雨下到企业心坎上》为题,在头版刊登了东莞市纪委监委和市局党委纪检组为助力市场主体共克时艰,因时因势调整监督重点,督促相关职能部门细化政策措施,推动惠企政策精准实施的做法。

三、监督敏锐性不断增强

各级纪检机构通过全员集体谈话提醒、重点岗位人员一对一谈话提醒等方式,结合上级通报的违纪典型案例开展警示纪律教育 3 次。重点对省局查处的税务人员涉嫌勾结不法分子骗取留抵退税案件进行以案明纪,敲响警钟,唤醒"装睡人"。将"四个一律"从严处理的纪律规矩传达到每一位税务人员,牢固树立税务人员底线思维、强化红线意识,自觉筑牢严禁与不法分子内外勾结、骗取税款,以及在办理留抵退税过程中违反操作规定、不正确履职等行为的思想防线。

四、严管厚爱氛围持续厚植

聚焦重点岗位、重要环节,推动各级层层传导压力,风险防范持续加强,进一步规避政策实施过程中可能发生的执法风险和廉政风险。突出严管厚爱结合、激励约束并重,旗帜鲜明为敢于担当、踏实做事、不谋私利的干部撑腰鼓劲,充分激发了全系统税务干部特别是基层一线税务干部干事创业的内生动力。

● 案例评析

实施组合式税费支持政策,是以习近平同志为核心的党中央统筹疫情防控和经济社会发展作出的重大决策部署,也是税收工作的重中之重,是稳定预期、助企纾困的关键一招,进一步凸显了税收在国家治理中的基础性、支柱性、保障性作用。税务系统纪检机构是党内监督机构,通过以有力监督护航税费优惠政策落实落细,对进一步深化纪检监察体制改革、找准自身职责定位、完善运行机制、发挥好专责监督作用、统筹各方监督力量等方面具有重要意义。

一、坚持将政治监督贯彻到各项重大决策部署的具体实践之中

习近平总书记多次指出要提升政治能力，并强调，政治能力就是把握方向、把握大势、把握全局的能力，就是保持政治定力、驾驭政治局面、防范政治风险的能力。税务机关是政治机关，政治机关讲政治抓政治是鲜明底色和天然使命，而从政治上看问题想事情则是首要要求。因此，只有提高站位，从政治上看此次大规模留抵退税政策，才能更加明白纪检机构必须加强政治监督，以铁的纪律来护航政策落地，真正做到为党分忧。落实好留抵退税不仅是税收问题、经济问题，而且是事关社会稳定大局的大事。落实好留抵退税政策是必须加快完成好的政治任务，而强化政治监督就是纪检机构当然的职责使命。

二、坚持将严的要求进一步有效层层传导到神经末梢

纪检机构牢牢把握"监督的再监督"职责定位，切实提高监督的力度、精度、效度，这要求把握好工作重点，做到政策熟悉、流程熟悉。一方面，补业务"短板"，向书本学、向同事学，掌握有关工作的基本原理、运行机制和业务知识等，决不能谈监督大而化之、抓监督笼而统之，否则就会使监督虚化、弱化、口号化。另一方面，下沉一线，冲在一线，既要听取面上汇报，深入一线身临其境"走流程"，有的放矢明确监督方向、制定监督举措、强化监督重点，又要把握契机主动宣教监督要求，讲清楚使命职责、纪律要求、轻重利害，帮助各级各线条和广大干部职工担当作为、严守纪律。

三、坚持依托一体化综合监督体系织牢织密监督之网

坚持监督力量"一盘棋"，融合各方监督合力。协助督促党委落实好主体责任，推动"两个责任"同题共答、同频共振，发挥各自最大优势。把握落实纪检监察体制改革契机，推动"一岗双责"压实到基层一线，督促相关领导充分发挥和同志们生活在一起、工作在一起、战斗在一起的优势，在工作中做到心中有数。同时，做哪一行的，最清楚风险分布在哪个地域、集聚

于哪些领域、可能爆发在哪些环节。因此，要建立联动机制，及时掌握内督外查情况、成效、进度及问题，以再监督杠杆撬动各方责任落实、工作落地，实现监督贯通联动、一体集成。

四、坚持始终保持严查严打的高压态势

强化监督执纪，按照上级要求做到精准研判，坚决抓早抓小，把问题处理在出现之初，把矛盾化解在萌芽状态。准确把握从严从快查处与依规依纪依法处置的辩证关系，确保守牢案件质量的执纪底线，真正做到"查一能够做百，惩一能够防千"。对于涉及内外勾结通同作弊、以税谋私吃拿卡要、推诿扯皮敷衍塞责等违纪违法问题，严查严惩、决不姑息。东莞税务系统在严查严打上下功夫，督促各级税务机关和税务干部坚持以人民为中心的根本政治立场，坚决打击损害纳税人缴费人合法权益的行为，确保各项重大决策部署不折不扣落实落地。

● 案例思考

一、结合本案例，谈谈通过加强监督执纪护航留抵退税政策的落实有哪些可借鉴之处？

要点提示：

（1）为确保留抵退税工作严格按照政策文件和上级决策部署执行不偏向、不变通、不走样，充分发挥部门联动优势，对照留抵退税政策执行要求进行全面专项监督，对留抵退税疑点数据进行整体梳理分析，着重分析留抵退税存在风险点的客观原因，狠抓留抵退税的各个环节节点，严防严办内外勾结、失职渎职、寻租设拦等违法违纪问题，有效织密退税"安全网"。

（2）持续聚焦增值税留抵退税等政策中的税收执法风险、廉政风险，深入研判分析，瞄准锁定涉及留抵退税政策落实的问题线索，牢固树立起"监督如影随形、纪律保驾护航"的工作理念。

（3）在做好监督执纪工作的同时，不忘做好"以案促改"的"后半篇文

章",持续释放"骗税必严打""违法必严惩"的强烈信号。坚持聚焦落实留抵退税政策过程中内外勾结骗取留抵退税的违纪违法行为,重点选取违法情节恶劣、主观故意明显、警示作用突出的典型案件,适时通报典型案例情况,及时召开警示教育大会,用反面典型案例引导党员干部时刻绷紧纪律弦,针对案件中暴露的短板弱项和风险隐患及时发放纪律检查建议书,护航留抵退税政策"快准稳好"落地见效。

二、结合本案例,谈谈将监督执纪贯穿留抵退税的重点在哪些方面?

要点提示:

(1)延续和优化实施税费优惠政策规模大、环节复杂,对纪检监察机关开展监督工作提出了更高要求。围绕政策执行、责任落实、风险防控等重要环节,必须把监督执纪嵌入退税审核、优惠办理、风险应对、稽查办案等税费优惠政策落实全过程。

(2)针对监督发现的问题,一方面要严肃抓好整改,另一方面要坚持实事求是、依规依纪、客观公正、过罚相当原则进行分类处理。既发挥好执纪问责的震慑效应,又保护好干部担当作为的积极性。

(3)为更好统筹全系统纪检机构监督力量,督促各级纪检机构强化政治监督,加大案件查处、曝光力度,防控"虚收空转"风险。各级纪检机构紧盯政策执行,通过查阅资料、明察暗访、实地调研等方式,严查履行全面从严治党主体责任不到位,以及税务人员内外勾结、通同作弊、吃拿卡要、以税谋私等违纪违法行为。

(4)加强与相关部门的日常沟通协调,督促建立内部纪检专责监督和部门职能监督统一调度、统一报告、统一通报、统一推送和同步督导、同步移送、同步调查、同步研究"四统一、四同步"工作协调机制。同时,指导各级纪检机构主动与地方纪委监委、审计等部门汇报沟通工作、互通监督信息、联合开展监督检查、及时移交问题线索,做到目标同向、步调一致、成果共享、优势互补。

(供稿:国家税务总局东莞市税务局 钟健均)

以全周期清单监管全方位优化亲清营商环境

——浙江舟山定海区创新监督方式落实减税降费政策

🢂 案例背景

2022年以来，我国实施新的组合式税费支持政策，这是党中央、国务院在严峻复杂的国内外形势下，应对经济下行压力、稳住宏观经济大盘的关键性举措。当年伊始，国务院相继部署减税降费相关工作，先后提出"加快、提前、扩围"等新要求，在退税减税规模大、涵盖范围广、优惠力度大、各方期待高的基础上，进一步加快了基层税务部门的落实节奏和工作力度。国家税务总局舟山市定海区税务局认真落实国家税务总局"快退税款、狠打骗税、严查内错、欢迎外督、持续宣传"五措并举工作策略，明确权力与责任清单，精准定位基层税务参与程度和范围，聚焦发挥去产能、去库存、降成本等方面税收优惠政策作用，不断满足"亲清"征纳互动中日益增长的税惠驱动型、税源培育型、作风建设型、执纪增效型发展需求，最大化提升减税降费政策清单账面价值，最优化增加基层税务干部公允价值。

🢂 主要做法

舟山市定海区税务局立足"国之大者"，创新监督方式，建立政治监督工作清单，以"素质、政策、进度、共治"清单形式量化人、权、责、事监督指标，聚焦提升政策效能、实施更大力度减税降费、确保经济平稳运行、整饬工作纪律等20余项内容，形成了重要内容重点跟进、重要进展动态更新、重要情况及时呈报的"清单"监管模式。

一、以"素质清单"聚"亲清动力"

为成体系提高基层税务干部依规依纪依法落实税收优惠政策能力，舟山市定海区税务局对照"惠企纾困"政策执行素质要求，分层次、分类别建立减税降费能力建设对标清单，突出领导干部、职能中层、基层干部、纪检队伍，量化指标，建立健全"领导干部赋能、职能中层深耕、年轻干部墩苗、纪检队伍锻造"的素质提升体系。对于领导干部，以提高监管能力为重点，全过程监督检查各类"一竿子"政策辅导视频会议、留抵退税政策及减税降费工作推进会、征管业务辅导等各类培训的学习情况，将"述惠"作为会商监督重要内容，与年底述职述德述廉述法一并进行，形成分管领域营商环境建设实绩评价清单；对于职能中层，以提高贯彻能力为重点，分类督导"税惠落实、适惠引导、审惠督查"等学习实践计划，形成"政策执行人、风险吹哨人、解惑答疑人"三结合的税惠落实测评清单；对于基层干部，以提高实务能力为重点，着力提升业务水平、服务能力、执法素养，形成"惠企纾困"政策学习与点评并重、竞赛与评查并重、督察与激励并重的干部培养考核清单；对于纪检队伍，以提高监督能力为重点，将减税降费作为监督检查能力提升的"赛场"，通过应知应会政策测试、税费流程体验、营商环境治理问题复盘等方式，形成"全员训"与"实战练"锻造清单。自落实"素质清单"以来，先后督促组织开展组合式税费政策集中培训、业务知识测试、部门分类讨论等政策掌握和执行能力提升活动60余次，历次培训率达100%，知识测试通过率达100%，为涵养税企"亲清发展"关系奠定了基层税务治理素质基础。

二、以"标准清单"实"亲清内容"

引导企业用对用足用好优惠政策工作，全程介入各类"惠企纾困"政策执行落实和宣传辅导。一是建立"看得见的标准"，根据税务总局减税降费和惠企纾困工作总体要求，梳理、筛选、归并的2022年各类"惠企纾困"税收优惠政策汇编，明确惠免期限、享受区间、审核流程、优惠主体、执行期限、问责规定等8个方面的执行落实和监督检查内容，在政策范围内进一步提速前后台减免业务受理、流转和审批，落实专项引导、减免提醒、资料事后补正等便民制度，力争实现惠企"一次办"、纾困"一杆秤"、税政"一单清"。二是建立"抓得好的标准"，为确保税收优惠政策宣传和落实的"真金白银"，突出"快、稳、准"清单标准，于"快"，成立"一竿子到底"工作专班，依托部门建立"惠企纾困"临时党支部19个、党员先锋岗50个，落实税惠对象确定、岗责体系确立、重大涉惠项目管理、涉惠信息增值应用、管理指引实施、企业自行申报、专业团队建设、营商环境个性绩效评价8大"快键"举措；于"稳"，制订倒排期工作计划，按照时间节点逐一落实职能整合、业务衔接、技术支撑、风险防控等50余项平稳推进举措；于"准"，实地检查享受税收优惠的企业，实行"惠企纾困"动态分析监管机制，分惠免类型开展税收分析，以此为契机及时发现和排查各类涉税风险，参照标准降低政策享受的准入门槛，切实帮助企业取得税收实惠。三是建立"做得严的标准"，聚焦税务干部能力作风问题，围绕优化营商环境先后落实尊重基层首创、严打涉惠违规违纪行为、严格"三个区分开来"、问惠回访、作风问题线索接收处置绿色通道、鼓励容错纠错等10余项监督举措，倒逼税务干部在优化营商环境上敢扛事、愿做事、能干事、善成事。

三、以"进度清单"助"亲清发展"

实行全程动态化监督，加强成效过程管理，抓好"惠险双控"。一方面，把控"惠情"，督促落实"惠企纾困"工作信息收集和报送专人负责制，不定期监督检查日、周报告和周计划制度执行情况，及时、动态掌握退税减税工作进度。并通过实地查看、查阅公文、检查台账等方式，全面督查"惠企纾困"政策落实时间、方式、规模，对应搭建"局班子—股室—分局—岗位"四级互动反馈平台，实时沟通、及时联席，全力推进减税降费工作，督导建立"关键问题当天解决，常规工作每日、半周"反馈机制，从局班子做起，实行分片包干责任制，全部深入基层开展计划推进和现场督导；从年轻干部抓起，打造"税惠项目＋营商优化"团队，部署数据清理、政策辅导、调研分析等各项任务，以活力的团队落实"活力"的政策；从退任中层、老干部动起，将该类干部转化为"政策协调员""惠情督导员""保障联络员"。另一方面，把控"险情"，制定"惠企纾困"监督任务、基层干部廉洁履职和营商环境优化小微权力"三张清单"，聚焦流程操作、企业划型、信用评级、风险推送等问题，明确监督事项、任务分工、监督方式、完成时限，牢牢抓住减税领导小组办公室"牛鼻子"，丰富"线上＋线下"双线并行的风险防控平台，第一时间掌握"惠企纾困"工作问题、了解发展规划、投资方式、利润归属等企业经营管理情况，先后开展 57 次政策落实情况检查，确保了上级局下发的留抵退税预警、大中型纳税人退还留抵退税等 74 条疑点数据核查完成率和整改率达 100% 的目标，确保"惠有所速、纾有所依、险有所控"。

四、以"共治清单"优"亲清环境"

以减税降费为契机实施营商环境税收治理体系和治理能力"共治"监督清单，以此建立健全协作机制、布控机制、防御机制、破题机制。一是推动实施"职责明晰＋部门协调"的协作机制。进一步拓宽监督共治的范围和深度，加强与财政、市场监督管理、发改、公安、港航、住建、经信、民政、法院、金融监管等部门之间的沟通联系，建立以税务为主导的联席会议制度，围绕"减税降费"成效编制涉惠信息采集目录，统一实行税务部门与第三方的共识算法和规则体系。二是推动整合"专项布控＋执法检查"的布控机制，通过纳税信用及征信体系应用，加大检查和评估力度，提高抽查比率和频次，突出实地查控与信息推送，从税务登记到退税管理上实行全链条布控。三是推动建设"传递方式＋技术创新"的防御机制，推广应用电子税务局，形成完备的税务数据集成资源，构建以"大数据＋云计算"技术为主体的纳税服务体系和风险防控体系，建设实现以税务、公安、工商、财政、海关、商业银行、产权交易等各部门横向联网的部门信息交互系统，形成包含离线和在线、虚拟和实体、混合和单一等涉惠税收管理模式。四是推动启动"纪税协作＋一体纠治"的破题机制。联动纪委打造"企业点题、税务答题、纪检督查、社会评价"减税降费监督模式，聚焦"减税降费"过程中权力运行重点岗位、征纳互动关键环节、营商环境建设重要人员，统筹建立共享问题清单，靶向破题、一体纠治"蜗牛"从税、"黑手"骗税等 10 大类 60 余项问题。

工作成效

"清单监管"将减税降费的过程和结果放置于"全周期""硬项目""新流程""多职能"中审视、标注、分解、统一，厘清了减税降费生态中的"上下游""左右岸""始终端"，在统筹"清单秩序"与"市场活力"中打造了"惠企纾困"多元矩阵。

一、以清单"全周期"构建了减税降费"新常态"

通过"清单"监管分阶段、聚重点、全流程推进组合式税费支持、留抵退税、纳税信用等级适用及各系列"惠企纾困"四大类50余项政策宣传、落实工作，确保了企业受达率、知晓率、应用率均达100%，完成减退免共计14.8亿元，惠及各类市场主体1万余户，并进一步打通了产业链供应链卡点堵点、降低生产经营成本，使当地企业复工复产率同比增加近30%，进一步提振了市场主体发展信心，也为促进转型升级，进一步激发和保护企业家精神，鼓励更多的社会主体投身创业创新，进而培育知识型、技能型、劳动型创业大军奠定了"亲清"基础。

二、以清单"硬项目"提升了营商环境"软实力"

以"清单"管理方式做好税惠落实的同时，以监督检查的前置、切入、融合、验证等方式保障产权有效激励、要素自由流动、市场竞争有序、企业优胜劣汰的机制作用发挥，分环节建立招商立项、信息采集、税务登记、纳税申报等"清单"培育平台，牵头建立了小微、成长、龙头等"定海百家"典型企业互联发展、"以商携商"机制。目前，已初步将项目总投资达25亿元以上的40个制造业"攀升"企业、产业增加值达10%以上的15个特色海事服务"飞跃"企业、科创类经济驱动16个"星火"企业纳入有生税源分类培育计划中，成功实现商圈、楼宇、古城、镇街等10余个配套产业项目"多点联动、利益共享"目标，直接助力定海区获评"浙江省十佳外贸强县"。

三、以清单"新流程"增添了基层队伍"新动能"

在推动和监督减税降费政策落实过程中,通过再造优化营商环境的"减环节""减材料""减成本""减干预"新流程,在专责监督和专业落实上建立和动态管理"已办结""未办结""新受理"3本子目清单,既打通了年轻干部—业务骨干—职能中层专业人才成长渠道,又锻造了监督检查—线索处置—审查调查专业素养强化平台,锻造了政治过硬本领高强的基层干部队伍。

四、以清单"多职能"优化了共建共治"富生态"

紧盯营商环境优化痛点、堵点、难点的"清单"联动监管,一方面,在执行主体上进一步加强了以"人、责、事、权、制"等为联动核心的部门协作,搭建了与发改、经信、商务等职能部门联通的数据信息平台,以系统化监管的方式加强了部门间的扁平化治理;另一方面,把推动解决重大项目要素匹配、营商环境政策支持、政务服务权力运行等问题,与纠治形式主义、官僚主义问题等工作深度结合,深挖在改革"放管服"、项目"权责利"、队伍"精气神"等方面违纪违法问题,以"多兵种"监管方式进一步丰富了营商环境共建共治"富生态"。

➡ 案例评析

"清单监管"以静态账面形式发挥了动态治理价值,基于此所打造的规制支撑、系统架构、驱动要素、彰显机制,正是探索与突破、普适与精准并重的体现。

一、制度优化能力得到进一步发挥,征纳"打卡地"效应凸显

坚持"以人民为中心"的发展思想,就要紧紧扭住制度优化这个"牛鼻子",在加强最优制度供给、释放最大改革红利上"更进一步、更快一步"。随着减税降费中"清单监管"行之有效的做法用制度形式固化下来,清单销

号与问题解决、成效提升服务链条，重塑基层税务行政权力运行逻辑得以逐步完善，系统完备、科学规范、运行高效的税务机构职能和监督体系也得以构建。因此，"清单监管"的下阶段中心是制度优化，这也是倒逼减权、放权、治权的重要监督途径，如此，方能进一步把握减税降费工作中的区域性、领域性、阶段性特点规律，建设以征纳互动为中心的问题查找、信息反馈、制度优化"打卡地"。

二、动能聚集效应得到进一步发挥，营商"上河图"前景广阔

市场经济是"候鸟经济"，哪里的营商环境优、投资成本低、服务质量好、办事效率高，企业就会到哪里发展，资源就会往哪里集聚，人才就会向哪里集结。当前，城市之间的竞争，不再是资源、政策的比拼，而是营商环境的角力。因此，聚焦到营商环境上的"清单监管"，就是继续从项目立项、信息采集、税务登记、纳税申报、税款征收、发票管理等环节上加强督促推进，进而点对点、项对项、单对单、人对人在各产业链条上部署成长企业"特税特办"、优质企业"下户辅导"、知名企业"创业创新"等支线服务举措，建立优质税源分级培育机制、人才引进机制和创业创新机制，"素质清单""标准清单""进度清单""共治清单"就是在这个意义上深度把握了营商环境优化工作的区域性、领域性、阶段性特点规律，把一体推进监督管理与净化政治生态、激发创业精神、优化营商环境有机结合了起来，足以充分涌流出极具积极性和创造性的新区"上河图"。

三、信息联动优势得到进一步强化，监管"无人区"逐渐透明

税收现代化、营商环境现代化离不开社会治理的现代化，紧扣"联"字的"清单监管"，以搭平台、健机制、织密网、创载体的方式，不断推动政企沟通、党委政府联系企业、涉税政策和信息公开等，以税收协作化、数据化、智能化为主导构建政银会、产学研、政法企等现代"大数据清单"监督平台。大数据之下，"清单监管"将更是"明厨亮灶式"的税收办理、税收治理、税收管理，不仅以各类清单形式为惠企纾困严管所辖、严负其责创造

了数字化平台和抓手，进一步激活基层税务党员干部忠诚干净担当的内在精神，也把一体推进监督管理与净化政治生态、激发创业精神、优化营商环境深度结合起来，届时，"清单"是为数据富矿，监管是为"冶炼"功夫。

➡ 案例思考

一、结合本案例，谈谈在税收管理工作中推行"清单监管"有何价值和现实意义？

要点提示：

"清单监管"是定海区税务局推动政治监督和税收治理具体化、精准化、常态化的制度性探索，初步实现了在减税降费、优化营商环境过程中"国之大者"向"税之要者""督之重者"的转化，以清单形式体现和践行了"全周期管理"理念。

（1）有利于在"一点一线"上联动立项。"一点"即减税降费等税收主业落脚点，"一线"即营商环境等基层经济社会高质量发展生命线，系统构建了建账部署、挂账督办、跟踪问效、问题检视、成效整改机制，提升了系统性、领域性、专业性税收治理能力。

（2）有利于在"一专一全"上联动监察。"一专"即税收专业治理和专责监督，"一全"即税收共治和社会共建，为专要专业调度、专项报告、专题通报、专责监督，为全要联动财税银、纪巡审等协税护税、综合监督合力，职能化构建了部门会商和矩阵监督体系，压实了税收治理责任。

（3）有利于在"一首一尾"上联动治理。"一首"即职责履行最大化，"一尾"即治理成效最大化。实现了从有形素质到有效治理的营商环境优化机制建设探索，细化、实化了与营商环境等地方经济社会高质量发展尺度相挂钩的税收治理指标。

二、联系税收工作实际，简述如何提高税务干部"清单监管"素质？

要点提示：

在留抵退税政策实施过程中，极易产生骗取退税、内外勾结、权力寻租等种种税收违法、违纪甚至犯罪问题。因此，除了从税收实务、政策应用、贯彻执行能力上提升"单兵素质"外，还要以评优评先、考核晋升为导向进一步培育"风险控管、过程验预、监督前置"的清单执行素质，提升靶向施治减税降费违纪违法和营商环境"中梗阻"问题的能力，在贯通办税、办案、整改、惩处、监督、教育中提升税务干部税收履职和监督执纪能力。

（供稿：国家税务总局舟山市定海区税务局　曹舟军　郑叶翔　王兆军）

为退税减税降费政策落实保驾护航

——安徽宣城强化政治监督,保障组合式税费支持政策落地

➡ 案例背景

2022 年,党中央、国务院统筹国内国际两个大局、因时应势强化跨周期和逆周期调节,部署实施新的组合式税费支持政策,对于着力稳住宏观经济大盘、赋能市场主体发展发挥了关键性作用。国家税务总局党委深刻认识党中央、国务院部署实施新的组合式税费支持政策特别是大规模增值税留抵退税政策的重大意义,坚决扛牢抓实贯彻落实政治责任,以"快退税款、狠打骗退、严查内错、欢迎外督、持续宣传"五措并举工作策略,着力推动优惠政策直达快享,积极为市场主体赋能添力。中央纪委国家监委驻国家税务总局纪检监察组结合税务系统纪检监察体制改革,要求全国税务系统依托一体化综合监督体系,强化新的组合式税费支持政策落实情况政治监督,推动发挥职能监督作用,统筹上下联动监督,确保党中央决策部署不折不扣落地落实。同年,国家税务总局安徽省税务局党委纪检组先后印发了《关于加强对全省税务系统落实新的组合式税费支持政策情况监督工作的通知》《关于印发〈省局党委纪检组落实新的组合式税费支持政策情况重点监督任务清单〉及监督指引的通知》等文件,要求加强政治监督上下联动,贯通协同各类监督,加强对市级税务局纪检组履行监督责任的领导,每月下发监督任务清单,主动跟踪了解情况,适时开展监督检查,重点加强对政策传达学习、政策执行和政策落实成效等情况的监督检查,全力打好打赢税费支持政策落实主动仗攻坚战。在省局党委纪检组的指导下,国家税务总局宣城市税务局党委纪检组积极探索围绕落实新的组合式税费支持

政策强化政治监督，推动完善纪检专责监督和各类监督贯通协调机制；同时充分发挥派出机构纪检员作用，主动争取纪委监委等部门协调支持，瞄准监督"上下联动、左右协同、内外互动"目标，构建"全领域压实监督责任、全过程消除监督盲区、全方位贯通监督力量"模式，为保障新的组合式税费支持政策落实搭建了完善的监督网络。

主要做法

宣城市税务局党委纪检组立足"监督的再监督"，围绕"谁来监督""监督什么""怎么监督"，牢牢抓住责任"牛鼻子"，紧盯重点任务落实，找准制约税费优惠政策落实的堵点、风险点，以专责监督为抓手，持续推进一体化综合监督体系各类监督统筹衔接，完善"上下联动、左右协同、内外互动"协作机制，推动政治监督准确有效融入贯彻执行全过程各方面，切实为新的组合式税费支持政策落地落实保驾护航。

一、围绕"谁来监督"，健全监督责任体系

紧抓责任落实、压实责任链条，推动构建党委主体责任、纪检专责监督和职能监督责任协同配合的监督责任体系。一是压实党组织责任。市局党委认真传达学习习近平总书记关于税收工作的重要论述和重要指示批示精神，专题研究贯彻落实省局留抵退税监督执纪工作会议精神，通过听取汇报、综合督查、跟踪督办等方式传导压力、强化责任，部署落实重点任务；市局党委"一把手"专门听取留抵退税监督执纪工作汇报，坚定支持纪检机构开展留抵退税监督执纪，并多次对落实退税减税降费决策部署提出要求，以上率下落实好领导分片包干退税减税工作责任，示范带动领导班子下沉调研督导34次。拧紧党支部责任链条，推动退税减税办临时党支部与公安部门联合开展打击骗取增值税留抵退税案源分析会暨主题党日活动。与机关党委联合督促市县两级局各党支部上下联动，探索跨部门、跨层级、跨县区组建风控、复核等党员突击队，对重点任务、攻坚项目、关键环节采用"党员揭榜挂帅"方式集思广益、创新突破。二是强化专责监督责任。紧盯"国之大者"，综

合运用列席会议、监督检查、巡察整改日常监督、下发纪检建议书等方式，及时发现问题、纠正偏差。探索建立政治监督底稿制度，指导督促县级局纪检组跟踪监督退税减税降费政策落实情况，按月报送开展新的组合式税费支持政策日常监督、追责问责、推动建章立制等情况，按季度汇总形成政治监督工作情况报告清单。健全"清单+派单+督办"监督机制，细化重点监督内容，下发3类20项任务清单，对临时重点任务采取"点对点"派单，对照清单"按图索骥"，督促重点任务落实到位。三是紧盯职能监督责任。加强与退税减税办等沟通协作，督促制定运行工作规则，建立问题响应机制，统筹做好退税减税"红利账单"推送试点工作监督。召开机关监督部门联席会议，督促退税减税办、征管、货劳、非税等部门扛起监督责任，推进退税减税降费政策落实落细。发挥货劳、稽查、风险管理等部门职能监督作用，通过风控平台"3+1"减税降费监控模块、自建"六税两费"10项风险指标等信息化手段，共同筛选重点疑点数据，提前分析研判，深入查找问题。

二、围绕"监督什么"，统筹推进重点监督

聚焦纳税人缴费人"急难愁盼"问题，坚持从大处着眼做实政治监督，坚持精准纠治作风问题，坚持抓实个案整改和系统治理，确保政策措施不折不扣落实。一是做实做细政治监督。贯通政治监督和日常监督，围绕退税减税降费政策落实梳理形成每月重点监督任务清单，形成以单定责、照单履责、对单监督的责任落实机制，实施挂图作战、对表推进、动态更新，全年向县级局纪检机构推送12批任务。针对省局督察发现的留抵退税审核质量、风险应对、"一册三表"等方面重点问题，督促市局退税减税办建立整改台账，对表销号、精准整改。坚持以政治视角审视具体业务问题，重点围绕留抵退税政策落实中存在的退税审核不严问题，会同有关职能部门，统筹运用增值税留抵退税落实情况监督指引开展政治监督，对发现的1个县级局留抵退税审核不严问题开展一案双查，移送法制部门追究执法过错责任1人次。二是靶向纠治作风问题。认真贯彻落实省委"一改两为"决策部署，推动各县级局纪检组长分头带队深入企业了解惠企政策落实情况。检查市县两级局落实领导分片包干退税减税政策、局长接待日制度等情况，研判12366工单系统台账、局长信箱、办税服务

厅等渠道收集的投诉举报信息,深入查找违纪问题线索。联合法制部门采取"县区局立改、市局复查、纪检再监督"方式强化督察整改、跟踪问效,着力查找和整治在政策落实中出现的服务不优、质效不高、速度不快等不担当、不作为、不负责问题。三是系统治理以案促改。在查办1起留抵退税审核不严的案件时,同步做好以案促改工作,对照省局下发的《留抵退税政策落实内部风险类型及表现形式》,督促退税减税办组织自查自纠,着力在岗责优化、完善内控、一体监督、建章立制等方面下功夫,切实防范执法风险。组织学习税务人员失责失职典型案例,观看税务干部原创廉政情景剧《出圈》,集体参观"线上清廉馆",持续强化警示教育,以案为鉴、举一反三加强内部管理,为落实组合式税费支持政策营造风清气正的政治生态。举办纪检青年微课堂暨"青年干部话清廉"活动,解读《宣城市税务系统年轻干部负面行为清单》,讲述税务系统监督故事,组织开展廉政教育专题交流研讨,引导青年税干坚守廉洁底线、弘扬清风正气。

三、围绕"怎么监督",精准护航政策落实

聚焦提升监督治理效能,把监督贯通协同作为着力点,把深化标本兼治作为突破点,把提升监督能力作为结合点,着力健全政策落实监督工作机制。一是加强贯通协调。强化党委主体责任、纪检监督责任、党委书记"第一责任人"责任、班子成员"一岗双责"责任的"四责联动",加强纪审联动、纪巡联动,实现优势互补、力量叠加。如党委纪检组与党委会开展专题会商,通报落实组合式税费支持政策监督发现的问题,推动分管领导领题担纲、统筹抓总,职能部门对号入座、真改实改。制发《派出机构纪检员管理实施细则》,指导纪检员发挥护航留抵退税政策落实的监督"探头"作用。聘请市人大代表、政协委员、企业家代表担任特邀监督员,收集留抵退税政策落实问题,建立问题账、诉求账、销号账。紧盯巡察反馈的留抵退税问题,对照"看认识、看机制、看成效、看问题、看整改"的"五看"标准,加强巡察整改日常监督,推动巡察"回头看"发现问题整改到位。二是深化标本兼治。紧盯落实组合式税费支持政策,完善绩效考评指标体系,建立重点监督任务清单、任务落实台账,实现"立体式"监督、"清单式"反馈、"跟踪式"

考评。强化与退税减税办的联动，按照"督质量、督进度、督风险防控"的要求，督促围绕商贸、建安、交通运输等重点行业建设"一户式"风险指标，完成11个通用指标和18个行业专用指标建设，实现税收风险精准监管。针对1个县级局留抵退税审核不严问题，下发纪检建议书，督促相关部门对照查找自身工作短板弱项，采取有效措施推动留抵退税政策快准稳好落地见效。三是提升监督能力。坚持练好内功，注重选优配强基层纪检干部，持续优化队伍结构。2022年新提拔任用4名干部担任县级局纪检组长，调整后县级局纪检组长平均年龄由48岁降至43岁；在全省税务系统率先试点推行"师徒制"，为9名年轻纪检干部"一对一"配备指导老师，组织交流留抵退税监督经验、剖析存在问题，强化监督"传帮带"。组建执纪审查人才库，吸纳具有法律、财务、税收业务背景和办案经验的纪检干部加入，协助对涉及留抵退税相关业务领域的疑难复杂问题开展"专家会诊"，对"再监督"难题组织团队作战、合力攻坚，全年抽调县级局纪检干部参与执纪审查59人次。通过教育培训、以干代训、知识测试等方式，不断提升基层纪检干部监督执纪实践能力。

工作成效

宣城市税务局党委纪检组聚焦"国之大者"，紧紧围绕服务保障党中央重大决策部署强化政治监督，聚焦监督贯通协同，持续完善协同高效的一体化综合监督机制，以"惩、治、防"一体联动贯彻"三不腐"一体推进理念，不断提升监督治理效能，促进了专责监督工作成效逐步显现，综合监督机制初步健全，各类监督贯通协同更有力度，有效保障了新的组合式税费支持政策在宣城落地落实。

一、进一步提升了政治监督成效

宣城市税务局党委纪检组注重把握政治监督的内涵特点、任务要求，坚持以完善明责、履责、督责工作机制为抓手，构建政治监督工作闭环，推动监督、整改和治理有机贯通，以有力有效的监督确保了退税减税降费政策不折不扣落到实处。注重对任务下达、过程分析、成效评估、问题反馈等环节实行闭环管理，从统一认识、组织部署、调研推动、落实见效等多方面，全方位评价政治责任落实情况，查找业务工作中落实政治要求的问题。比如聚焦留抵退税风险应对，找准政治监督"小切口"，联动制定风险应对监督指引，利用监督指引开展项目化、嵌入式、常态化监督。如对照政治监督发现的典型问题，通过靶向开展一案双查，深入剖析管党治党、权力运行、制度执行等方面存在的不足，有针对性提出监督建议，增强了相关党组织政策落实的政治自觉，督促各责任单位形成责任闭环。

二、进一步提升了一体化综合监督质效

坚持深化落实税务系统全面深化纪检监察体制改革"1+7"、构建一体化综合监督体系"1+6"两套制度体系，以党内监督为主导、做实专责监督、贯通各类监督，构建内外贯通、上下联动、部门协作的"一盘棋"监督格局，持续提升了一体化综合监督质效。如加强对下一级纪检机构领导的指导，推动县级局党委加强纪检干部队伍建设，通过选优配强纪检干部，为做实退税减税降费监督提供组织保障。比如，结合留抵退税政策落实内部风险表现形式，通过聚合市县两级局纪检机构、专（兼）职纪检员和职能部门的监督力量，发挥巡察监督作用，畅通社会监督"直通车"，攥指成拳凝聚监督合力，为提升一体化综合监督质效积累了宝贵经验。

三、进一步丰富了一体推进"三不腐"的实践路径

注重运用一体推进"三不腐"的理念，构建"以小切口发现问题、查办案件形成震慑、以案促改治理一域、完善监督保障执行"的工作模式，持续筑牢政策落实的坚固"后墙"。例如：深入剖析1起留抵退税工作审核不严案件背后的深层次问题，对此下发纪检建议，要求退税减税办制定相关风险防范措施，督促有关职能部门充分运用税收大数据等信息化手段，把监督嵌入留抵退税政策落实各环节之中；探索印发《派出机构纪检员工作一本通》，在留抵退税工作一线发挥好纪检员"探头"作用，深入了解政策落实情况，实现全流程、近距离监督。

四、进一步保障了留抵退税政策落实

宣城市税务局党委纪检组立足"监督的再监督"定位,紧扣"两个维护"这个政治监督的核心和根本所在,紧盯政策落实的难点、痛点和堵点,着力在"小切口、大成效"上下功夫,精准选取切入点,紧盯重点事项进行督办,在日常监督中强化政治监督,多措并举确保留抵退税政策落准落好。如督促退税减税办发挥好统筹推进、扎口管理的职能,及时提炼总结经验做法,提升工作质效。宣城市税务局"六税两费"减免风险防控新模式、留抵退税"三步三分"等做法获得省税务局和地方党委政府领导肯定批示15次。

● 案例评析

宣城市税务局党委纪检组立足职能职责,主动服务大局,强化监督执纪,在监督服务组合式税费支持政策落实方面,形成了一定的实践经验,对于更好发挥监督保障执行、促进完善发展作用具有启迪和借鉴意义。

一、从政治站位看,宣城市税务局党委纪检组善于从政治上开展监督工作,坚持站稳人民立场,履职尽责把"两个维护"落到实处

实施退税减税降费政策是党中央、国务院审时度势、高瞻远瞩作出的重大决策部署,是税务机关的重大政治任务。监督保障新的组合式税费支持政策落实,必须突出监督的政治属性,坚持党中央重大决策部署到哪里,监督检查就跟进到哪里。宣城市税务局党委纪检组聚焦"国之大者",把退税减税降费政策落实作为政治监督重中之重,把作风建设摆在突出位置,强化纪检监督与各类监督统筹衔接,深入基层了解惠民利企政策落实情况,跟踪监督群众"急难愁盼"问题办理情况,探索制定具体措施,列出任务清单,从政治原则、政治态度、政治担当、政治立场出发纠正偏差,提升了政治监督的针对性实效性,充分体现了其始终准确把握"税务机关首先是政治机关,政治属性是第一属性"的政治定位,把增进人民福祉作为纪检工作的出发点和落脚点,积极保障落实落细惠企政策,有力促进了政策红利直达快享。

二、从职责定位看，宣城市税务局党委纪检组善于发挥专责监督穿针引线作用，坚持在守正中创新，以共谋"一盘棋"推动监督攥指成拳

纪检机构的职责定位是"监督的再监督"，要坚持守正与创新辩证统一，坚持创新是第一动力，不断创新监督方式，推动各项监督贯通融合、协同高效，同时要防止脱离监督执纪实际盲目创新，把创新成效体现到解决群众"急难愁盼"的"痛点"、政策落实的"堵点"、权力运行的"淤点"上来，为政策落实清淤排障、全力护航。宣城市税务局党委纪检组坚持"监督的再监督"，在创新监督形式上推陈出新，建立与党委专题会商机制，与职能部门联动监督，探索开展"码上监督"，让办事群众扫描二维码直接反映违纪违法问题线索和意见建议等，汇聚融合各类监督力量构建"上下联动、左右协同、内外互动"的"一盘棋"监督格局，促使监督网络越织越密、监督合力不断凝聚，取得了良好的监督治理效果。

三、从治理理念看，宣城市税务局党委纪检组善于把握系统集成的治理理念，坚持发扬斗争精神，以一体推进"三不腐"提升治理效能

税务系统纪检机构是党的忠诚卫士，只有提振斗争精神、永葆斗争勇气、把准斗争方向、增强斗争本领，才能锻造敢于善于斗争的硬脊梁、铁肩膀、真本事。宣城市税务局党委纪检组自觉增强系统观念、系统思维，坚持发挥专责监督穿针引线作用，撬动各类监督贯通协作，畅通政策落实的"最后一公里"；选优配强纪检干部，强化以干代训，探索推行"师徒制"，把年轻纪检干部放在复杂斗争环境"蹲苗历练"、急难任务一线"负重承压"，不断锻造敢于善于斗争的纪检干部队伍；坚持一体推进"三不腐"，通过系统施治、标本兼治，着力从制度上解决相关案件暴露出的审核不严、不正确履职等问题，推动了办案、整改、治理贯通融合，把制度优势更好转化成税收治理效能。

案例思考

一、结合税收工作实际,简述如何发挥纪检专责监督与职能部门协作集成效应,更好地护航税费优惠政策落实?

要点提示:

税费优惠政策落实是一个系统工程,常常涉及诸多职能部门,实践中基层纪检机构缺乏懂法律、通业务、会办案的复合型人才,"单兵作战"容易陷入"管中窥豹"。纪检专责监督与职能监督从不同角度审视税费优惠政策落实,各具优势、术有专攻,可以取长补短、凝聚合力。

(1)**推进优势互补**。以纪检专责监督为"绣花针",串联起税费优惠政策落实各环节职能监督的"千条线",建立"监督职责清单化、监督统筹项目化、工作推进集成化"的统筹联动机制,破解监督力量不专、线索查不透、成案率不高等问题。如从相关业务条线的职能部门中遴选一批专业骨干担任成员,在沟通联系、督查检查、监督力量、整改落实等方面,下好统筹联动"一盘棋",集中力量定向突破。

(2)**增强监督效能**。实践中,纪检机构和职能部门在落实税费优惠政策监督检查上不同步容易造成监督盲区、重复监督的问题。建立纪检机构与职能部门联席会议机制,明确联席会议统一部署、纪检机构统管统筹、市县两级局职能部门协同支撑的监督布局,常态化开展交叉检查、联动督查,形成监督矩阵效应,对于监督发现的问题,督促职能部门主动认领责任,强化整改落实跟踪督办,严防整改"挂空账"。

(3)**强化组织领导**。纪检机构的定位是"监督的再监督",既要防止陷入"督促等于派活、催活和收活"的怪圈,也要避免大包大揽,甚至带头冲在业务检查的一线,代替有关职能部门进行监督检查。实践中,要建立务实高效的统筹管理机制,对于不涉及具体履职过程中相关业务环节的问题,由纪检机构独立办理;需要查清并深挖业务问题背后的政治问题、履职问题的,要会商相关职能部门统筹调配力量开展联动协作,形成工作合力。纪检机构应坚持用好专责监督这根"针",发挥好"穿针引线"作用,从制度机制、资源整合上下功夫,聚焦联席会议机制等抓手,牵头明确协作重点、统筹监督资源、谋划监督方案、加强沟通会商、做好监督调度，切实发挥统筹协调、督促指导作用。

二、结合本案例，谈谈税务系统纪检机构如何坚持"惩、防、治"有机统一，把一体推进"三不腐"理念融入监督执行税费优惠政策之中？

要点提示：

（1）**坚持惩治震慑，在"不敢腐"上不断加压**。聚焦防范化解税费优惠政策落实风险，重点关注是否存在应享未享、不应享而享等情况，深入纠治政策落实过程中损害纳税人缴费人利益的不正之风和腐败问题。紧盯重点岗位，严肃查处失职失察、履职不力、审核把关不严，以及不作为、慢作为、乱作为，吃拿卡要和通同作弊、内外勾结骗取退税等违规违纪违法问题，始终保持惩的高压态势。

（2）**强化制度约束，在"不能腐"上深化拓展**。坚持挺纪在前、抓早抓小，紧盯权力运行重点环节，推动加强落实税费政策决策部署闭环管理，形成涵盖任务分办、文件制定、政策解读、效应评估、问题反馈、风险防控、完善改进的全流程闭环工作机制，确保税费优惠政策不折不扣落实。联合法制等部门，以抓好税费优惠政策监督发现问题整改为契机，通过下发纪检建议书、风险提示等方式，督促相关单位深入分析、举一反三，弥补管理漏洞和制度短板，努力做到发现一个问题，整改一个问题，规范提升一类工作。

（3）**着眼筑牢堤坝，在"不想腐"上持续提升**。推动学习贯彻习近平新时代中国特色社会主义思想主题教育走深走实，引导党员干部学思想、见行动，树立正确的权力观、政绩观、事业观，始终敬畏权力、管好权力、慎用权力。联合人事、党建等部门开展廉洁教育，对重要岗位、重点职能部门和政策落实关键环节上的党员干部要进行廉政谈话、谈心谈话，持续夯实严的氛围。督促各级党支部在"三会一课"中落实"纪检委员履责时间"，探索按月向纪检委员下发任务清单，加强履责情况监督考核，采取清单化"明责"、制度化"履责"、常态化"督责"方式，为党组织日常监督管理赋能。

（供稿：国家税务总局宣城市税务局　陈利民　潘玉昭　韦超）

税惠速达背后的监督力量

——浙江临海加强监督执纪，保障税惠红利精准释放

📌 案例背景

近年来，税务系统始终坚持以监督执纪为抓手，保障税收优惠政策精准落实。2019年1月，国家税务总局在《关于深入贯彻落实减税降费政策措施的通知》中明确："对政策落实不力、统计把关不严以及在宣传辅导、管理服务等工作中有重大疏漏，造成不良影响的单位和个人，要依规依纪严肃追责问责，以最严肃的纪律确保党中央、国务院减税降费决策部署得到最严格的贯彻落实。"从2019年起，国家税务总局临海市税务局针对临海市场主体类别多、税收征管难度大、廉政管理工作要求严等实际情况，高度重视廉政建设，不断强化纪检监督，先后制定出台《关于加强监督检查为减税降费政策落实提供坚强政治和纪律保证的通知》《关于加强第三方借减税降费服务巧立名目乱收费排查整治工作监督检查的通知》等文件，建立了贯彻落实重大决策部署纪检监督工作方案、减税降费政策措施落实情况"纪税协作"监督检查工作协作机制等工作制度。2022年，临海市税务局针对增值税期末留抵退税政策、新的组合式税费支持政策等重点工作部署落实情况，与地方纪委联合制定了减税降费监督检查工作机制，制定了监督工作方案，深入推进减税降费，建立健全高质量税务系统监督体系。

主要做法

临海市税务局充分发挥纪检监督作用,坚持压实政治责任,紧盯重点监督关键环节,将防范税收政策落实过程中出现的违纪违法行为作为监督执纪工作的重中之重,形成了多维度、多层级的监督矩阵,以更实的监督举措保障税费优惠红利百分百直达市场主体。

一、夯基架梁,"三并"创新业务监督

抓落实与强监督并行。从部署环节及早发力,抓落实与强监督同推进。实行"逢退税减税面上会议,党委纪检组必列席"制度,确保局党委会退税减税议题100%覆盖纪检监督;减税办抓落实会议100%覆盖廉政效能要求。由纪检组紧跟退税减税全过程,建立廉政效能监督台账,开展廉政动态及警情分析,为局党委在落实退税减税工作中举旗定向、抓总统筹提供有力抓手。

面上督与个案督并施。制定退税减税纪检监督方案,建立从监测、督查、警示到问责的监督全流程;开展退税减税廉政效能专项教育,举办市纪委领导讲座、廉政风险培训会等活动,构建退税减税处处督、人人督、督到位的良性氛围。梳理退税减税典型廉政效能案例,通过案例警示教育,亮明党纪国法"红线",警示思想行为"禁区"。共开展退税减税廉政效能教育3场次,对7个廉政问题予以通报。

督人学与自己学并举。将退税减税业务培训纳入纪检监督重要内容,并贯穿到廉政效能监督的全过程,与廉情、效能同检查、同问效。坚持发挥监督职能与提升监督能力"双管齐下",实行纪检组"每周一学"制度,建立"退税减税纪检学习资料库",举办"纪检应知应会测试",确保纪检干部懂业务、会监督。

二、纲举目张,"三盯"促关键发力

盯牢首要主体。抓住减税办这一首要主体,开展纪检首要监督。聚焦减

税办成员，综合开展线上"进圈入群"、线下列席走访等监督问效形式，畅通监督渠道；逐项查看减税办部署、组织、统计、查核等关键职能的履行情况，认真翻看"作战图"和工作台账。针对紧急审核不仔细、缺少分拣流程等疑难问题，开展"驻点式"监督，由纪检组长带队入驻减税办，与减税办班子共谋对策、共克难关。

盯牢关键方面。紧跟减税办牵头全过程，对便企措施、宣传辅导、纪律作风等关键方面开展重点监督，排摸思想不重视、行动不落实、操作不规范等问题，特别是查找"出工不出力""躺平""中梗阻"等不良现象，严格进行针对性的督查、教育和问责，助力补短板、堵漏洞，以纪检监督力，增强退税减税工作核心力。共发出宣传不及时、操作不规范等提醒函10份，纪律检查建议书1份。

盯牢基础网络。聚焦退税减税抓落实基础性机制——"支部、网格结对"，开展专项监督。抽查结对支部、网格工作台账，向企业了解结对支部、网格在联合落实、纾困、服务等方面质效，督促其充分发挥"网格夯实、支部协力"的"1+1大于2"作用，确保退税减税基础性网络机制稳定充分发力。

三、织线成网，"三督"提执纪效能

联动监督夯基础。建立纪检组与减税办、股室和支部等的内部联动监督机制，实行信息共享、联合督查，打造一体化监督战线。协调减税办组建专项审核团队，开展大数据风险分析，已开展政策应享尽享等风险排查6轮。依据税政退税减税企业名单，依托纳服"云调研"平台，在线向企业征询廉政效能等信息3次。发挥各支部纪检委员"廉情哨"作用，强化靠前监督，兜住一线退税减税"安全线"。

定点监督精制导。发挥当地"作风建设年"热潮优势，与各乡镇企业服务中心开展协作，将其分布于广大企业中的"助企联络员"，变成"退税减税廉情效能监测点"，定期通过数据传递、实地查访等方式，精准掌握实际情况，推动解决堵点难点问题。收到监测反馈115户次。

协同监督扩效应。加强与市纪委的汇报沟通，争取工作指导与支持，推进"税纪合作"退税减税监督3次；通过26名社会各界特约监督员，不定期探访退税减税落实动态；梳理下户廉政风险事项清单，探索构建"企税亲清"平台，升级完善《企税亲清指引》，打造清廉六大体系，推出15张记录表、56项指数的评定标准，主动开展廉情回访并邀请两代表一委员"走流程"、邀请纳税人给予"企税亲清"指数评价等活动，为服务质效全流程、全方位"把脉"；设置监督电话热线与办税厅举报箱，主动接受监督，广泛征集意见建议，拓展监督的社会面视角，提升退税减税监督质效。

工作成效

临海市税务局以探索基层高质量监督模式为突破口，全方位保障税费优惠政策落精落稳，为临海攻坚项目建设、加快高质量发展步伐提供了"真金白银"的有力支持。市局先后获评全国工人先锋号、全国税务系统文明单位、全省"建设清廉机关、创建模范机关"工作先进集体等荣誉，并多次得到各级领导的批示肯定。

一、以严监督保障惠民政策精准滴灌

临海市税务局积极履行责任使命，立足于助力社会治理现代化，运用监督对相关问题进行关注督促并推动问题解决，形成"监督—反馈—解决"的良性循环，推动国家相关政策落实落地。成立税收政策工作领导小组，创新开展出口退税、留抵退税、企业发展等"一项目一团队、一企业一服务"行动，对项目的建设、运营提供专业高效的税收服务，助力战略性新兴产业、新材料产业、国际医化产业等项目发展。开展"廉情回访"，深入一线对企业进行360度深度扫描，深挖纳税人需求，对企业逐一逐项进行政策匹配，开展"一对一"政策讲解和"点对点"全程辅导，确保优惠政策精准落实到户，实现"雨中送伞、雪中送炭"式跟踪服务。2023年1—11月，共办理各类税费减免（不含社保费）45.6亿元，同比增长11.6%。

二、以严监督保障税收营商环境优化

好的营商环境是发展经济的"先手棋"、招商引资的"强磁场"、释放活力的"稳定器"。作为离市场主体最近、为百姓服务最直接、和群众打交道最多的公共服务窗口单位之一,临海市税务局强化对深入基层加大服务的监督力度,既保障政策解读辅导、精准送政策上门,又强化流程监管、简化办理、让政策享受提速,还主动征集问题、关注诉求,积极提升响应质效,有力保障税费政策落准落稳、落地见效,多措并举进一步优化税收营商环境。聚焦纳税人缴费人"急难愁盼"问题,为经营主体解难题,促发展,持续深化"补链助企",在尊重企业意愿前提下,充分发挥税收大数据作用,为困难企业牵线搭桥,助力供需双方对接。持续开展"便民办税春风行动",涉税业务网办、掌办率达 98.6%,"智能微呼中心"接通率达 94.7%,有效助力纳税人"零次跑"。创新推出"税企心连心""税收直播间""每日说税"等品牌载体,相关税宣作品已连续 5 年在全国获奖,多次获央视、学习强国等宣传。

三、以严监督保障监督执纪水平提升

紧紧围绕党中央、国务院重大决策部署,强化政治监督,提升监督执纪水平。创新构建"信用+风险"出口退税防骗打骗体系,依托税收大数据精准识别骗取出口退税风险,获时任税务总局局长王军的批示肯定。创新"双不定"干部去向登记制度,不固定人员、不固定时间随机检查干部、职工在岗情况,如实登记去向、原因、详情,以"四不两直"方式抓好工作纪律,不断深化全面从严治党,层层传导压力,纠树并举强化作风建设,倡导干部拒绝躺平、拒绝佛系。连续多年推进"纪税协作",开展"执法联查、作风共督",开展全流程、全方位、沉浸式的监督,相关做法获央视、总局和省纪委网站多次正面报道,央视 CCTV-13 新闻频道《朝闻天下》栏目多次播报"纪税协作"的新闻。

四、以严监督保障现代化治理能力提高

着力"制""治"融通放大成效,监督推动解难从某个点到整个面,从单环节到全链条的提升。针对土地增值税清算,完善确定外包服务单位有关制度,把制度优势转化为治理效能,推动土地增值税清算工作更加规范化。抓深抓实县级局清廉税务建设,制定《清廉税务建设评价指标体系》,全域全面深化构建亲清税企关系,相关经验做法多次获地方党政及市局主要领导肯定性批示,并获央视、税务总局和省纪委网站多次正面报道。获评"全省'建设清廉机关、创建模范机关'工作先进集体""'清廉台州'建设先进集体""台州市营商环境建设先进集体""临海市服务最优单位"等荣誉。

▶ 案例评析

减税降费等税收优惠政策的落实展现了巨大的经济和社会影响力,在促进经济复苏和实现良性循环中发挥了重要作用。为进一步巩固和扩大已有成果,需要进一步加强思考,在实践中总结经验,持续保障税惠红利精准释放。

一、聚焦国之大者

坚持全面从严治党"生命线",坚持党中央重大决策部署到哪里、政治监督就跟进到哪里,以深化税务系统纪检监察体制改革为动力,构建完善一体化综合监督体系,推动政治监督具体化常态化,以有力政治监督保障"国之大者"落实见效;以严的基调常态化整顿干部思想、作风、纪律,提升干部素质和工作效能,一体推进"三不腐",努力让清廉成为临海税务的鲜明标识。定准组织税费收入"中心轴",坚持以"税之要事"服务"国之大事",紧紧围绕"为国聚财、为民收税"神圣职责,围绕党中央、国务院重大决策部署,聚焦税收政策、税收营商环境、群众"急难愁盼"等加强专题监督,下大力气纠治"亲而不清""清而不为"等问题,以服务为本、政治为基,

坚决纠治虚收空转、收"过头税费"、乱收费、乱摊派等问题，坚决打击勾结中介机构借机"打秋风"等损害纳税人缴费人合法权益的行为，确保税费优惠政策不折不扣落实落地。

二、创新监督方式

监督方式方法的运用应注重"量身定制"，有针对性，增加精准性、强化问责力，要着眼提质增效，让监督长出"牙齿"。如聚焦"关键少数"，开展"一把手"和纪检组长任前能力测试，实施落实监督重点事项清单等追责问责机制，形成问责一个、警示一片的"涟漪效应"；聚焦年轻干部，推进"青税倡廉"行动，推出《税务干部网络行为负面清单》，有力筑牢廉政风险"防火墙"。加强协调配合，快速融入新征管模式，必须充分认识在任何时候，党风廉政建设工作都必须贯穿于税收工作大局之中，贯穿于税收政策法规制定、税收管理体制机制建设和改革的总体设计之中，贯穿于"两权"运行全过程。同时，要充分发挥各级各类监督的作用，注重内部监督与外部监督结合，研究新的工作模式。

三、抓牢自身建设

着力打造适应新征管模式的新型纪检监察队伍，"工欲善其事，必先利其器"，纪检监察工作要开展好，必须有把握当前形势的能力以及正确高效开展工作的能力，换言之，每一位纪检监察干部必须有开展工作的能力。要加强自身业务能力，不仅需要掌握监察工作方面的知识，对于税收业务知识也要熟练掌握，否则以外行监督内行、以门外汉对高手说教，将收效甚微、事倍功半，甚至会因为某些错误的判断而贻笑大方，达不到预期的效果。因此，一方面要加强对纪检监察干部的学习培训，包括对兼职监察员以及特约监督员充电，既要学习纪检监察知识，更要学习税收业务知识、干部选拔任用规定、基建工程、政府采购等相关规定，不断提高监督能力；另一方面要选派能力强的人充实纪检监察队伍，根据形势发展的需要，将秉公执纪，坚持原则、敢于碰硬，求真务实、改革创新，严于律己、清正廉洁的人员逐步配备到纪检监察队伍中来，打造一支能力过硬、作风过硬、能干出成效的新型纪检监察队伍。

四、时时跟进监督

针对政策落实的每个时间节点，强化"事前报告、事中监督、事后回访"，下发廉政监督卡、工作提醒函、纪律检查建议书等，时时跟进监督。做到"警钟"时时响，廉风日日新，让监督执纪春风化雨地优化税务"廉生态"，为高质量推进税收现代化发展提供了"廉动力"。

● 案例思考

一、结合案例，谈谈监督执纪与落实税收政策的关系？

要点提示：

（1）税收政策是我国促进经济转型升级、激发市场主体活力、减轻市场主体负担、稳定市场预期的重要政策手段，为推动经济高质量发展提供了重要支撑。而监督是治理的内在要素、重要环节，也是权力正确运行的根本保证，在管党治党、治国理政中处于重要的保障地位和作用。建立健全高质量的监督体系，把权力关进制度的笼子里，是破解治理难题的有效方案。建立健全税务系统监督体系，充分发挥监督保障执行作用，有利于为税收现代化建设提供有力保障，也有利于高质量推进中国式现代化税务实践。

（2）如何将利民惠民的税收政策落实好？县级税务机关直接面对纳税人、服务缴费人，作用最直接、保障最重要，而监督也最关键。为此，需要基层纪检、法制等部门加强政策监督，确保政策真正发挥作用。监督执纪到不到位，直接关系到政策实施的效果，关系到社会公正与稳定，也关系到政府形象和信誉。一方面，监督执纪可以发现问题、加以解决，使政策向社会公正、透明贴近；另一方面，监督执纪能促进税收政策的全面实施。同时，做好税收政策的监督执纪工作是纪检部门自觉践行"两个维护"的具体内容和实际行动，也是落实好税收政策监督责任的直接体现。

二、联系税收工作实际，谈谈如何通过监督执纪有力保障税收政策有效落实？

要点提示：

政策好不好，关键看落实。为保障税收政策有效落实落细，党委纪检组和纪检干部应充分发挥纪律监督作用，提高站位、把握重点、深入基层，通过监督问责推动机关效能提升，全力为经济高质量发展保驾护航。

（1）**提高政治站位**。始终坚持以习近平新时代中国特色社会主义思想为指导，切实把思想和行动统一到党中央、国务院和上级税务部门的决策部署上来，从讲政治的高度，从保持经济持续健康发展和社会大局稳定的高度，充分认清推动税收政策有效落实的重要性。认真贯彻纪检部门关于减税降费等税收政策落实的根本要求，牢固树立"确保税收政策落地也是政治任务"的核心观念。只有认清税收政策有效落实工作的重要性，才能领会监督保障好政策落实情况的迫切性，才能进一步增强监督税收政策落实情况的政治责任感和工作主动性，做到落实政策亲力亲为。

（2）**深入基层调研**。认真开展跟踪问效工作，亲力亲为，不坐等、不观望、不马虎，通过召开纳税人代表座谈会，征求纳税人对落实税收政策工作的意见和建议，了解纳税人对税务部门落实税收政策工作的满意度和获得感。要沉下身子深入纳税人或是缴费人之中查看税收政策落实情况，掌握好第一手资料，从而做到监督保障有针对性，努力破解难点堵点，坚持问题导向，动态总结分析，直揭问题痛处，直曝问题短板，确保广大纳税人和缴费人应享尽享改革红利。以临海市税务局为例，通过聘请特约监督员、召开税企恳谈会、邀请"两代表一委员"走流程、发放"廉政调查问卷"、开通"括苍百灵"工作室、打造"企税亲清"平台等广泛听取社会各界意见建议，确保纳税人缴费人的"真税感"直达税务部门。

（3）**把握工作重点**。做到党中央重大决策部署到哪里、监督检查就跟进到哪里，特别是盯紧税收优惠政策工作中的组织保障、政策落实、征管核算、服务宣传等重点环节，做到监督保障工作既突出重点又不留盲区，确保税收政策落实的监督保障全覆盖。同时，要积极争取相关部门支持，适时向地方政府汇报税收政策的落实情况，以及监督保障落实税收政策的工作情况，注重运用沟通协调等方式方法，做到税收政策的落实与上级税务部门和地方的要求同步，形成监督保障合力。如临海市税务局积极与地方纪委建立健全联合督查工作机制、案件线索快速通报移送处置机制、监督检查惩戒激励机制、税收业务专家库机制等，在日常监督、专项督查、督促整改等方面加强协作配合，形成联系紧密、运转协调、优势互补的工作格局。同时，坚持日常监督与集中督查相结合，传统督查方式与现代科技手段相结合，灵活运用个别访谈、问卷调查、信息化管理、电子监察、数据分析、实地走访以及明察暗访等多种方式开展督查，推出"5D护航"监督保障营商环境优化提升"廉通码"，形成工作合力。

（供稿：国家税务总局临海市税务局　杨善瑾　黄薇　俞悦）

第五篇　宣传服务

党的十八大以来，以习近平同志为核心的党中央把党的宣传思想工作摆在全局工作的重要位置，作出一系列重大决策，实施一系列重大举措，为新时代宣传思想工作指明了方向。2022年，国家税务总局认真贯彻落实党中央、国务院关于减税降费的决策部署，一方面联合有关部门连续发布多项税费优惠政策公告，延续优化完善相关政策；另一方面创新推出"快退税款、狠打骗退、严查内错、欢迎外督、持续宣传"五措并举的工作策略，切实落准落好新的组合式税费支持政策，确保以更快速度、更好质量、更大效果保障经营主体享受政策红利，更好助力稳住宏观经济大盘。

在落实减税降费各项政策过程中，税收宣传服务工作起着不可替代的重要作用。本篇收录的5个宣传服务方面的典型案例均从不同角度介绍了税务机关落实"持续宣传"措施、为纳税人"量身定做"服务、促进经济实体依法纳税和健康发展方面的一些行之有效的做法和经验，对于当前更好地落实党的宣传服务工作、进一步完善税费政策精准推送机制，具有一定的代表性和借鉴意义。这些案例中，既有从大处着手探索建立减税降费的长效宣传新机制，如福建省税务局提供的案例，全方面介绍了福建税务部门根据新的实际情况和新的需求，不断探索和尝试新的宣传方式和手段，通过精心策划，创新宣传工作机制，保障宣传政策的科学性、合理性和可操作性，实现税收宣传共治以及税收宣传的影响力、覆盖面、实效性，从而掌握舆论引导"话语权"，抢占税收宣传"新高地"；也有从细微处入手探索宣传服务的具体措施，如黄冈市税务局"云上宣+线下讲"立体发声、内江市税务系统聚焦三类纳税人缴费人分类分级开展税费政策精准推送、河源市税务局创新打造"三员"服务机制、大庆经济技术开发区税务局强调要常态化收集纳税人的需求等案例。案例中的种种举措是税务部门落实党中央、国务院组合式税费支持政策的宝贵经验和成功策略的具体体现，丰富了中国式现代化税务实践，凸显出税收在国家治理中的基础性、支柱性、保障性作用，对税收工作和税务培训有一定的借鉴和启发意义。

上述案例介绍各地税务部门宣传服务的做法，虽然存在着角度不同、内容不同等差别，但其逻辑起点和终极目标——"以人民为中心"是一致的。税收宣传是促进税收征管、提高纳税人意识的重要手段，坚持"以人民为中心"，不仅要明确适用政策主体，更要及时掌握纳税人缴费人对政策宣传的诉求及期待，采取更加符合群众预期、更加精准的宣传举措，提高宣传的针对性和实效性，高效推动减税降费政策落实。福建省税务局领导走进12345便民服务平台，现场座席接听市民来电，为政策宣传工作指明方向；黄冈市税务局成立14支税收志愿服务团队，采取"一对一""面对面"的方式，深入企业开展个性化、精准化宣传辅导；内江市税务局试点构建"5G+网格员"税费服务宣传格局，将村镇社区"代办员"变"网格员"，便利缴费人随时随地享受申报缴费事项"云辅导"；河源市税务局依托在全市各村（居）党群服务中心设立的1441个"税爱未来便捷100+"税爱志愿者服务点，推出税务人员"分片包干"挂片负责各辖区企业退税减税政策落实的精准服务措施；大庆经济技术开发区税务局将"填鸭式宣传"转变为"需求式宣传"，对纳税人进行"滴灌式"的宣传辅导，科学策划宣传活动。上述税收宣传服务的种种做法，始终坚持"以人民为中心"的价值取向。

一是打牢便民基础。税务部门直接面对广大市场主体、普通公民，通过持续开展"摸实情、找问题、听建议、谋解题"相关活动，并依托数据驱动，更加注重规范集成，优化服务方式，加强与相关部门协同合作，切实提升了纳税人的满意度。

二是坚持利民导向。坚持以纳税人缴费人为中心，健全税收征管制度和宣传服务机制，用完善的制度机制确保落到实处。一方面，积极邀请全国人大代表、重点企业负责人参与税务座谈和全国税收宣传月各类活动，梳理纳税人合理共性诉求和普遍关心的问题，改进税收宣传服务工作，让纳税人缴费人感受到尊严；另一方面，站在纳税人缴费人的角度想问题、办实事，科学设计税收工作流程，把麻烦留给自己，把方便留给纳税人缴费人，彰显纳税人缴费人主体地位。

三是永葆为民情怀。无论是组织企业开展专题体验活动、收集办税缴费流程建议、分析研判纳税人缴费人的涉税新需求新期盼，还是创新打造服务机制、施行税收志愿服务、举办税费体验师活动，都是人民至上的具体体现。特别是遇到困难和矛盾时，能将纳税人缴费人利益放在第一位，确保税费优惠政策送到家、落到位，维护经济社会发展稳定。

总之，只要坚持以人民为中心的发展思想，税务部门就能全力以赴高质量做好征管服务，高标准抓好政策执行，多渠道强化政策辅导，多举措解决问题诉求，多部门强化风险应对，从而抓好政策落实"最后一公里"，确保经营主体便利快捷享受政策红利，有力推动经济运行持续好转、内生动力持续增强，为服务高质量发展作出更大贡献。

掌握舆论引导"话语权"
抢占税收宣传"新高地"

——福建建立减税降费长效宣传新机制

案例背景

减税降费政策是我国在经济领域推出的一项重要政策,旨在降低企业成本,促进经济发展,提高民生福祉。受经济发展方式转变、市场决定作用增强、经济下行压力加大、全球减税竞争加剧、疫情负面冲击等众多因素影响,在2019—2021年加大减税降费规模和力度的基础上,2022年党中央、国务院部署实施了新的组合式税费支持政策,全年新增减税降费及退税缓税缓费超过4.2万亿元。

在减税降费各项政策实施过程中,税收宣传工作起着不可替代的重要作用。党的十八大以来,以习近平同志为核心的党中央把党的宣传思想工作摆在全局工作的重要位置,作出一系列重大决策,实施一系列重大举措,为新时代宣传思想工作指明了方向。2018年以来,国家税务总局福建省税务局根据时任税务总局局长王军对留抵退税长效宣传工作的要求,按照税务总局工作部署及省局领导提出的"干就干到最好,争就向着最优"的目标和要求,紧密把握疫情防控、助力复工复产、"六稳"等工作主题,深刻把握"减税费优服务　助复产促发展"的内涵,积极探索建立减税降费长效宣传新机制,充分调动系统上下主动性、积极性和创造性,有力推动税收宣传工作再上新台阶,打开税收社会共治新局面,为税收中心工作营造了良好的舆论氛围。

主要做法

针对税收宣传工作面临的新形势和新要求，福建省税务局在加大税收宣传共治、主动沟通协调的同时，通过精心策划，创新工作机制，打造宣传品牌，掌握舆论引导"话语权"，抢占税收宣传"新高地"。

一、主动协调，融入地方宣传"大盘子"

一是形成主动向宣传部门汇报沟通工作新机制。福建省税务局领导主动带队走访省委宣传部、省委网信办以及部分中央媒体驻闽机构、省级主流媒体，汇报沟通税收工作开展情况，争取工作理解支持，并获得肯定，实现税收宣传工作由税务部门"独奏"到全省宣传部门"大合唱"局面的转变。2022年2月，省委宣传部部长张彦对福建省税务局党委主动向宣传部汇报工作并形成机制的做法作出肯定性批示。

二是省局"一把手"为党政领导讲税课。2022年3月，福建省税务局主要负责人受省委组织部邀请到福建省委党校、福建行政学院作题为《发挥税收治理作用　服务经济社会发展》的专题讲座，面向在训的八个班次的350多名厅级、处级地方党政领导宣讲税费政策，并现场答疑互动，让地方党政领导"学税、懂税、护税"。

二、精心策划，实现重要宣传"新提升"

一是抓重要时点，精准策划重点报道。建立税务媒体双向联络机制，省市税务部门主动建立"媒体朋友群"，第一时间将税收政策推送给媒体记者，同时，也能第一时间响应媒体记者各项诉求；从事宣传工作的税务干部主动加入当地媒体组建的媒体记者群，第一时间获知媒体动态，及时调整宣传方向。2022年7月上旬，在退税减税工作取得阶段性重要成果时，福建省税务局在组织开展全省635家企业退税减税成效抽样调查的基础上，组织撰写了《利好中小微　利好扩生产　利好研发投入　福建退税减税政策效应显现》文章。7月8日，该篇文章作为福建省重要工作成果在《福建日报》一版重要位置刊发，取得较好社会效应。

二是抓社会热点，精心组织系列宣传。2022年，在疫情反复给企业生产经营带来重大影响时，福建省税务局紧抓热点，组织中央媒体开展疫情期间做好退税减税工作的报道，做到政策推进到哪，税收宣传跟进到哪。4月11日、12日连续两天2条专稿4次在央视新闻联播、新闻30分等重要栏目播出；4—6月，在央视刊播退税减税专稿3条，15次展现福建税务新形象。全年全省税务系统在《人民日报》刊发报道超20篇次，在新华社刊发40余篇次，累计在省级以上各类媒体刊发退税减税新闻稿件超过2000篇次。在2021年度、2022年度"中国税务好新闻"评选中，福建省税务局分别有7件、5件作品获奖。

三、创新机制，掌握舆论引导"话语权"

一是打开宣传"敞口"。充分发挥新媒体的传播效应，创新形式，制作刊发一系列动漫、动图、长图、H5等新媒体政策解读作品，把政策宣传做新做活。2022年，"福建税务"微信公众号共推送作品1645篇，其中：原创作品546篇，阅读量超5万次的19篇；总阅读量超1821万次，粉丝数突破800万。微信原创力、影响力在全国税务系统名列前茅，在全省政务微信影响力位居第四。同时，福建省税务局主动扩大融合宣传渠道，强化与省自媒体协会、直播协会合作，主动联系会长单位，建立税收宣传协作机制，让自媒体负责人、网络主播成为福建税务"粉丝"，主动学习和正面宣传税收，扩大税收宣传阵地。

二是增加舆论"闸口"。积极推动与省委网信办结成深度的战略合作伙伴关系，在全国税务系统率先与省委网信办签订合作备忘录。加强正面引导，既发挥税务管理和服务领域专业优势，又发挥网信办组织协调优势；建立了有效的沟通机制和信息推送渠道，既扩大了税收正面信息及政策"输出口"，又给税收舆情工作增加了一道"闸口"，为税收宣传扩围，建立大宣传格局建立了良好的机制。同时，"福建税务"作为全省唯一中央驻闽机构微信公众号获得中央网信办批准一天三推的平台，得到省委网信办肯定，成为"福建省首批网上联合推送机制成员单位"，这是福建省中央驻闽机构目前唯一获得入选资格的单位。

四、因地制宜，打造区域宣传"新地标"

福建省税务局加强统筹协调，因地制宜开展具有地方特色的宣传活动。福州市税务局在地标性建筑五一广场观礼台悬挂宣传月主题横幅，制作宣传月系列宣传海报，内容包括宣传月主题、税费政策和"非接触式"办税渠道等内容，在市区部分公交站点、户外大屏投放。龙岩市税务局用好当地红色旅游资源，在才溪纪念馆、古田会议旧址等红色景区设立税收宣传栏；利用当地传统客家文化木偶戏，话说税收故事、税收优惠政策，并录制成视频进行税收宣传。三明市税务局以分区分级直播的形式在市区、将乐、明溪设立三个直播点，针对当地企业的特点连线直播，全市纳税人和缴费人在线观看并参与互动。漳州市税务局在"中国书画之乡"诏安县开展"猜灯谜、学税法"活动，与县灯谜协会联合制作税务主题灯谜，将基本税收知识、减税降费等政策化为谜面，通过"诏安图书馆"微信公众号，开展线上猜灯谜活动。

五、围绕主题，打造税收宣传"新品牌"

加大全省宣传力量统筹协调规划力度，不断拓宽宣传的深度和广度，强化精准传播，强化原创作品的"品牌化""标签化"，着力打造税收宣传品牌 IP。根据差异化、分层化、分众化的要求针对不同的受众群体创设专栏，打破原有原创产品形态和结构束缚，重构产品生产流程，根据受众需求推动内容的创新与创造，实现精准推送。同时，努力打造"铜盘路 36 号""税小榕"和"税小莉"等品牌 IP，切实增强受众的认同感和黏合度，形成品牌影响力的长期优势。各地市税务局根据不同时期税收宣传工作需求，打造地域特色税收文化品牌。福州市税务局推出云故事短片，讲述了税务部门助力企业复工转产的故事；同时开发创作云卡通，推出"税小榕""税小莉"税宣文创产品；积极与福建师范大学对接，筹备大学生电影征集活动。漳州市税务局开展《我与税收的故事》手机摄影比赛，通过微信公众号、市级主要媒体等面向纳税人征集"我与税收"的故事。三明市税务局通过动画的方式展示税务机关在税收优惠政策和纳税服务等方面支持全面建成小康社会发展的工作,并在全市组织税务干部及纳税人、缴费人开展以民生为专题的摄影作品有奖评选活动。

工作成效

税收宣传的意义在于推动税收重点工作开展。在长效宣传机制的有效推动下,全省税收宣传环境发生了可喜的变化,地方党政领导及各部门、主流媒体更加重视和支持税收宣传工作,宣传平台呈矩阵化发展,税企关系及税务形象得到进一步提升。

一、地方党政部门更加重视

福建省税务局进一步深化税收共治,更加主动地向地方党政、宣传部门汇报沟通工作,争取理解支持,取得初步成效。2021年,时任省委宣传部部长邢善萍带领新华社、中央广播电视总台等多家央媒派驻福建机构的主要负责人专程到福建省税务局走访调研;2022年2月,省委宣传部部长张彦对福建省税务局党委主动向宣传部汇报工作并形成机制的做法作出肯定性批示。依托全国税收宣传月等重要节点,在省政府新闻办统筹安排下,省局联合省财政厅、省人社厅、省医保局召开新闻发布会,发布财税、社保、医保优惠政策落实情况和便民办税硬举措,邀请央媒及省市级新闻媒体共50多家参与报道。省委宣传部更加重视和支持税务部门政策落实宣传,邀请新华社、中央广播电视总台等6家中央新闻媒体、2家省新闻媒体参加新闻通气会,就落实税收政策扶持企业复工复产有关情况进行通气,积极回应社会关切。

二、多维宣传矩阵更具特色

从办税宣传服务平台、税收普法教育示范基地、自媒体建设等方面打造多维税收宣传矩阵,实现纳税人缴费人全方位、多角度了解减税降费政策。2020年,漳浦县税收主题公园被税务总局、司法部评选为全国税收普法教育示范基地,这也是当时全国唯一一个24小时全天候开放的国家级税收普法教育示范基地,如今已成为周边学校、酒店住客及居民普法、休闲的好去处,也是周边学校举办游园、普法活动的重要场所。除此之外,"福建税务"微信公众号建设维护也取得显著成效,已有粉丝数850万人,占全省总人口数的19.7%。

三、增进税企互动更有成效

因地制宜开展减税降费政策宣传活动,充分利用地方区域特色和当地媒体等各类资源优势,既加强了与民生的紧密联系,又推动了减税降费宣传工作与地方特色充分融合,增强宣传吸引力的同时,有效增进税企、税民互动,提升减税降费宣传实效,受到广大纳税人缴费人的关注与认可。福州市税务局开展税收云直播活动,线上线下解答减税降费相关政策,观看人数超2万人,当场解答问题50余个;与市民营企业家协会联合举办的专场活动,邀请500多位民营企业家收看。莆田市税务局携手邮政速递定制5万张全国税收宣传月主题贴纸,以张贴在包裹上的形式搭乘邮政小车在全市范围内走街串巷、进家入户。三明市税务局联合顺丰快递等物流企业,将税收宣传月主题、税收优惠政策指引和"福建税务"微信公众号二维码,制作成贴纸粘贴于快递包裹、快递车上。平潭区税务局邀请快递员成为"税收宣传员"设计"云税官"形象"税小云",以"云税官"形象策划税宣小故事动漫,开展"云游办税厅""云税讯课堂"等活动。地方宣传活动精彩纷呈,税企互动更加频繁。

四、税务部门形象更大提升

税收宣传工作作为减税降费政策落实中的重要一环,发挥着不可替代的重要作用。减税降费长效宣传新机制是以最大力度抢占宣传"新高地"的体现,一方面,第一时间让政策被广大纳税人缴费人熟知,发挥政策红利效应;另一方面,充分展现了税务部门全心全意为纳税人缴费人服务的理念和高效务实的工作作风,增进纳税遵从,提升税务形象。近年来,福建税务部门主动邀请当地电视台实地走访，通过随机采访、深入企业采访等方式，倾听纳税人的真心话，报道纳税人对"便民办税春风行动"、减税降费服务等满意度和获得感，树立税务部门良好形象。

案例评析

减税降费长效宣传新机制意义在于，通过持续、有针对性的各类宣传手段，让广大纳税人缴费人及时了解国家减税降费政策，快享政策红利，实现快速发展，形成了一定的实践成果，具有一定的研究借鉴意义。

一、坚持以人民为中心

税收宣传是促进税收征管、提高纳税人意识的重要手段，以人民为中心是至关重要的立场和思想。以人民为中心，不仅要明确适用政策主体，更要及时掌握纳税人缴费人对政策宣传的诉求及期待，采取更加符合群众预期、更加精准的宣传举措，提高宣传的针对性和实效性，更好推动减税降费政策落实。福建税务局领导走进12345便民服务平台，现场座席接听市民来电，深入了解群众对税费政策享受过程中的期待，为政策宣传工作指明方向。积极邀请全国人大代表、重点企业负责人参与全国税收宣传月各类活动，彰显纳税人缴费人主体地位的同时，进一步增强税收遵从度，为减税降费常态长效化宣传提供了坚实保障。

二、坚持沟通协作

一方面，主动向上沟通，取得税务总局支持。保持与税务总局办公厅新闻办、宣传中心各处室、中国税务报社等单位良好沟通联系的基础上，主动向税务总局有关司局领任务、派骨干，以良好的工作状态高质量完成上级布置的各项宣传工作任务，争取工作支持与肯定。在开展重点工作宣传时，福建税务局第一时间主动将主流媒体发布的有关福建税务新闻稿推送给总局宣传中心及有关处室，2023年共有9条新闻被总局《税收舆情》专刊首页目录推荐，较上年同期增长 4.5 倍。

另一方面，主动加大与当地党政部门和宣传部门联系，得到地方党政领导的重视和支持，不断扩大税收宣传"朋友圈"。地方宣传部门作为地方党委政府的"喉舌"，具有广泛的社会影响力和公信力，能够有效地传递政策信息与理念。同时，地方宣传部门具有丰富的宣传资源和渠道，可以为减税降费宣传提供更多更丰富的支持和帮助，促进政策落地实施。近年来，福建税务局持续深化税收共治，主动向地方党政、宣传部门汇报沟通工作，加大新闻协作工作力度，建立税务媒体双向联络机制，试点建设首个"税收共治宣传服务中心"，全面推进建设"党政领导、部门合作、社会协同、公众参与、法治保障、科技支撑"的税收共治体系，体现了"精诚共治"的服务理念，政策宣传社会效应更加凸显。

三、坚持守正创新

守正才能不迷失方向，不犯颠覆性错误，创新才能把握时代、引领时代。税收政策是国家治理的重要工具，关系到每个纳税人的利益。在坚持守正的基础上进行创新，才能充分体现对纳税人合理诉求的尊重和合法权益的保护。一方面，守正意味着要严格遵循国家法律法规和政策规定，确保减税降费政策的合法性和合规性；另一方面，坚持创新要求积极探索新的宣传方式和手段，提升宣传效果，扩大宣传影响力。随着新媒体技术的发展，传统的宣传方式已经不能满足当代纳税人缴费人的需求，只有不断创新，贴合时代发展趋势，才能更好推动减税降费的落地实施，以最大宣传力度助力减税降费红利直达快享。福建省税务局注重横向配合，凝聚业务处室合力，深入研究政策内容，明确宣传口径，切实提升宣传内容精准性，为减税降费等重点工作宣传扩大了声势，提升了影响力。同时，从办税宣传服务平台、税收普法教育示范基地、自媒体建设等方面创新打造多维税收宣传矩阵，在打造区域"新地标"、媒体"新视角"、宣传"新品牌"上持续发力，形成具有福建特色的新时代宣传模式，有力提升纳税人缴费人满意度和获得感。

案例思考

一、结合本案例,谈谈建立减税降费长效宣传新机制对推动减税降费政策落实有何价值和现实意义?

要点提示:

减税降费长效宣传新机制,是福建省税务局在减税降费政策实施过程中,通过加强宣传引导、创新宣传手段、扩大宣传范围、提高政策透明度等措施,将政策宣传工作融入地方特色,不断发挥区域优势,使纳税人和社会公众更加了解和支持各项税费政策,对推动减税降费政策落实提质增效具有重要意义。

(1)有助于提高纳税人和社会公众对减税降费政策的认知度。扩展各种宣传渠道和形式,如新闻发布会、线上直播、制作宣传动画等,将减税降费政策的具体内容、适用范围、操作流程等更好地传递给纳税人和社会公众,使他们更加了解政策,增强对政策的信心,从而更加积极地享受政策红利,降低企业成本,提高经济效益。

(2)有助于营造良好的舆论环境。通过加强对减税降费政策的宣传报道,展示政策实施的成果和效果,让社会公众看到减税降费政策对企业和个人的实际利益,从而提高政策的公信力和社会认同度。同时,加强对违法违规行为的曝光和惩戒,强化社会监督,确保政策的有效实施。

(3)有助于提高政策的满意度。通过及时、准确、全面地发布减税降费政策的相关信息,让纳税人和社会公众了解政策的制定过程、调整依据和实施细则,增强政策的透明度。这有助于消除误解和疑虑,增强政策的可预期性,使纳税人和社会公众更加信任和支持政策。

(4)有助于加强政策的落地执行。通过加强对税务部门的培训和指导,提高税务工作人员的政策执行能力,确保减税降费政策在各级税务机关得到有效贯彻落实。同时,加强与财政、审计等部门的协同配合,形成政策落实的合力,确保政策发挥最大效益。

二、联系税收工作实际，简述在税收宣传工作中如何坚持守正创新？

要点提示：

税收宣传工作是一项重要的公共事业，旨在提高公众对税收政策和纳税义务的认识和理解。减税降费政策落实新形势对税收宣传工作提出更高要求，只有不断进行守正创新，才能更好保证减税降费政策的顺利实施，为经济社会发展提供有力支持。

（1）坚持守正，就是要坚守税收宣传工作的基本原则和价值取向。这包括坚持公正、公平、公开的原则，尊重纳税人的权益，弘扬诚信纳税的社会风尚。同时，也要坚持以人民为中心的发展思想，将税收宣传工作与满足人民群众对美好生活的向往结合起来，让税收宣传工作更好地服务于人民。在具体宣传过程中，要注重宣传政策的科学性、合理性和可操作性，避免出现误导纳税人的错误信息，影响政策落实成效。

（2）注重创新，就是要根据新的实际情况和新的需求，不断探索和尝试新的宣传方式和手段。可以探索利用新媒体、社交媒体等新的传播平台、新的传播形式，扩大税收宣传的影响力和覆盖面。同时，还要注重税收宣传工作的实效性，确保每一次的宣传都能达到预期的效果。这就需要深入了解纳税人的需求和期望，制定出切实可行的宣传策略和方案。

此外，还要建立和完善税收宣传工作的评估和反馈机制，以便及时调整和完善宣传工作。

（供稿：国家税务总局福建省税务局　冯勇琦）

精细精准服务　助力税惠红利直达快享
——湖北黄冈多点发力唱响税费优惠政策宣传"好声音"

● 案例背景

2022年，我国实施新的组合式税费支持政策是党中央、国务院统筹国内国际两个大局，稳定预期、助企纾困的关键性举措，是税务部门必须打赢的硬仗。国家税务总局黄冈市税务局自觉聚焦党中央、国务院重大战略部署，不折不扣贯彻落实税务总局"宣传要加力，服务要得力，系统要给力，监督要有力"的要求，发扬"严、真、细、实、快"的工作作风，扎实推进各项退税减税工作，确保税收红利直达市场主体。特别是在"宣传加力，服务给力"上打出一系列"组合拳"，唱出黄冈税宣"好声音"，做出黄冈服务"新品牌"，助力税费优惠政策落地落实，为地方经济社会发展贡献了"税力量"。黄冈减税降费成效显著、亮点纷呈，获得了党委政府领导和纳税人缴费人的肯定和点赞，赢得了社会美誉度。2022年以来，黄冈市税务系统落实组合式税费优惠政策工作，32次受到地方党委政府领导肯定性批示，120余人次纳税人缴费人向黄冈税务部门赠送锦旗、书信赞誉，落实税费优惠政策经验作法、工作成效260余次被省级以上媒体宣传推荐。

● 主要做法

黄冈市税务局自觉扛牢政治责任，认真落实税务总局"确保既退得快退得好，又退得准退得稳"的要求，不断创新税收宣传方式、拓宽宣传渠道、丰富宣传内容，打造全方位、立体化宣传格局，确保市场主体应知尽知，以宣传促政策落实、促服务优化，助力打赢打好留抵退税等组合式税费优惠政策攻坚战，服务经济发展。

一、"云上宣+线下讲"立体发声，拓宽宣传覆盖广度

黄冈市税务局集中精力对纳税人缴费人关切的新的组合式税费支持政策、社会保险费政策等热点和"非接触式"办税缴费方式进行全方位、立体化宣传，"万屏联动"传税声，线上线下同发力。线上，强化与本地官方媒体、主流媒体、重点网站、融媒体常态化对接合作，打造"报刊有文、电视有影、广播有声、网络有言"的全媒体宣传矩阵；举办"税语春风"直播课堂，讲政策、解难点、送干货，营造良好宣传氛围；持续优化黄冈税务公众号，构建影、音、图、文等多元融合的宣传模式，并扩大朋友圈接力转发，增强宣传辐射效应。线下，开展"万屏联动"税收新媒体作品展播活动，充分利用商圈、居民小区实体宣传栏，公交车、出租车、邮政网点广告展示牌，电子阅报栏等传统媒介占领"高地"，滚动播放增值税留抵退税、"六税两费"减半征收等税收优惠，传递税务"好声音"，把"带温度的政策"传遍大别山每个角落。

二、"走出去+请进来"多维互动，提升社会参与热度

政策服务"走出去"。黄冈市税务局成立14支税收志愿服务团队，采取"一对一""面对面"的方式，深入企业开展个性化、精准化宣传辅导，针对性地帮助企业经营者和财务人员补齐税收优惠政策短板，确保税收优惠政策直达快享；深化税邮合作，走进邮政网点辅导工作人员电子税务局相关操作，宣传新的组合式税费支持政策，投放税收优惠政策宣传资料，设立政策宣传便民点，打造"家门口的办税服务厅"。

代表委员"请进来"。邀请人大代表、政协委员和特约监督员走进办税服务厅和税务机关，开展"税收政策大家谈""税企恳谈面对面"活动，通过"走流程体验""心贴心交流"等方式，让代表委员为税收代言，倾听企

业代表政策落实中的堵点难点问题,形成良好宣传氛围。

协同宣传"造声势"。争取市委、市政府,财政局、各大银行、媒体代表等共同举办"税惠大别山 古城展新颜"系列宣传活动,为税收优惠政策宣传预热造势。

三、"问需求+多元化"双管齐下,彰显税收服务温度

为了让税费优惠政策宣传更接地气,群众喜闻乐见,黄冈市税务局创新宣传方式,突出精准选材,从"税务机关想说什么"转变为"纳税人想听什么"。通过12366纳税缴费服务平台的咨询热词、点击率、在看数、留言评论等方式,捕捉纳税人缴费人对税收政策的关注点,贴近需求推出宣传作品。突出重要时间节点,围绕税收宣传月、宪法宣传日、各大节日等,纵深推进税法宣传,在不同场合精准"加料"税收元素。融入特色文化,做好税收政策特色宣传,聚焦英山缠花、黄梅挑花、红安大布等非遗传统工艺,走进非遗企业,量身定制政策辅导服务;将宣传融入乡村振兴,成立黄冈市税务局青年干部乡村振兴实践基地,将"税务蓝"融入"乡村绿",提高乡村企业税收政策理解能力和办税能力;针对热点税收政策和纳税人关注点,制作系列动漫小视频、英文政策解说等,让政策宣传可听可读、好看易懂,实现了宣传内容从可读到可视、从静态到动态、从单向到双向的转变。

四、"一对一+面对面"定点滴灌,做细宣传辅导精度

在做好政策宣传"大水漫灌"的基础上,黄冈市税务局在精准上做足文章,推出系列个性化、精细化服务举措,实现政策精准推送。一方面,依托大数据技术,抽调业务骨干组建专家团队,对纳税人的登记注册类型、所属行业、经营规模等属性信息进行深入分析,对现行税收优化政策进行全面梳理、深度整合后,"一对一"直接推送适配性强的优化政策给纳税人,实现"人找政策"转向"政策找人";另一方面,结合"便民办税春风行动"和党史学习教育,深入企业开展走访问需活动,广泛收集企业涉税政策需求,针对企业对税收政策"点单"需求,创新性地利用"图文+App录屏"等形式,详

细解读政策内容和申报享受流程，通过税企微信群、征纳互动平台一对一推送，实现政策红利由"大水漫灌"向"精准滴灌"转变。

针对不同行业、不同企业，对税收优惠政策进行系统梳理，整理汇编税费优惠政策"大礼包"，做到一企一策，由首席服务员送政策上门，"面对面"精准解读文件，确保纳税人缴费人对税收优惠政策"听得清、看得到、记得住"，全力做到"政策找人、政策上门"。

五、"党旗红＋志愿蓝"互促共进，强化红利落地力度

在税费优惠政策宣传辅导中，黄冈市税务部门大力弘扬革命老区精神，充分发挥红色文化、党建引领、青年主力作用，引导党员干部牢记以"为国聚财、为民收税"为使命，着眼于企业发展，主动融入发展大局，发扬务实苦干的拼搏精神，扎实开展减税降费工作，赓续传承红色精神血脉。积极发挥"党建引领＋税务团队"效应，全市税务系统成立党员先锋队40余支，为打赢落实税费优惠政策攻坚战提供专家团队"全天候"服务。积极推进基层党组织活动方式创新，推出"机关＋企业"结对共建新模式，进一步深化党建、业务融合。红安县税务局与企业联合开展支部共建活动，面对面向企业宣讲税收优惠政策，打通税惠政策落实"最后一公里"。发扬青年攻坚力量，让青年干部在减税降费一线历练成长。组织成立"青年政策宣传先锋志愿队"，通过开展税费优惠政策讲座、专题讨论会、核心企业现场指导、对外政策宣讲、发放宣传资料、提供咨询服务等多种形式，深入浅出地解析税费优惠政策内容和申请流程，使纳税人缴费人能够更全面地了解税费优惠政策，更及时享受到政策红利。

● 工作成效

黄冈市税务局通过系统上下协同联动，部门之间协同共治，不断丰富政策宣传形式，强化政策解读指引、精准推送、办税辅导，为系列税费优惠政策落地营造了良好氛围，加速了政策落实落细，让政策红利更好惠及经营主体，为企业发展增活力、添动力，有力地促进了黄冈社会经济发展。

一、提升政策宣传质效,唱响税宣"好声音"

在组合式税费优惠政策落实中,黄冈市税务部门不断创新税费政策宣传路径,推动宣导口径更规范、识别需求更智慧、服务体验更优化,从而提升政策执行效率、宣传效能和宣传效应,让税收政策"好声音"传遍了大别山每一个角落,为打通政策红利落实"最后一公里"营造了优良政策环境。在2022年黄冈针对298户典型企业调研中,对企业税收优惠政策辅导面和企业的知晓率、满意度三项指标均达到100%。在精细政策宣传加力下,系列税费优惠政策在大别山革命老区落地生效。据统计,黄冈市2022年全市减免税费及退税缓税60.51亿元,其中,新增减税降费19.03亿元,增值税留抵退税31.91亿元,缓缴税款9.57亿元;2023年上半年全市新增减免税费6.3亿元,税收优惠政策实现应享尽享。随着税费优惠政策红利惠及市场主体,政策在服务改善民生、解决企业难题、促进经济发展、增加财政收入方面的作用初步显现,为稳定宏观经济大盘提供了有力支撑,极大激发了市场主体活力。

二、促进产业结构调整,创优环境"护底盘"

以增值税留抵退税为主的"真金白银"税收优惠,大幅缓解了市场主体资金压力,助力黄冈经济起势有力、稳中有进。2022年全市实现生产总值4.9%的增长,三个产业均实现正增长。为增强黄冈经济发展后劲,税务部门着重以服务制造业高质量发展为切入点,为1074户制造业、科研和技术服务业办理留抵退税13.91亿元,着力培育生物制药、高新技术材料等新的增长点,第二产业生产总值增长8.6%,全市新认定高新技术企业290家。43户企业增值税留抵退税额在千万元以上,其中,黄冈某浆纸有限公司4.59亿元,湖北某(集团)化工股份有限公司2.06亿元,黄冈某市政工程有限公司9000万元,某新能源智能汽车8700万元,反映了组合式税费优惠政策对黄冈重大项目发展的强大支撑作用。2022年,黄冈市三次产业结构由2021年的19.7∶33.2∶47.1调整为19.9∶34.4∶45.7。其中,全市规模以上工业企业1451家,新增229家,规模以上工业增加值增长12.6%,产业结构进一步优化,经济发展底盘更加稳固。

三、激发市场主体活力,助力经济"复元气"

组合式税费优惠政策加持,便捷高效的办结速度,让"带着温度"的税收红利落实到千家万户市场主体,为市场"输血""供氧",有效发挥了助企纾困、稳住宏观经济大盘的作用,极大地提振了市场主体发展信心,持续激发市场活力。在2022年黄冈针对298户典型企业调研中,有136户(占比45.6%)受访对象计划将留抵退税资金用于购买原材料和支付工资,有24户(占比8.1%)受访对象计划将退税资金用于购买机器设备、改进生产技术,如湖北某新能源有限公司拟将获得的680.8万元退税资金全部用于更新机械设备;有41户(占比13.8%)受访对象计划将留抵退税用于增加固定资产投资、扩大生产规模,有9户(占比3%)受访对象计划将留抵退税用于加大研发投入。在税收优惠政策的加持下,市场主体发展信心更足,动能更强。据统计,2022年黄冈市新增市场主体7.85万户,增长12.57%。2023年上半年新增市场主体1.2万户,税费优惠政策叠加延续效应逐步释放。

四、保障社会稳定大局,服务民生"促和谐"

黄冈市税务局着力用好税费优惠政策杠杆作用,促进保民生稳就业。2022年,全市税务系统落实"六税两费"2.67亿元,惠及7.1万户纳税人缴费人,90%市场主体享受政策红利。在2022年增值税留抵退税中,小微企业享受的退税面最广,共计2791户享受留抵退税政策,占全部户数的91.21%;退税金额共计10.49亿元,占全部退税金额的39.73%,户均37.6万元。随着增值税留抵退税等优惠政策落地生根,政策红利犹如"春雨润苗"般惠及众多小微企业,为小微企业送来资金"及时雨",助力小微企业焕发新的生机,也为增加就业岗位,维护社会稳定发挥了不可估量的作用。在调研的298户典型企业中,有42户(占比14.1%)受访对象计划将退税资金用于支付职工薪酬、补缴社保费或改善员工福利,如某家居黄冈有限公司计划将退税资金中的600万元用于发放职工工资,提高职工待遇。2022年,城镇新增就业人数7.13万人,"税力量"功不可没。税费优惠政策宣传既是把政策红利"落到袋里",也让万千家庭"暖在心里"。

案例评析

从实践中看,落实组合式税费优惠政策是一项系统工程,涉及多部门、多领域,需要税务部门切实提高政治站位,站在经济发展的高度,坚持辩证思维、大局思维、发展思维,处理好"三组关系",方能确保优惠政策落地生效。

一、树牢辩证思维,处理好"点"与"面"的关系

组合式税费优惠政策宣传,必须要将"大水漫灌"式宣传与"精准滴灌"式辅导有机结合起来,才能确保政策红利真正落地落实。一方面,组合式税费优惠政策既有减税、降费政策,又有退税、缓税措施,涉及方方面面。税务部门必须扩大宣传力度和覆盖广度,让党的好政策传遍千家万户,提振市场主体发展信心。另一方面,每一个市场主体都存在差异化,其涉税政策需求不同,税务部门必须对接纳税人个性化、差异化需求,做到从"供给侧"到"需求侧",精准推送税收政策,加强辅导解读。

二、树牢大局思维,处理好"减"与"收"的关系

从表面看,组织税费收入与落实留抵退税政策之间似乎存在矛盾,税务部门组织收入的压力会进一步加大。但从深入看,两者是融为一体的,组织收入与完成好留抵退税工作是辩证统一的关系。一方面,经济决定税收,实施大规模增值税留抵退税是党中央、国务院作出的重大决策部署,是应对经济下行压力、稳定宏观经济大盘的关键性举措,将会为市场主体释放巨大红利,进而促进经济健康发展,利于组织税费收入;另一方面,依法依规组织税费收入,是税务部门的神圣使命。这两者都是税务部门职责所在,必须做到应退尽退、应收尽收。

三、树牢发展思维,处理好"远"与"近"的关系

从黄冈实践来看,短期内地方财政支出会面临较大压力,尤其是在土地

财政难以为继、传统税源减少的大环境下，实施大规模增值税留抵退税政策会有很强的"阵痛"；但从长远看，实施大规模增值税留抵退税政策，为市场主体供氧、输血，有助于进一步优化税收营商环境，增强市场主体抵御风险的能力，保障宏观经济大盘稳定，对税收事业的高质量长远发展和税收收入的可持续增长有积极效应。

案例思考

一、结合本案例，谈谈在日常税收政策宣传辅导工作中，如何不断提升税收政策宣传工作质效？

要点提示：

做好税费优惠政策宣传是贯彻落实党中央、国务院决策部署，提振市场主体信心的必然要求，是让纳税人缴费人应知尽知、推动政策快速精准落地的必由之路。提升税费优惠政策宣传质效，有利于增强税收营商环境"软实力"。作为税务部门，新时期在做好传统宣传工作基础上，要加快构建精细化、智能化、个性化的税费宣传体系，更好地推动经济高质量发展，服务中国式现代化。

（1）精准分析，变"埋头生产"为"供需对接"。立足立体化咨询体系，以税企互动群、征纳互动数据为基础，搭建需求分析模型，对咨询问题进行标签处理，分析咨询占比较高的税费类型、政策问题、业务环节，整合高频问题、关联问题、延展问题，将纳税人缴费人咨询热点转化为政策宣传的主题，确保税费政策宣传有的放矢，促进税企互动"供需对接"。积极落实税费政策宣传的"供给侧改革"，根据宣导对象的行业特点、知识结构分布，以及对税费信息的需求深度不同，有侧重地开展宣讲。

（2）创新机制，变"晦涩生硬"为"有趣直观"。税费优惠政策宣传要采取喜闻乐见的形式，让政策宣传通俗易懂。可对税费政策多采用生动有趣的案例和浅显易懂的语言，将严谨的条文政令、复杂的税收理论和专业的税费知识直观化、趣味化表达，使税费政策宣传更加"有趣有料""入脑入心"。可采用动漫小视频、政策小课程等方式，制作纳税人缴费人喜闻乐见、好看管用的税费宣传产品。对讲解类事项,通过各类图解、短视频、直播课程等更加直观的形式,依托税务微信公众号、税企互动平台等进行发布,让纳税人缴费人及时了解政策。

(3)凝聚合力,变"一家独唱"为"多家合唱"。税费优惠政策宣传工作,服务市场主体,服务社会经济发展,必须从发展大局出发,积极争取地方政府部门支持,构建大宣传工作格局。可联合地方党委、政府、财政局、商务局、金融等部门,共同构建多元传播的税费"大宣传"体系,形成在招商引资、各类经济金融活动中必讲税费政策的"税宣习惯"。要积极融入地方宣传"大盘中",依托地方宣传活动,借力借势,融入税收元素,创新宣传形式,让税收政策宣传更有生命力和吸引力。

二、做好税收政策宣传对优化税收营商环境有何积极意义?

要点提示:

税收政策宣传工作是税收营商环境的重要组成部分,是税收营商环境的"前沿阵地"和"第一印象",事关国家税收政策能否顺利落地生效。做好税收政策宣传具有重大意义,有助于改善提升税收营商环境。

(1)畅通征纳互动"连心桥"。在政策宣传辅导中,税务部门进一步了解纳税人缴费人涉税涉费需求,有利于在政策宣传辅导、便民办税服务中精准发力、按需施策,进一步推动纳税服务向智能化、精细化、个性化发展。

(2)提升市场主体获得感。一方面,税收政策红利的精准落地,提振了市场主体发展动力和信心;另一方面,通过讲好算清"红利账单",优化税收政策宣传,能极大提升市场主体获得感。

(3)树立税务部门好形象。通过丰富宣传渠道,创新宣传方式,在税收优惠政策及时、精准直达中,传递了税收"好声音",让纳税人缴费人对税务部门评价更好、认可更高。总之,接地气、受欢迎的宣传辅导,有利于提升纳税人满意度获得感,对税收营商环境产生积极作用。反之,在税收政策宣传工作中,如果搞形式主义,实效性、便利度不高,纳税人缴费人负担"不减反增",则会降低纳税人缴费人获得感,对优化税收营商环境产生极大负面作用。

(供稿:国家税务总局黄冈市税务局　金明)

从"人找政策"到"政策找人"

——四川内江创新开展精准推送政策服务

● 案例背景

2021年,中共中央办公厅、国务院办公厅印发的《关于进一步深化税收征管改革的意见》(以下简称《意见》)提出建设"线下服务无死角、线上服务不打烊、定制服务广覆盖"税费服务新体系,明确指出"2022年要实现运用税费大数据精准推送优惠政策信息,促进市场主体充分享受政策红利"。为深入贯彻落实党中央、国务院决策部署和国家税务总局工作要求,国家税务总局四川省税务局提出"把握好深化税收征管改革、加快推进税收现代化的重大机遇",围绕"一平台三中心"(即大数据智能平台和数据服务中心、决策指挥中心、智慧监督中心)纵深推进信息化建设,提升智能咨询、信息推送、智能搜索精准性。

近年来,国家税务总局内江市税务局围绕"定制服务全覆盖"服务体系建设,积极推进税费服务方式转型升级改革,通过组织企业开展专题体验活动、收集办税缴费流程建议、分析研判纳税人缴费人逐年增长的涉税新需求新期盼,建立税费服务需求信息分析体系,根据纳税人缴费人行为习惯,探索推出定制化服务产品,有效改善纳税人缴费人服务体验。2022年,内江市税务局在总局、省局党委的坚强领导下,以科技创新为驱动、以人才振兴为撬动、以服务大局为导向,提出"积极对接省税务局各项试点工作任务,加大人才输送培养力度,进一步提升数据驱动、以数治税能力水平,进一步打通税费优惠政策和特色服务信息推送链条"目标,通过精准推政策、精准推服务、精准推帮扶,促进税费优惠政策直达快享,助力市场主体纾困解难,实现"人找政策"向"政策找人"转变。

主要做法

近年来,内江市税务系统聚焦三类纳税人缴费人,分类分级开展税费政策精准推送,确保政策直达快享。

一、科技创新,对"绝大多数"开展"一户式"推送

建立税费标签体系,优化受众筛选。内江市税务局牢固树立以数治税思维,深入挖掘发票数据、个人所得税数据、社保数据等,在推送税费优惠政策前,及时根据适用对象、适用条件、适用时间等内容细分"标签",运用"数字员工"完成对纳税人缴费人的筛选标记工作,并依托受众习惯、办税行为、申报数据等对纳税人缴费人进行"精准定位",第一时间匹配政策享受主体,让政策直达快享。

打造智能咨询体系,开展精准问需。打造全市统一智能咨询服务平台,提供"7×24小时"和一线通答服务,以纳税人缴费人需求为导向,开展3次纳税人需求调查,近8000户次纳税人缴费人参加。抓好"意见码上提"二维码推广运用,纳税人缴费人可随时通过扫描二维码,在线填写相关信息,及时向税务机关反映税费优惠政策落实诉求,促进传统咨询方式由"解答问题"逐步向"解决问题"转变。

构建智能宣传矩阵,推出"甜税云课"。发挥门户网站、主流媒体、新媒体作用,通过"云宣传"方式全方位报道税费优惠政策贯彻落实等情况;推出"甜税说""甜税码上知"等延伸课堂,采用定期加不定期直播讲解模式,通过"云辅导"方式对税费优惠政策进行"一政一讲、一措一谈"讲解;创新推出"局长'码'上办"服务专线,向纳税人缴费人提供音频专联服务,主动听取"负面"声音与意见建议,推动税费优惠政策落实中热点、难点问题的解读实时更新、滚动发布。

二、人才赋能，对"关键少数"开展"网格式"推送

内江市税务局鼓励支持青年干部和复合型人才参与税费优惠政策推送工作，通过"干中学""学中干"锤炼出能解决实际问题的实用型人才，进一步提升税费优惠政策推送质效。

"退税手账"做细，向留抵退税企业推送。 全市税务系统各青年理论学习小组充分发挥青年理论学习小组示范带头作用，探讨政策落实措施，为退税工作建言献策。内江市东兴区税务局青年退税攻坚团队创新探索制作退税流程图，从政策执行时间、退税办理流程进行逻辑梳理，将退税流程中常见问题、注意事项进行分类分级整理归集，通过税企交流群、电话宣传等方式向同规模、同类型企业精准推送。

"一户一档"做优，向专精特新企业推送。 组建"专精特新"企业服务团队，结合企业具有专业化、精细化、特色化、新颖化特点，建立"一户一档"专项台账，通过到企业开展实地走访调研，收集企业生产、经营、研发情况和涉税需求，为企业在税费优惠政策落实中可能遇到的难点堵点等问题提供专项辅导，并精准推送量身定制的税惠政策服务清单。

"甜税公律"做精，向上市企业推送。 组织内江市税务局公职律师团队，定期将上市企业报送的财务报表和税收申报表进行数据比对，积极排查是否有逻辑不符、收入不对等、优惠政策未享受等情况，提醒企业财务人员及时更正申报。掌握企业销售发票开具和取得的增值税发票信息，对符合增量留抵条件的进项数据进行辅导，获取企业资产重组、股权转让等信息进行专项比对，精准推送上市过程中需要注意规避的涉税风险，护航企业走好上市之路。

三、服务大局，对"中心主体"开展"滴灌式"推送

内江市税务局充分考虑纳税人缴费人主体特征及政策信息获取渠道，通过点对点走访、面对面交流、一对一辅导的方式加强政策推送精准性，营造政策落实的良好氛围。

走进田间地头，开展以税资农专题推送。 近年来，依托"内江黑猪、资

中血橙、威远无花果"等一批金字招牌打造特色产业链条，内江市税务局主动与邮政、农村信用社等建立合作机制，多渠道获取特色产业链条企业名单，组建的"税务管家团"走进涉农龙头企业推送研发费用加计扣除等政策，运用税费大数据帮助涉农企业拓宽下游销售渠道，并将高信用涉农企业推送给银行业金融机构，帮助涉农企业解决融资问题。

走入课堂讲堂，开展创业就业专题推送。走进市民营办"创业甜城·乐业内江"特别栏目直播间，推送"大众创业、万众创新"税费优惠政策；走进高校课堂，重点推送税收法律知识和针对高校毕业生的税收政策，为大学生就业创业"输血供氧"、保驾护航；走进双拥示范点，推送退役士兵自主就业创业税费优惠政策。

走到村镇社区，开展社保费网格化精准推送。试点构建"5G+网格员"税费服务宣传格局，将村镇社区"代办员"变"网格员"，在城乡居民社保费征缴期间，网格员分片包干，利用5G技术实现社保费政策精准推送，便利缴费人随时随地享受申报缴费事项"云辅导"，同时缴费人还可与税源管理部门直接对接，让税费服务管理更规范高效。

工作成效

2022年，内江市税务局通过征纳互动平台，向6.02万户纳税人缴费人定向推送适用税惠政策49.72万条，通过"甜税讲堂""可视答疑"等"直播+主播+接线"宣传矩阵开展政策宣传辅导37次，收看人数达到28.15万人次，相关经验做法被税务总局《每日动态》采用。内江市东兴区税务局"00后"干部运用"退税手账"工作事迹被《中国税务报》头版刊用，获时任税务总局局长王军和四川省委常委、宣传部部长郑莉的批示肯定。相关退税减税政策推送与宣传辅导工作被新华社、人民网、川报观察等媒体报道200余次。

一、精准推送政策，最大限度释放政策红利

数据赋能，准确识别"政策惠及谁"。内江市税务局借助税收大数据，归集行业特征、税费退减免抵政策、咨询频率等"标签化"数据，推进各项

税费优惠"标签化"管理，通过征纳互动平台，"一对一"定向推送适用税收优惠政策，纳税人通过登录电子税务局，即可查收推送的税费优惠政策信息，实现了"人找政策"到"政策找人"的转变。据统计，2022年全市税务系统通过"标签化"向纳税人精准推送政策16万户次。

云端服务，定向筛选"政策匹配谁"。在政策出台后，第一时间通过政策适用主体分类、信息系统智能筛选、相关部门信息共享等方式，精准"圈定"政策优惠对象，针对不同行业、不同类型纳税人缴费人的特点和需求，分类推送相关政策法规、办税指南、涉税提醒等信息，提供精分类别的个性化、精细化服务，实现企业从"海量搜索"到"一键获取"转变。

联动宣传，高效定位"政策推给谁"。结合"个体工商户服务月"，积极联合市场监督管理局等部门，深化税收政策宣传辅导和走访座谈，进一步改进诉求响应。聚焦个体工商户集中分布的街道，主动向商户们宣传小规模纳税人的税收优惠政策，形成问题台账，并对申报操作、开票规范等进行辅导，梳理制作个体工商户政策"大礼包"，发放资料1万余份。

二、精准推送服务，最大力度提升服务质效

实现"智能化"服务信息推送。积极推送全国统一规范电子税务局"新办智能开业"场景应用试点信息，引导新办纳税人最大程度去除税务开业登记环节中的人工干预，享受"开业即开票"。打造"人工接听+智能应答+工单办理"的"问办协同"咨询模式，持续开展"码上提 马上办"服务，推动诉求办理从"解答问题"到"解决问题"的转型升级。

实现"个性化"服务信息推送。定向推送办税缴费预约服务信息，积极推进企业开办、信息变更、不动产登记等业务"一件事一次办"。引导符合条件的纳税人缴费人通过税务机关提供"远程帮办"和"容缺办理"完成税费业务事项流程。健全"开展评价—差评处理—差评应用"的"好差评"业务闭环模式，将差评回访率和按期整改率提升至100%。

实现"便利化"服务信息推送。定向推送对"企业财务会计制度"等11项证明材料采用调阅复用措施，减少资料重复报送，深化落实"个体工商户经营者身份证明"等12项税务证明事项告知承诺制等减政便民信息。通过定

向推送引导纳税人缴费人通过税邮驿站、便民服务中心、银行网点等社保缴费渠道，享受社保缴费"远程办、就近办"便利。

三、精准推送帮扶，最大限度推动助企纾困

"融资增信"信息推送更加精准。 向存在"轻资产、纳税少、无抵押"融资难现象的市场主体精准推送"银税互动"等信息，引导纳税人提高税法遵从，提升纳税信用。2022 年，全市 A、B 级纳税人提升 4.10%，并通过"银税互动"成果转化，帮助 264 户诚信企业获取了 13.38 亿元低息融资贷款。

"补链强链"信息推送更为完善。 通过"统一社会信用代码 + 行业、地区、登记类型"等"1+N"模式，搭建跨部门数据共享应用桥梁，持续深挖大数据应用价值，筛选有价值信息推送给有需求的企业，帮助企业拓展上游原料供给来源、打通下游产品销售渠道，搭建区域合作链条。内江市税务系统先后为蘑菇、稻虾、柑橘等产品找到了区域合作链条，共计有 20 余家企业通过税收"大数据"找到跨区域合作伙伴。

"权益保障"信息推送更成体系。 推动税费争议"小事不出分局、大事不出县局、争议就地化解"。推动未按期申报处罚实现"首违不罚"自动识别和处罚金额自动预填，以"智慧税务"推进"精确执法"。开展"释法明理、法理相融"的"说理式"执法试点，力争案结事了、定分止争，为市场主体营造公平宽松的成长环境。

◆ 案例评析

内江市税务局精准推送工作释放了政策红利，提升了服务质效，推送机制更加优化、推送范围更加精准、推送效果更加明显。但对标税务总局对税费政策精准推送的要求，对照纳税人缴费人对政策兑现直达直享的期待，精准推送工作还存在一些问题和不足。一是政策适用主体确认的精准度还需提升。与地方相关部门的数据交换平台仍未完全打通，涉税数据的交换质量还不高、交换频率还不够。二是政策推送的宣传产品实用性还需提升。一些政策宣传产品并未满足纳税人缴费人需求，一些政策宣传解释文案不够通俗易

懂，导致有的纳税人缴费人收到后仍有疑问。三是一次性推送、动态化推送的机制还需优化。征纳互动平台、微信、短信等多个渠道同步推送，给部分纳税人缴费人带来一些困扰；有的企业信息更新不全面不及时，导致推送对象、推送时段、推送内容有待优化调整。为此，为进一步优化精准推送工作，还需从以下三个方面重点发力。

一、精准推政策，实现从"人找政策"转变为"政策找人"

实现政策送上门。内江市税务局横向建立税费精准推送工作联络机制，定期梳理最新税费优惠政策，形成精准推送指标，依托征纳互动平台等渠道向纳税人缴费人实施税费政策精准推送，实现政策红利由"大水漫灌"向"精准滴灌"转变。

实现服务有专人。紧扣纳税人缴费人"急难愁盼"问题，鼓励支持青年干部和复合型人才参与税费优惠政策推送工作，为"专精特新""小巨人"企业配备首席税务服务专员，变"广泛服务"为"按需服务"。

实现服务成闭环。对符合政策享受条件的企业提供"精准推送—未享提醒—动态跟踪—问效分析"的全流程闭环服务。通过红利账单精准推送，进一步提升纳税人缴费人享受税费优惠政策的获得感和体验感。

二、精准推服务，实现从"解答问题"转变为"解决问题"

办税渠道进一步拓宽。通过定向推送办税缴费预约服务信息，大力推送"全程网上办"信息，依托"天府·税邮驿站"、便民服务中心、银行网点实现社保缴费功能，覆盖内江市所有街道乡镇，为市场主体打造办税缴费服务矩阵。

办税时间进一步压缩。通过筛选纳税人缴费人办税缴费信息，定向推送办税缴费服务指南和操作指南，提高纳税人缴费人提交资料的准确度，结合减流程、减资料、减环节服务，进一步压缩纳税人缴费人办税缴费业务办理时间。

权益保障进一步加强。通过健全"枫桥式税费争议调解体系"，定向推送税费争议调解案例，引导纳税人缴费人通过争议调解化解税费争议，实现"小事不出分局、大事不出县局、争议就地化解"，进一步加强纳税人缴费人合法权益保障。

三、精准推帮扶，实现从"政策红利"转变为"发展信心"

推送银税互动信息实现"三方共赢"。通过筛选符合"银税互动"融资贷款条件的企业，定向推送"银税互动"信息，帮助诚信企业获取低息贷款，实现"纳税有诚信、银行有效率、企业有发展"的三方共赢。

推送补链强链信息构建"合作链条"。充分发挥税收大数据供需搭桥作用，运用产业链追踪为有需求的企业精准匹配购销信息，进一步帮助企业拓展上下游供销渠道，搭建互利共赢的区域合作链条。

推送税务管家信息服务"中心主体"。通过组织"税务管家团"走上大街小巷、走进田间地头、走入课堂讲堂，为有需求的企业提供面对面交流、一对一讲解、手把手服务，做到有问题时随叫随到、没需求时不被打扰。

▶ 案例思考

一、联系进一步深化税收征管改革实际，谈谈如何认识精准推送服务？

要点提示：

（1）精准推送政策是深化税收征管改革的重要课题。税收现代化是国家治理体系和治理能力现代化的重要组成部分。为高质量推进中国式现代化税务实践，需要进一步完善精准推送工作机制，落实"数据+规则"理念，提升智能化、场景化应用程度，推进政策宣传辅导"未问先送"，进一步促进从"人找政策"向"政策找人"转变，从"海量搜索"向"一键获取"转变，实现税费政策的快速直达，实现纳税人缴费人获取信息成本和基层负担双降低。

（2）精准推送服务是回应纳税人缴费人需求的务实举措。精准推送服务体现了税务部门坚持以人民为中心的发展思想，牢固树立以纳税人缴费人为中心的服务理念,紧紧围绕纳税人缴费人税费服务需要和诉求,进一步丰富服务内容、创新服务手段、完善服务机制、提升服务质效,推进高水平税费服务新体系建设。

(3)**精准推送帮扶是不断优化税费营商环境的重要抓手**。精准推送帮扶可以进一步拓宽纳税人缴费人获取信息的渠道,更好推动从"政策红利"到"发展信心"的转变,帮助纳税人缴费人纾困解难,进一步优化税费营商环境,提升纳税人缴费人满意度和获得感。

二、通过本案例,谈谈税务部门应如何进一步提升精准推送工作质效?

要点提示:

(1)**完善精准推送的基础支撑**。进一步健全精准推送工作机制。加强省、市、县三级税务机关纵向统筹,科学规划推送信息,避免多头重复推送。结合全国统一规范电子税务局和金税四期试点成果,进一步提升数据分析质效,探索运用"数字员工"等新技术提高"标签化"管理精准度。

(2)**关注受众群体的个性需求**。结合工作实际,对属地纳税人缴费人开展"精准定位",充分考虑纳税人缴费人接受推送内容的渠道和需求,开展分类分级推送。对绝大多数能操作使用电子税务局等平台的纳税人开展平台推送;对极少部分无法使用平台的纳税人开展"管家式"推送。

(3)**提高精准推送的信息质量**。紧扣政策执行衔接段、税款征收期等时间节点开展推送。丰富推送内容,采取推送直播链接、讲解回访、税宣短视频等方式,进一步丰富宣传产品多样性,便于纳税人缴费人按需选择。

(供稿:国家税务总局内江市税务局

田永乾 周渝 戡黎明 彭允瀚 刁伟)

为纳税人快速享受税惠政策"搭把手"

——广东河源创新打造"三员"服务机制

➡ 案例背景

减税降费是激发市场活力、加快经济结构转型升级的重要推手，是助企纾困解难最公平、最直接、最有效的举措。2022年，全国税务部门把全面贯彻落实好减税降费政策作为坚定捍卫"两个确立"，坚决做到"两个维护"的具体体现，扎实推进各项政策的落地生根，从而有效发挥了税收政策对稳定市场预期、提振市场信心、助力企业纾困发展的积极作用。

河源市地处粤北地区，市场主体以体量小、散点分布的个体工商户为主。2021年，河源市第八次党代会正式提出大力实施产业兴市行动，加快培育千亿级电子信息产业集群、百亿级水产业集群、百亿级先进材料产业集群、生态旅游业、现代高效农业等"五大产业"，激发高质量发展动力。国家税务总局河源市税务局针对"五大产业"编制5本税惠指引，将分散于20个不同税费种、不同文件中的优惠政策，按照"五大产业"分类进行全面梳理，归集为658个税费优惠事项，"精准送"帮助纳税人税费优惠政策"快速享"。在此基础上，河源市税务局进一步构建精细化、智能化、个性化纳税服务，创新打造"三员"服务机制，从送红利、促共享、优服务等多方面，建立政策速递、专职联络、首席服务等三项机制，多途径、多平台、多方式落实落细各项税费优惠政策，倾力服务地方产业战略布局，开启了河源税务优化纳税服务的新路径。

主要做法

面对复杂形势和繁重任务,河源市税务局充分发挥党团组织作用,创新打造"三员"服务机制,"面对面"提速税费政策宣传普及,"点对点"帮助企业纾困解难,"心贴心"落实精准服务措施,促进减税降费工作从"无差别服务"向"精准服务"转变,为纳税人缴费人提供更加高效、便捷、精准的税费服务。

一、建立"税收政策速递员"机制

持续打造"税爱"品牌,组建党员先锋队、青年突击队、巾帼建功队,建立"税收政策速递员"队伍,通过政策宣讲会、培训辅导班"税爱未来"网络直播课堂、税企交流群等线上线下渠道,提速组合式税费支持政策的宣传普及,高效迅速地把退税减税政策"礼包"送到纳税人手中。

队伍实施动态管理。根据项目、任务、工作变动情况科学统筹调配人员。党员先锋队队员在市税务局机关各党支部中选取,党支部书记、部门主要负责人等党员干部发挥示范带头作用,不足15人的党支部至少选派1名队员,15人以上的党支部至少选派2名队员,实现队员党支部全面覆盖;青年突击队队员在市税务局机关青年理论学习小组中选用,推动青年理论学习成果实践化,做到学用结合、知行合一;巾帼建功队队员由市税务局妇委会选择。

强化资源调度。强化信息互通,做到更好地贴近群众、团结群众、引导群众、服务群众。工作过程中,充分挖掘身边的先进典型事迹,依托形式多样的宣传手段,形成良好的社会影响。

充分发挥优势。充分发挥党的政治优势、密切联系群众优势和群团组织优势,推动队伍释放阵地作用,以巩固拓展党史学习教育成果为契机,把党的政治引领贯彻到服务发展大局、服务纳税人缴费人、服务基层群众的全过程和各方面。

二、建立"税务专职联络员"机制

依托在全市各村（居）党群服务中心设立的1441个"税爱未来 便捷100+"税爱志愿者服务点，推出税务人员"分片包干"挂片负责各辖区企业退税减税政策落实的精准服务。通过大数据分析列出各辖区符合政策条件的纳税人，由"税务专职联络员"分片上门走访，开展政策兑现跟踪支持等一系列贴心、便捷服务。

强化人员统筹。 由各县区税务局抽调业务熟、责任心强的党员干部组成专职联络员队伍，直接与村（社区）志愿辅导员对接业务咨询、系统操作辅导和问题解答等，指导村（社区）志愿辅导员按区域、按规范开展工作，解决好各渠道在收集村（社区）志愿服务过程中遇到的疑难问题。各县区税务局按实际情况安排税费服务指导员到村驻点，为村（居）民解决涉税疑难问题；由各村（社区）党群服务中心服务意识、责任心和沟通能力强的党员干部担任志愿辅导员。通过培训，辅导有需要的村（居）民通过广东省电子税务局、微信"粤税通"小程序及广东税务、河源税务微信公众号办理城乡居民保险缴费、线上代开增值税普通发票等税费业务和提供退税减税政策宣传，切实打通为民服务的最后"100米"。

压实工作责任。 要求各县区税务局党委主动向当地党政领导汇报，争取县镇两级党政领导对该项工作的支持。选优配强人员力量，坚持惠民、便民、利民的工作理念，按照"分片包干"和"每村一名辅导员"的要求，确保责任到岗到人，形成长效化、常态化的"税务—村（社区）—村（居）民"直联沟通服务机制。

聚焦工作重点。 聚焦热点，宣传辅导新的组合式税费支持政策。向村居常住纳税人缴费人发放《新的组合式税费支持政策》宣传册和宣传海报，重点宣传支持乡村基础设施建设、推动涉农产业发展、促进乡村消费、激发村创业就业活力等税收优惠政策。聚焦堵点，开展社保费缴费服务进村（社区）。针对部分基层乡镇村居群众尚未完全适应电子办税缴费方式，尤其是要帮助老年人迈过"数字鸿沟"这道坎，持续推进税费业务"掌上办""网上办""村里办"，让老年人享受到"智能化"带来的便利。聚焦难点，开展个性化辅导。对村民出现入职离职、社保费征缴争议、发票作废与红冲及退税、跨部门业务等问题，向村居民开通问题咨询解决"快车道"，由专职联络员集体到村，为村民解决疑难问题，广泛收集村志愿者在实际操作过程中遇到的疑难问题及相关意见建议，及时给予工作指引，进一步优化办税缴费业务办理流程。

三、建立"首席纳税服务员"机制

为符合各项退税减税优惠政策享受条件的重点税源企业纳税人分配"首席纳税服务员"，在上门辅导的同时，做好企业需求调研、问题搜集及疑难问题跟踪解决，"点对点"帮助企业纾困解难，促进退税减税工作从"无差别服务"向"精准服务"转变。

设立大企业首席联络员。 为千户集团、省级列名大企业、市级列名大企业及重点税源企业配备首席联络员，挂钩联系的企业名单随局领导基层联系点变化作动态调整。各县区税务局参照市税务局，选取部分重点大企业由县区税务局党委班子担任大企业首席联络员。

加强税企沟通交流。 通过召开发布会、走访企业及发送信函等形式，将首席联络员姓名、联系方式和工作职责及时告知企业。利用现代信息化平台和工具，拓展税企沟通渠道，创新税企互动方式，提高沟通效率。依托大企业税收服务和管理平台开展政策推送、风险提示提醒及企业需求和意见建议反馈等服务。适时开展税企高层走访、对话和专项交流，为企业提供"一对一"专属服务，快速响应大企业的重大复杂涉税诉求。

提供"一企一策"服务。 梳理部分重点大企业新的组合式税费支持政策落地及热点问题，结合相关行业税收风险管理成果，归集整理大企业涉及行业多发风险点，根据大企业个性化需求编制纳税服务手册，提供"一企一策"专项服务，为企业提供税收政策指引和行业风险提示，帮助企业预防和控制税务风险，助力企业发展。

探索事先裁定服务。 依托大企业重大复杂涉税事项服务工作机制，对大企业即将进行的特定重大交易、重组改制或股权转让等事项面临的税收优惠政策适用确定性问题，依申请提供事先裁定服务。

工作成效

实施新的组合式税费支持政策，是应对经济下行压力、稳住宏观经济大盘的关键性举措。河源市税务局自觉提高站位，落实落细落好系列税费支持政策，实行"三员"服务机制策略，将政策红利精准快捷送到纳税人手中，直接为广大市场主体"送策""解难"，在扩大政策实施效果、实现政策精准推送、优化宣传培训服务等方面发挥了关键性作用。

一、政策实施效果进一步凸显

"三员"服务机制坚持以"即时宣、精准推、细致帮、便捷享"为原则，向纳税人提供全流程政策辅导服务，改变了过去相对被动的税收宣传方式，转而充分考量纳税人所需所求，通过"政策找人"精准推送、"线上线下"双向发力，让政策实施转化为更主动的政策宣传、更贴心的互动沟通、更易接受的服务，为推动新的组合式税费优惠政策落地见效提供了有力支撑。2022年，河源全市新增减税降费及退税缓税缓费合计超45亿元，取得了好于预期的改革成效，有效促进市场主体和实体经济发展。集成打造的"税爱"品牌，被河源市委宣传部作为全市2个思想政治工作优秀案例之一推荐至省委宣传部。

二、政策精准推送进一步实现

精准推送是保障税费优惠政策"应享尽享"的重要手段，也是优化基层管理和服务，为纳税人减负的重要方法。"三员"服务机制持续在税费优惠政策及时落地上发力，不断优化推送形式、推送渠道，配套推出"网格服务"全天候、"远程帮办"全覆盖、"河源税宝"精准送等十项"智慧税务　春暖槎城"成果计划，通过制作政策电子书、税费支持政策辅导进园区、制发政策宣传短信、推送退税减税红利账等方式，既实现了面向不同群体的政策精准推送和疑惑快速解答，又做到了政策宣传到户、提醒到人，让纳税人在政策解读上"看得明白、听得清楚"，在税费优惠上"享得迅速、算得清楚"。2022年，河源市税务局共推出制作27本政策电子书，总阅读量逾600万人次，推送税收政策短信 92960 条，推送退税减税红利账单 14898 份，制作发放宣传手册 64000 余份，推动了纳税人对各项退税减税政策应知尽知、应享尽享，切实提升了纳税人缴费人满意度和获得感。

三、宣传培训服务进一步优化

纳税服务要以让纳税人缴费人满意为目标，以纳税人缴费人需求和期望得到满足为方向，不断解诉求、疏堵点、送帮扶，提升纳税人缴费人体验。"三员"服务机制将留抵退税政策融入"我为纳税人缴费人办实事暨便民办税春风行动""第 31 个全国税收宣传月"等系列活动中，从点线面结合开展宣传辅导，点上，通过深入企业调研、上门为企业送政策、点对点开展办税辅导，做足调研分析，形成调研报告 40 余篇，得到党政领导批示肯定 50 人次，实现成果转化 13 篇；面上，通过开设女企业家专场培训会、税收政策青年宣讲会等形式，组织全系统举办退税减税宣讲会 42 场，通过一次活动解决一类问题，集中了解政策出台后纳税人的意见建议、涉税诉求；线上，组建党员先锋队、青年突击队和巾帼建功队 34 支，积极投身退税减税专项工作中，主动分析企业，推出 7 期专题"税爱未来"网络直播新课程，分税种分行业对各项税费优惠政策进行解读，答疑互动，通过专题解答推动宣传培训提质增效。推行"三员"服务机制以来，河源市税务局充分发动市局及县区局专职联络员力量，将退税减税触手深入全市 1441 个"税爱未来 便捷 100+"税爱志愿者服务点，实现全城覆盖，让纳税人缴费人"急难愁盼"问题"门口即办"。

▶ 案例评析

减税降费是指国家实施的税收减免政策和降低企业或个人费用负担的政策，对助力企业发展、稳定经济大盘、推动高质量发展有着重要意义。

一、不折不扣落实减税降费有助于推动国家治理体系现代化建设

实施新的组合式税费支持政策，减税与退税并举，退税资金直达企业，

有助于营造要素资源自由流动、公平竞争的市场环境，减少税收对市场机制的干扰，这需要在进一步完善税收制度，确保税收公平性和合理性的前提下进行。通过税费调整实现社会总供给和总需求的均衡，短期性税费减免、缓缴和长期性减税降费有机结合形成"组合拳"，强化逆周期与跨周期宏观调控作用，熨平经济波动，保持市场预期基本稳定，实现稳增长与防风险长期均衡。

二、不折不扣落实减税降费有助于推动政府向服务型政府转变

减税降费政策的实施要在利用信息技术手段加强税收征管、提高征管效率、提高税务部门执法能力防范风险的基础上，加强"精准化""个性化"税收宣传教育和政策宣传力度，引导纳税人自觉遵守税收法律法规，形成纳税人满意度、纳税人诚信水平"双提升"的良性循环。河源市税务部门在"三员"机制的基础上，推出"网格服务"全天候、"远程帮办"全覆盖、"河源税宝"精准送等十项"智慧税务　春暖槎城"成果计划，面向不同群体精准推送政策，快速答疑解惑，满足纳税人个性化涉税需求。

三、不折不扣落实减税降费有助于推动供给侧结构性改革

要建设高效规范、公平竞争、充分开放的全国统一大市场，就要求社会资源要素流动更加畅通、资源配置更加高效。一方面，减税降费能够降低企业制度性交易成本，使企业有更多资金投入扩大再生产，有助于投资乘数效应的发挥，形成良性循环。尤其是针对数量大、分布广的中小微企业出台大力度的减免税和延缓征税举措，有助于缓解其资金短缺、抗风险能力弱等问题。稳住了市场主体，就是稳住了经济大盘，就能保证财政收入的可持续性，"三保"问题就能得到解决。另一方面，减税降费通过改变商品相对价格影响部分领域成本利润，鼓励企业更加重视通过产业结构升级、创新驱动发展提高企业效益，助力供给侧结构性改革，进而使社会生产力水平实现整体跃升。

四、不折不扣落实减税降费有助于促进共同富裕目标实现

利用税收再分配功能,提高个人所得税免征额,减轻中低收入人群税负压力,增加居民可支配收入,撬动消费增长。针对不同家庭具体情况,实施更加精准的政策措施,增加个人所得税专项附加扣除,及时有效回应群众关切。通过对政府收入做"减法",换取居民可支配收入的"加法"和社会消费的"乘法",不断满足人民日益增长的美好生活需要,铺就共同富裕之路。

● 案例思考

一、结合本案,谈谈在税收管理工作中推行"三员"服务机制对政策落实有何价值和现实意义?

要点提示:

(1)面对纳税人缴费人日益多元化、复杂化、差异化的需求,构建起"线下服务无死角、线上服务不打烊、定制服务广覆盖"的税费服务体系显得尤为重要。"三员"服务机制,是河源税务为向纳税人缴费人提供更加高效、便捷、精准的退税减税服务,通过发挥党团组织作用,促进精细服务,推动各项政策礼包"全面、精准、高效"送达纳税人缴费人,构建税费服务新体系的创新实践探索。

(2)在税收管理中推行"三员"服务机制,在政策落实过程中,不断创新驱动发展、增进民生福祉,强化"精准推送、政策找人"服务理念,全面提升纳税服务水平。一是提升政策宣传时效性,推动应知尽知。通过税费政策标签体系,将新出台税费优惠政策与符合条件的纳税人缴费人精准配对,发挥"三员"服务机制强大群众基础作用,实现各项税惠政策直达快享。二是提升便民办税便捷性,确保落实落细。通过"三员"服务机制,将服务"触手"延伸到纳税人缴费人"门口",推行"分片包干"制度,靶向定位纳税人缴费人,推送办税指引、待享受优惠政策等,实现了政策兑现的跟踪支持。三是提升纳税服务精准性,增进优化服务。建立健全"问题收集、动态跟踪、结果反馈、效能提升"的工作闭环,做好企业需求调研、问题搜集及疑难问

题跟踪解决,"点对点"帮助企业纾困解难,促进纳税服务工作从"无差别服务"向"精准服务"转变,有效提升税费服务的精细化、个性化、智能化水平。

二、联系工作实际,简述"三员"服务举措如何提升税费服务水平?

要点提示:

在推进中国式现代化税务实践的进程中,全面建设优质便捷的税费服务体系,进一步优化服务举措,推进精细服务提档升级,对纳税服务的精度和准度都提出了更高要求。

"三员"服务机制从送红利、促共享、优服务等多方面,建立政策速递、专职联络、首席服务等三项机制,多途径、多平台、多方式落实落细各项税费优惠政策,开创了纳税服务的新路径。三项机制以"即时宣、精准推、细致帮、便捷享"为原则,改变了过去相对被动的税收宣传方式,转而充分考量纳税人缴费人所需所求,通过"政策找人"精准推送、"线上线下"双向发力,让政策实施转化为更主动的政策宣传、更贴心的互动沟通、更易接受的服务,既实现了面向不同群体的政策精准推送和疑惑快速解答,又做到了政策宣传到户、提醒到人,让纳税人缴费人在政策解读上"看得明白、听得清楚",在税费优惠上"享得迅速、算得清楚",税费服务水平明显提高,为进一步深化税收征管体制改革,构建税费征管新体系提供新思路。

(供稿:国家税务总局河源市税务局 陈锐 孙宸 魏先东)

持续宣传助力税费政策红利释放

——黑龙江大庆经济技术开发区构建系统性税收宣传新机制

案例背景

2022年，党中央、国务院部署和实施了一系列组合式税费支持政策，带动企业经营逐步改善，支撑企业加快回暖，助力工业经济运行企稳回升，推动经济新动能快速成长。为了落实好这一系列减税降费新政，让纳税人缴费人充分了解政策的具体内容和如何落实等情况，进一步扩大优惠政策宣传覆盖面，确保纳税人缴费人应知尽知、应享尽享，税务部门需要做好全方位、多角度、深层次的宣传解读，将政策宣传辅导真正落实落细。据此，国家税务总局大庆经济技术开发区税务局建立健全系统性税收宣传机制，将税收宣传作为重要阵地，促进税费政策精准见效，重点聚焦政策宣传解读和税费办理指引，全面延伸纳税服务触角，实现宣传辅导全覆盖，真正打通税费政策落实"最后一公里"。完善税收宣传机制，有利于纳税人全面了解国家的税收政策，从而高质量地完成纳税义务，促进经济健康发展和税收收入持续稳定增长。

主要做法

一、优化宣传队伍建设，提升人员素质能力

税收宣传服务工作系统化，首先是要优化目前的税收宣传队伍，明确税

收宣传员的工作职责、工作任务，提升人员素质能力，大庆经济技术开发区税务局通过两个方面来进行此项工作。

一方面，提高宣传服务人员的素质。税收宣传人员讲授水平越高，税收宣传效果越好，所以税务人员既要懂业务又要懂宣传。税收宣传工作主要包括组织开展面向纳税人缴费人的税法宣传、纳税辅导、咨询服务、办税服务和权益保护等工作，为了达到这个目的，局内在安排税收宣传工作时，会将财务专业、经济类专业的人员与新闻类、中文类的人员结合在一起，并综合考虑抽调业务部门和宣传部门作为人选，鼓励广大干部职工积极参与到税收宣传工作中，充实队伍力量。同时强化税收宣传队伍的培训，取长补短，安排了会计相关知识的学习培训，邀请高校老师、局内业务骨干传授税收业务知识，确保宣传人员可以熟练掌握税收工作业务和税收政策知识；对宣传方面较为薄弱的税务干部，组织观看学习，大致了解宣传工作的流程和内容。定期开展会议，总结过去工作中的经验和不足，根据近期的宣传工作任务重点，例如税收宣传月、"便民办税春风行动"等活动，完善规划下一步的改进方案，努力组建一支专业素质过硬、服务态度良好的宣传队伍，实现有效的、规模化的税收宣传。

另一方面，组建起税收宣传志愿队。志愿者团队的主要任务是为辖区内的纳税人以及社会公众提供涉税咨询服务和面对面税法宣讲，推进落实减税降费政策、开展主题实践活动，成员大部分由局内的年轻干部组成。在个人所得税汇算清缴期间、新政策出台时，深入企业，实地了解企业的生产经营状况，重点了解企业在办税过程中遇到的难点、痛点、堵点问题，对企业进行企业所得税、增值税等政策的辅导和解读。在人流量大的场所发放各类宣传资料，提供纳税咨询和政策宣传，针对纳税人普遍关注的涉税问题进行现场解答，确保纳税人对税收红利应享尽享。与大庆师范学院合作，走进高校，向大学生们普及就业和创业过程中需要了解的税收基本知识、税收优惠政策等有关内容。在大学生创业这方面，围绕创业税收优惠政策等内容进行了宣讲，精准服务助力大学生创业就业，还为学生们提供了自制的宣传手册。税收宣传志愿队的建立在丰富了税收宣传和服务内容的同时，还提升了税收宣传效率，推动营商环境不断改善。

二、精准对焦宣传对象，科学策划宣传活动

为了让税收宣传效果得到纳税人的认可，最重要的就是将"填鸭式宣传"转变为"需求式宣传"，对纳税人进行"滴灌式"的宣传辅导，深入挖掘分析纳税人缴费人的政策宣传需求，针对不同类型企业，开展个性化宣传辅导，科学策划宣传活动。

一是要将纳税人进行分类，优惠政策繁多，税务机关要帮助企业在其中找到最适合的政策，就要按照纳税人增值税类型、纳税人登记注册类型、所属行业等，对照符合政策的条件，"点对点"开展政策宣传，努力满足纳税人的个性化需求。对重点企业重点关注，例如"百大项目"企业、"专精特新"企业以及重点税源行业。收集掌握纳税人的需求，科学制订宣传活动计划，将税收宣传服务工作系统化。

二是根据上述分类开展精准推送，定向宣传。自主分析纳税人缴费人高频业务、高频咨询等情况，通过电子税务局和税企交流群开展有针对性的政策推送和咨询服务，实现"政策找人"。采取事前提醒，对还未享受优惠政策的企业"滴灌式"辅导，例如向全部纳税人推送提高专项附加扣除标准的内容及操作说明，向小规模纳税人推送增值税减免政策等。针对法人和财务负责人推送不同内容，向法人代表普及优惠政策内容，使其能够了解相关的政策安排；对财务人员和办税人员不只推送内容，还要辅导操作办理流程和指引，让他们用好用足这些政策。

在大规模留抵退税实施期间，大庆经济技术开发区税务局提前了解辖区内符合退税条件的企业情况，包括企业数量、类型、退税金额等，根据类型的不同，提早提醒纳税人办理退税，引导企业自主申报，提前辅导企业需要准备的材料和享受政策的范围，落实"一次性告知"制度，让纳税人"一次办结"。并且提早受理，做到只要有纳税人申请，工作人员就一直在线，保证以最快的速度受理，让留抵退税政策的落实达到最前线。税务机关内部各部门勤沟通，定期开会交流，互相提建议、分享经验，不断提高退税时间和效率；外部在退税前期主动与财政、人行相关部门沟通协调，齐心协力，密切配合，降低留抵退税风险压力，确保资金保障到位和退税流转速度。

三是针对小微企业开展助力小微市场主体发展的"春雨润苗"专项行动。

组织宣讲会,尤其针对出台的一系列组合式税费支持政策进行讲解,宣讲会上,企业代表围绕办税体验、退税减税、政策辅导等方面提出问题和建议,区局主要领导和业务骨干在大规模留抵退税、新的"六税两费"减免政策、社保费缓缴等各个方面为企业答疑解惑,确保企业对政策应知尽知,深入推进精确执法、精细服务、精准监管、精诚共治。开展"服务省心"活动。为激发企业活力,更好地促进企业发展,经开区税务局不断提升税费服务水平,为辖区内7户专精特企业建立"一户一档",定期收集、整理企业的问题和困难,及时解决回馈。

四是针对"百大项目"企业建立了"百大项目"服务专班,负责对接辖区内的"百大项目",帮企业享受优惠政策、为企业提供主动、贴心的纳税服务。设立了"百大项目"服务绿色通道,坚持特事特办、急事急办,提供"即问即答、即来即办"服务,一站式办税,尽最大可能提高办税效率,全方位满足企业办税需求。为"百大项目"企业办理涉税事项提供提醒服务,及时提醒企业按时申报,防止出现涉税风险。

三、丰富宣传层次内容,努力拓展宣传途径

宣传效果与宣传内容、宣传方式密切相关,在宣传过程中应当突出宣传重点,丰富宣传层次内容,创新宣传方式,抓住政策热点、重点,结合深度与广度、多渠道、多层次、大范围开展税收宣传,营造良好的税收法治环境,积极助力税收营商环境优化。

一是在宣传过程中,将组合式税费政策解读打印成册,图文并茂,便于企业理解,结合税收宣传月、中小企业宣传月,大力开展宣传辅导。在办税服务厅放置宣传手册,电子屏上滚动播放政策解读,利用电视播放视频宣传片,通过微信群、税企联络群、电子税务局,为企业精准推送。确保企业应知尽知,做到政策宣传无"死角"。

二是推进全程网办。严格按照"非接触式"办税清单落实,引导纳税人通过电子税务局、自助办税机器办理业务,对于不会操作的纳税人,办税服务厅也安排了导税人员辅导,为企业发放操作手册。通过电话的方式为纳税人答疑解惑,线上利用微信群为纳税人提供政策和操作指南,开展内部培训

与外部培训相结合，运用好 12366 共享知识库、"国家税务总局"等多咨询平台功能，做好线上及现场咨询服务工作，确保办税服务厅的工作人员可以正确解答。大庆经济技术开发区税务局还制作了"二维码"，在其中录入电子税务局操作说明、常见问题解答以及窗口、税源管理部门的联系方式，通过电子税务局办税"掌上教学"二维码满足企业的个性化涉税需求，提高办税效率。

三是开展"税费服务体验"活动。聘请企业代表、监督员作为"税费服务体验师"走进办税服务厅后台，详细了解了税费业务办理各项流程。除了由工作人员带领参观窗口服务区、自助办税区等不同功能区外，还沉浸式体验窗口办理业务的操作流程，包括票种核定、代开发票、电子税务局审核等。使体验师们充分了解办税缴费服务的"台前幕后"，针对政策落实、纳税服务过程中存在的问题和不足提出改进意见。活动结束后，与"税费服务体验师"展开交流，收集体验师们的感受，将提出的意见建议归纳整理，方便日后不断改进。

四是与媒体联动，通过新闻媒体开展税收宣传，扩大税收宣传的覆盖范围和宣传效果。通过人工宣传的范围是有限的，只有通过社会媒体的传播优势，才能被更多的人看到，提高纳税人的税收法律意识。为此，大庆经济技术开发区税务局联系本地媒体，按月报道宣传稿件，并在报送前上报市局审查，避免出现负面舆情。在宣传的过程中也会注意新闻的即时性，尽量宣传新出台的政策或热点事件，扩大宣传范围和影响力。

▶ 工作成效

一、营造了依法纳税、诚信纳税的良好氛围

在税费政策不断更新的当下，社会公众对税费政策的敏感度也逐渐提升，开始主动进行涉税咨询、了解最新政策以及如何享受政策。规范系统的税收宣传服务不仅提升了税收宣传的整体效用、推动税收宣传活动日常化，而且由于讲解政策及时，还可以避免公众产生误解进而导致涉税负面舆论。在个人所得税汇算清缴期间，组织人员集中辅导纳税人使用个人所得税 App、了

解个人所得税相关政策，在 2023 年 3 月向纳税人发放了宣传册 260 份。结合"便民办税春风行动"，在火车站发放宣传资料，设置咨询台，为纳税人答疑解惑。另外，制作日常化、个性化的税收宣传产品，将组合式税费支持政策打印成册 500 份放置在办税服务厅发放，扩大税费政策宣传范围。

二、促进税企交流互动

税费政策宣传服务工作促进了税务机关和企业的互动。随着税收宣传对纳税人多样化需求的逐渐重视，企业与税务机关的交流也越来越频繁。在举办的座谈会上，征纳双方进行了深入的交流，就如何进一步提升服务水平、促进企业发展进行了探讨。疫情期间在足不出户的情况下，企业与税务部门通过线上频繁沟通，大大增进了对彼此的了解，有效加强了宣传的针对性。进一步提升税费服务质效，确保实施的各项税费优惠政策便捷享受、应享尽享、直达快享，不断提升纳税人的满意度和幸福感。2022 年，共组织纳税人线上线下培训 11 次，培训纳税人 410 户次，组织税企交流会 5 次，通过微信群推送政策 100 余条，大厅面对面辅导 370 户次，下企业一对一辅导 43 户次，电话辅导 390 户次。

三、持续助力优化营商环境

营商环境评价指标中的纳税指标包括纳税次数、纳税时间等，为了贯彻落实好一系列减税降费政策，同时推进营商环境不断优化，助力企业稳步发展，大庆经济技术开发区税务局努力压缩纳税时间，减少企业纳税次数。在企业纳税次数方面，按照省局、市局部署，推广宣传"十四税两费"合并申报，将纳税次数压缩至 3 次。在纳税时间方面，简化办税流程，纳税人使用电子税务局申请退税，由纳税人自行申请，工作人员简易审核，办税厅的工作人员一键办理，一个窗口对外，内部流转，压缩办税时间；在公告栏张贴"简事快办"清单，引导纳税人到专窗办理相关业务，"简事快办"清单内的业务压缩至 3 分钟内办结。

案例评析

随着经济社会的发展,纳税主体结构不断丰富,税收宣传的意识也逐步得到了提升,将税收宣传服务工作系统化、规范化能够提升税收宣传工作效率,培育良好的税收文化环境。

一、建立系统性税收宣传机制,有利于提高税务机关对税收宣传的重视程度,深化其内涵

随着我国市场经济体制的不断完善,税收法制的逐步健全,税收宣传在税务工作中的作用越来越重要,常规性、制度化的税收宣传已成为必然要求。案例中提到的健全宣传队伍建设、对人员的培训从税务机关内部强调了税收宣传的重要性,营造了规范宣传的意识和氛围,而只有提高对税收宣传工作的认识和重视程度,才能深刻理解税收宣传工作的内涵,即税收宣传不仅促进征纳双方良性互动,使广大纳税人了解税费政策,更是完善纳税服务、促进纳税遵从的"推进剂"。

二、建立系统性税收宣传机制,有利于深入了解纳税人的所思所想,按需精准推送

社会中不同纳税个体之间由于思维方式、需求的差异化和纳税内容及规模大小的差异,在税收方面享受的政策和遭遇的问题也存在很大的不同。税务机关在宣传的过程中,应当了解"纳税人想要知道什么、希望通过什么途径获得"的实际诉求,开展以纳税人合理需求为导向的内容宣传,重视与基层纳税人之间的有效交流。案例中所阐述的"精准对焦宣传对象"措施很好地解决了这个问题,纳税人接收到精准推送的各类涉税优惠信息有助于帮助广大纳税人及时享受税费优惠政策。各部门加强沟通协作,形成工作合力,全面筛选符合政策条件的纳税人缴费人,迅速开展一对一精准推送,努力做到让"政策找准人""政策送上门"。

三、建立系统性税收宣传机制，有利于提升诉求响应质效，为纳税人增添便利

案例中始终强调要常态化收集纳税人的需求以及意见建议，无论是做税收志愿服务，还是举办税费体验师活动，本质上都是为了向纳税人征集难点、痛点问题，通过梳理纳税人合理共性诉求和普遍关心的问题，研判查找影响纳税人办税体验的关键节点，对改进工作的必要性和可行性提出应对建议和改进策略。税收宣传机制系统化、规范化能够进一步畅通纳税人反馈渠道，提升诉求响应质效，针对纳税人诉求推出系列宣传辅导产品，通过摸实情、找问题、听建议、谋解题，将调研成果转化为解决问题、优化宣传的实际成效，提升纳税人的满意度。

● 案例思考

一、结合本案例并联系税务工作实际情况，谈谈如何利用系统性税收宣传机制来提高税收宣传质效？

要点提示：

（1）利用系统性的税收宣传机制拓宽宣传渠道，通过电子税务局、线上微信群、直播辅导以及二维码等方式进行宣传。线上宣传具有形式丰富、互动性强、渠道广泛、覆盖率高、推广方便等优势，"线上+多渠道"宣传可以直观地提高宣传质效。在此基础上，随着智慧税务的不断建设和延伸，可以通过大数据对纳税人分类统计，按照"一户式"的方式精准定位纳税人的需求，为精准服务不同纳税人提供支撑，提高宣传质效。

（2）加强与媒体的联动。通过新闻媒体开展税收宣传，既要注意新闻的时效性和真实性，又要提升税收宣传的传播力。媒体宣传相比于税务机关自己在办税服务厅宣传，其传播覆盖面和公众参与度更广，税收宣传效果和影响力也更佳，进而能够提高宣传质效。

（3）借助外部力量开展联合宣传，将与媒体联动进行延伸。例如，税务登记工作涉及市场监管局，对于税收违法行为的规范打击涉及公安、法院、

检察院等部门，因此税务机关在开展相关的宣传工作时可以邀请这些部门到场参与，与其他部门形成联动不仅能实现社会资源的合理利用，也可以最大限度地提升税收宣传的工作质效。

二、结合本案例，谈谈系统性税收宣传机制对深化税收征管改革有何意义？

要点提示：

建立系统性的税收宣传机制可以大幅度提高税费服务质效，进而有助于深化税收征管改革。近两年，一系列力度大、针对性强的减税降费举措陆续出台，例如小微企业和个体工商户的税费优惠、企业所得税研发费用加计扣除等，起到了助企纾困，深化税收征管改革的作用。这些减税降费政策项目多、涉及领域广、适用主体差异大，所以相关宣传辅导也要像案例中对于留抵退税的宣传一样，精准对焦宣传对象，丰富宣传层次内容，确保政策红利直达市场主体，有效提振企业发展信心。同时以税收宣传为抓手，进行税收征管改革各方面的宣传，在提高人员素质的学习中，做好有关深化税收征管改革的宣传教育，引导全局税务干部学习文件精神，切实让广大税务干部在日常工作中深刻领会税收征管改革精神，提高改革意识，致力于在日常工作中将改革落到实处，提高税收征管改革实效。

（供稿：国家税务总局大庆经济技术开发区税务局　李思宁）

1